JN281265

《居住環境を考慮した》
建築設備の防振設計技術

麦倉喬次 著

技報堂出版

●まえがき──本書を執筆にいたった経緯

　筆者は，建設会社研究所を定年退職後，大手設備会社を経て設備騒音制御専業会社に勤務するなど，長年騒音・振動関係の実務業務にかかわってきました．またこの間，日本騒音制御工学会，日本音響学会，日本建築学会等に所属し，企業での技術開発と技術問題対策事例を発表し，またこれらの学会から得られた新技術を工学的に現業へ応用するなど，貴重な経験をしてまいりました．その一つとして，わが国最初の超高層ビル，霞ヶ関ビルの設備振動・騒音問題がありました．そこでは，柔構造高層ビルの中間階に設備階が設けられることなど，まったく新しい防振・防音対応技術の開発と実践が要求されました．

　筆者の経験では，一般に建築業界の設備振動・騒音問題は，扱いにくいものとして見なされ，関係する技術者が専業者に依存する傾向があります．その結果，対象物件に対する機械メーカー，現場建築・設備技術者，そして防音・防振専業者間の現場固有の技術的情報の連携不足が生じ，竣工時のトラブル発生の原因を生んでいるように感じています．したがって，この連携不足を解消する実務的な技術図書の必要性を，経験的に痛感してまいりました．

　これらの貴重な経験を通して反省されることは，現在の建築設備の防振問題は，騒音の制御と異なり，定性的な設計が主流だということです．

　例えば騒音問題であれば，騒音源から放射される音響パワー等は，周辺の音圧レベルを測定することから，ある程度近似的に推測することが可能です．また，そのデータも数多く公表されているので，定量的な騒音対策とその効果の予測が可能です．しかし振動問題では，振動源の加振力データは，ほとんど資料が未公表で整理されていないのが現況です．したがって，防振対策を定量的に実施することは極めて困難であり，前例にならった経験に基づく設計・施工（機械を設置する建物の床版を剛体と見なし，機械を柔らかいばねで支持することによる，力の伝達率のみの計算）が専行しているのが現況

です．このことは，ひとたび条件の異なる場面に遭遇すると，極めてあいまいな防振設計になることを意味すると考えられます．

　筆者は，定量的防振設計を進めるステップとして，代表的建築設備機器の一つである多翼型送風機の加振力特性を実験的に測定し，論文として報告してきました．また最近になり防振専業業者等が，施工現場での加振力データの収集報告を行うなど，防振設計法の定量化目的の資料が公表されるようになってきたことは，望ましいことだと考えています．

　一方，振動工学の本は，多くの名著が出版されております．しかしそれらの本は，振動の理論が主体であったり，機械系を対象とした書物であったりして，建築設備系の技術者にとっては，親近感に乏しい面があると考えております．

　建築および設備系の技術者にとっては，建築特有の居住性（振動による不快感とそれにより放射される騒音）との関連での防振技術に，関心があると考えております．もちろんこの技術は，精密工場等の振動防止にも共通します．

　そこで多くの先人の図書を参考・引用させていただきながら，筆者の現業経験から得た定量化防振設計に必要な技術情報を加えて，建築特有の居住性を対象とした建築設備系の防振技術をまとめてみたいと試みたのが，本書執筆の動機です．

　本書の特徴は
　(1) 建物の床の居住性に関する評価を中心にしている
　(2) 建築の床版を剛体とする考えを脱し，床・梁の動的な振動特性を考慮している
　(3) 防振の一般的な理論から建物の床・梁を含めた振動系を検討している
　(4) 弾性支持された機械の連成振動（上下と回転振動など）も考慮している
　(5) 床版等の振動とその室内放射騒音による居住環境を考慮している
　(6) 設備機械の加振力測定・評価法を示している
　(7) 防振設計に参考になる加振力の測定例データを示している
　(8) 防振材料の選定法を示している
　(9) 現業技術者のための振動障害問題とその実務的対応調査法を示している
　(10) 具体的な防振設計例が示されている
などであり，筆者の目的とした「建築の居住性を考慮した建築設備の防振設

計技術」の意図が組み込まれていると考えます．

　末筆になりますが，筆者の知識だけではこの意図をまとめる術もなく，巻末に示した多くの先人の図書から，引用・参考にさせていただいたことを明記し，心から謝意を表します．

●目次

第1章 建築設備と振動障害　1

1.1　建築空間と環境 1
1.2　障害の事例 2
1.3　なぜ障害が起きているのか 4

第2章 環境振動とその評価　9

2.1　環境振動とは 9
2.2　振動の表現 10
　　2.2.1　変　　位 10
　　2.2.2　速　　度 11
　　2.2.3　加　速　度 11
2.3　環境振動の評価法 13
　　2.3.1　振動一般に対する人体感覚(Reiher と Meister の研究) 13
　　2.3.2　建物の床の居住性に関する評価 13
　　2.3.3　ISO 2631/2（全身振動に曝される人間の評価―建物
　　　　　内での連続・衝撃振動―） 16
　　2.3.4　公害振動と振動レベル 19
　　2.3.5　精密環境施設と振動基準 22

第3章 防振の一般的理論（弾性支持）　25

3.1　1自由度系の振動 26
　　3.1.1　減衰のない場合 26

3.1.2　減衰のある場合 32
　　　3.1.3　機械を設置する対象構造物を質量のみにモデル化した
　　　　　　振動系 37
　3.2　2自由度の振動 39
　　　3.2.1　2自由度の自由振動 39
　　　3.2.2　2自由度の強制振動 41
　　　3.2.3　動 吸 振 器 43
　3.3　建物床振動特性を考慮した振動 46
　　　3.3.1　防振ゴムでの支持 47
　　　3.3.2　金属スプリングでの支持 49
　3.4　振動制御の要素 50

第4章　ばね系の基礎　53

　4.1　直 列 配 置 53
　4.2　並 列 配 置 54
　4.3　分 配 配 置 54
　4.4　傾 斜 配 置 54
　4.5　弾性主軸と弾性中心 55

第5章　質量系の基礎　59

　5.1　質量の大きさ 59
　5.2　重 心 位 置 59
　5.3　慣性モーメント 60

第6章　減衰系の基礎　67

　(1)　粘 性 減 衰 67
　(2)　摩 擦 減 衰 68
　(3)　内 部 減 衰 68

第7章　振動の連成と非連成　69

(1) 剛体の重心と支持弾性の弾性中心が一致し，かつ慣性主軸と弾性主軸が一致する場合 70
(2) 重心と弾性中心が一致し，慣性主軸のうち1つのみが弾性軸の1つと一致する場合 70
(3) 慣性主軸と弾性主軸とが互いに平行で，弾性主軸のうちの1つのみが慣性主軸の1つと一致する場合 71
(4) 重心と弾性中心とは一致するが，慣性主軸と弾性主軸とはいずれも一致しない場合 71
(5) 慣性主軸と弾性主軸とがいずれも一致しない場合 72

第8章　剛体の弾性支持設計法　73

8.1 剛体の運動方程式 73
　8.1.1 剛体の角運動量 73
　8.1.2 慣 性 乗 積 74
　8.1.3 剛体の運動方程式 75
8.2 ばね定数と復元係数 77
　8.2.1 ば ね 定 数 77
　8.2.2 復 元 係 数 81
8.3 弾性支持剛体の運動方程式 86
　8.3.1 一 般 論 86
　8.3.2 代表的な弾性支持方法による計算 87

第9章　防振支持設計法の実際　99

9.1 加振力を有する機械の防振設計の手順 99
　9.1.1 予 備 設 計 99
　9.1.2 詳 細 設 計 101
9.2 機械の許容振動 106

第10章　防振材料とばね定数計算法　109

10.1　防振ゴム 109
　10.1.1　防振ゴムのばね定数計算法（1） 109
　10.1.2　防振ゴムのばね定数計算法（2） 111
10.2　金属ばね 113
　10.2.1　金属ばねのばね定数設計法 113
　10.2.2　コイルばねのサージング 114

第11章　床および梁の振動特性とその推定法　117

11.1　床の振動特性を見る 117
11.2　床要素の振動特性 118
　11.2.1　ダンパー（抵抗） 118
　11.2.2　ばね 119
　11.2.3　質量 119
　11.2.4　複合系のインピーダンス 120
11.3　床振動予測と動剛性, 機械インピーダンス, 動質量の関係 121
11.4　床の駆動点インピーダンスの推定法 123
　11.4.1　無限大スラブの駆動点インピーダンスと1次固有振動数による法（簡便法） 123
　11.4.2　スラブの固有角振動数とその等価質量, 等価ばねから計算する法（略算法） 124
11.5　床の駆動点動剛性の推定法 127
　11.5.1　無限大床版の機械インピーダンスから換算する法（簡便法） 127
　11.5.2　等価質量・等価ばねの推定法から床の動剛性を評価する法(略算法) 128
11.6　梁の動剛性の推定 128
　11.6.1　梁のたわみ振動の式と動剛性 128
　11.6.2　両端単純支持梁の動剛性の推定 129

目 次 / ix

第12章　建築設備機器の加振力測定法　135

12.1　直接法による加振力の測定法 136
　　12.1.1　測 定 条 件 136
　　12.1.2　運 転 状 態 136
　　12.1.3　測　定　器 137
　　12.1.4　測 定 方 法 137
　　12.1.5　加振力レベルの算出方法 137
12.2　置換法による設備機器の加振力測定法 137
　　12.2.1　測 定 条 件 137
　　12.2.2　測　定　器 138
　　12.2.3　振動加速度レベル，駆動点インピーダンスの測定 138
　　12.2.4　加振力レベルの算出方法 140
　　12.2.5　測定結果の平均化の方法 140
　　12.2.6　測定結果の有効範囲 141
12.3　弾性支持法による設備機器の加振力測定法 141
　　12.3.1　測 定 条 件 141
　　12.3.2　測　定　器 142
　　12.3.3　振動加速度レベルの測定 142
　　12.3.4　加振力レベルの算出 143
12.4　3方法による測定事例と比較 144
　　12.4.1　供試加振源とその設置床 144
　　12.4.2　実 験 結 果 145
12.5　各加振力測定方法の長所・短所 147

第13章　設備機器の加振力推定法と実測例　149

13.1　設備機器の種類と発生振動 149
13.2　加振力推定法 149
　　13.2.1　往復質量による慣性力 150
　　13.2.2　回転質量による慣性力 151
　　13.2.3　電磁現象による加振力 153

  13.2.4　流体による加振力 154
 13.3　加振力測定例 155
  13.3.1　建築設備用多翼型送風機 155
  13.3.2　空調用ポンプ 157
  13.3.3　ダクト・配管系 159
  13.3.4　弾性支持法による加振力実測例 160

第14章　振動障害と実務的発生源探査法　163

 14.1　実務的な発生源探査法 163
 14.2　防振施工と留意点（障害源探査に役立つ） 166
  14.2.1　なぜ弾性材が使われているのか 166
  14.2.2　冷凍機など 167
  14.2.3　冷　却　塔 168
  14.2.4　ポ　ン　プ 169
  14.2.5　送風機など 170
  14.2.6　配管，ダクト 172
  14.2.7　電　気　設　備 174

第15章　床振動と騒音の放射　177

 15.1　平板からの音の放射係数 177
 15.2　平面板の振動と放射音圧レベルの関係 179
 15.3　室内許容騒音と振動の許容値 180
 15.4　固体音の伝搬 184

第16章　防振設計計算例　185

 16.1　回転機械の弾性支持例 185
  16.1.1　基礎が剛体の場合 185
  16.1.2　建物床版に設置された場合 186
 16.2　送風機の弾性支持例 189

16.3 冷凍機の弾性支持例
　　　（機械室床版の上に設置され，連成振動を考慮する）.......... 194
　　16.3.1 床を剛体とした場合 194
　　16.3.2 機械室など有限の剛性床に設置した場合 203
　　16.3.3 X–θ 系の連成振幅の考慮 206
16.4 動吸振器による対策例 207
16.5 送風機の防振設置例 216

引用・参考文献 229
あ と が き 233
索　　　引 235

第1章

建築設備と振動障害

1.1 建築空間と環境

　人が居住し，仕事をし，そして楽しむ建築空間は，快適で便利で安全な環境でなければならない．その環境を実現するための具体的な要因は，人間の五感にかかわる問題として整理できる．すなわち，
　　a. 視覚にかかわる要因
　　　光や形に関係する明暗や色，空間の広さなど造形と色彩が含まれる
　　b. 聴覚にかかわる要因
　　　情報や音楽など生活空間に必要なものと，不快感を伴う騒音などが含まれる
　　c. 臭覚にかかわる要因
　　　空気の匂い，汚れた臭いなど，心理・生理にもかかわる感覚が含まれる
　　d. 触覚にかかわる要因
　　　空気や物の温冷感や，快感や不安に関連する振動などが含まれる
などである．
　建築空間をデザインする人々は，これらの感覚要因を人間にとってプラスであるかマイナスであるかによって評定尺度化し，室の用途と望ましい環境目標の関係を勘案しつつ，望ましい評定値に適合する建築物を設計するために努力してきている．
　これらの環境設計デザイン指標をプラス面とマイナス面で分析してみると，聴覚にかかわる騒音と触覚にかかわる振動は，特別の場合を除いてマイナス要因であり，環境から除外すべき感覚要因と考えられる．

人間は，快適で便利で安全な空間を得るためにいろいろな機械設備を開発してきた．そして，その機械設備の稼動により建築物の居住環境は，時代の経過とともに格段に快適化され，数え切れない恩恵に与ってきている．例えば，触覚に関係する暖冷房空調設備などは，屋外気候の暑さ寒さのインパクトに対して，建物内の温度・湿度の空気環境を人間にとって快適となるようにコントロールしているのが，その一例である．

しかし，快適環境を生み出すために導入されたそれらの建築設備機械が，建築物への施工の仕方を誤り，マイナス要因である騒音や振動を発生し居住性を損なう例が，多々生じていることは残念なことである．

1.2 障害の事例

良い室内環境をつくり，そして仕事の効率化を図るために設置された，機械設備に原因するいくつかの騒音・振動障害事例を以下に示そう．

(1) 直上階空調機の稼動による騒音と振動障害

建物建設後しばらくは何の障害もなかったが，9階建（SRC造）の事務所ビルの屋上に設置されている空調機が稼動すると，その直下階の部屋で回転機器の騒音と，机上の物が動き出すような振動障害が生じた．さらにその障害の度合いは小さくなるが，5階においても騒音と床の振動が感じられた．

直下の部屋の床上で振動を測定すると，空調機に組み込まれた送風機の軸回転数 16 Hz が卓越した振動であることが判明した．

本事例では建設の当初は支障が生じなかったことから，とりあえず空調機の発生騒音は原因から除外することができる．空調機を支持する防振支持系に何らかのトラブル（例えば防振ゴムへの荷重設計ミスによるゴムのヘタリや防振支持系の基礎との短絡）が生じたか，送風機のバランス不良発生による加振力の増大，などが考えられる．

(2) 直下階冷凍機およびポンプの稼動による騒音と振動障害

某マンションの地下1階に設置された機械室の冷凍機と冷却水ポンプの稼動時に，直上階居室で，機械の回転騒音がうるさいという苦情が生じた例である．

機械室と居室との界床は，コンクリートスラブ 200 mm で施工されており，

機械室内の騒音レベルから推定して，透過騒音の影響とは考えられない状況であった．

本事例では運転当初から支障が生じていたことから，冷凍機やポンプ系統の防振支持設計・施工ミスが原因していると考えられる．すなわち，地下室コンクリート床に設置されているとはいえ，機械本体は防振支持の施工が確実にされているのか，配管類は上階スラブからしっかり防振吊りされているか，機械の加振力の大きさと伝達される力，そして上階スラブ等の剛性と振動の大きさを推定する検討をしたか，等を改めて検証する必要がある．

(3) 高層ビル中間階設置変圧器の騒音と振動障害

K 高層ビル中間階に 1 万 kVA クラスの変圧器が設置された．当初から騒音・振動を考慮した防振と界床の遮音設計がされたが，直下階居室から変圧器特有の唸り音が聞こえるとの苦情が発生した．

本事例の場合，変圧器の加振力が不明であるために 50, 100 Hz を加振振動数とし，防振設計の固有振動数（8 Hz 程度）を設定したが，結果は伝達加振力が大きく振動絶縁が不十分だったことに原因していた．このように，加振振動数に対して防振支持する固有振動数を十分小さくしても，機械の加振力が大きければ，それなりの加振力が基礎に伝達されることになる．伝達率だけに頼った計算は，同じような条件での成功施工例がある場合以外は，このような失敗を招く恐れがある．

ところで変圧器の防振にかかわる問題では，貴重な経験をしている．昭和 33 年頃から騒音公害問題が盛んになり，電力会社は市内変電所の変圧器騒音に対する近隣からの苦情を抱えていた．そこで変圧器を建屋内に収容する施設が流行した．しかし変圧器の振動が建物躯体に伝搬し，騒音を外壁から再放射するために極端な改善には至らず，新たな対策が望まれていた．

そこで変圧器を独立基礎の上に載せ，かつ防振支持することによりこの問題を解決することになった．結果は，適正な防振支持をすることにより，敷地境界で規制値を満足することができた．しかし変電所職員からは，運転制御室で変圧器の騒音が聞こえなくなったので，今度は稼動状況に不安を感じるとの複雑な思いの評価も寄せられた．

(4) 高層ビルエレベーター巻上げ機の振動障害

M 事務所ビルの高層階用エレベーターが稼動すると，機械室階下のエレベー

ター・ホールや隣接する役員会議室で，巻上げ機の稼動騒音が聞こえた．巻上げ機は，鋼材架構に防振支持されエレベーター・ピットに設置されていた．巻上げ機の発生騒音は大きくなく，その伝搬経路から発生騒音が原因であることは否定された．役員会議室の界壁等に耳を当てると明瞭に騒音と同様な音を聞くことができた．このことから振動（固体音）が原因していると判断された．

　建築の床版に比べて鋼材架構の剛性は小さいので，容易に振動する．これは巻上げ機の加振力が不明であることと，据え付ける鋼材の剛性不足が絡んでいる．加振力が不明なので，鋼材がどの程度振動するかの推定がなされていない．現況の振動状態から，急遽の対応として巻上げ機の動作安定も考慮しつつ，さらに鋼材架構による二重防振支持することで解決が図られた．このことは，改めて振動源の加振力の大きさを類似施設で推定することの重要性と，据付基礎の振動特性の評価および振動値の予測は，事前に評価しなければならないことを示唆している．

1.3　なぜ障害が起きているのか

　障害事例から，なぜそのような振動および騒音問題を起こしているのかを，改めてまとめてみる．

(1) 加振力が与えられていない
　機器の加振力は，機器のどこかが動くことによって発生する．その動きの代表例は，往復運動と回転運動である．基本的な発生のメカニズムと加振力の大きさの推定は，振動工学の図書等に記述されているが，機械メーカーから機器仕様の一部として公表されていないところに問題がある．
　例えば騒音などは，遮音設計上必ずしも満足するものではないが，機器周辺1m等での音圧レベル（dBA）が記述されている．また，要求すれば1/1オクターブバンドレベルでの周波数分析データが提出される．したがって，現状の振動問題よりも明らかに定量的な音響計算が可能である．
　他方，振動問題では加振力が与えられなければ，図1.1に示すように機器を設置した床の振動振幅や，それに伴う騒音の放射がどうなるのか推定ができない．前例での成功例があり，同じ機器を同様な設置条件の場所に施工する場合は，前例に倣った方法で支障のない結果が期待できよう．しかし，機

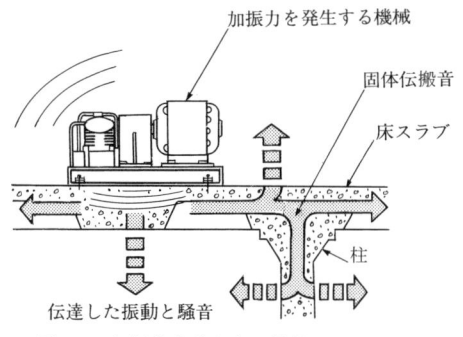

図 1.1 加振力を発生する機械と騒音,振動

械の容量や設置床の形状寸法が異なった条件となれば,同じ結果は望めない.

(2) 設置場所の振動特性を考慮していない

　機械の発生する騒音にそれぞれ特徴があるように,振動においても加振力とその周波数特性には特徴がある.同様に図1.2に示すように機械を設置する床版も振動的特性を持っている.例えば床の形状寸法の違いは,質量の大小だけでなく,固有の振動応答(共振や減衰)をする.

　ところが従来の慣例的な振動計算は,基礎を不動のものとして計算するか,もしくはその振動特性を広範囲の周波数領域にわたって評価することをしていない.このため,機械の加振力によってどのような床の振動応答があるかの評価が曖昧になりがちである.建物内での機器の設置は,不動の基礎は存在しないことから,振動量の大小はあれ必ず床振動を生じさせるのである.

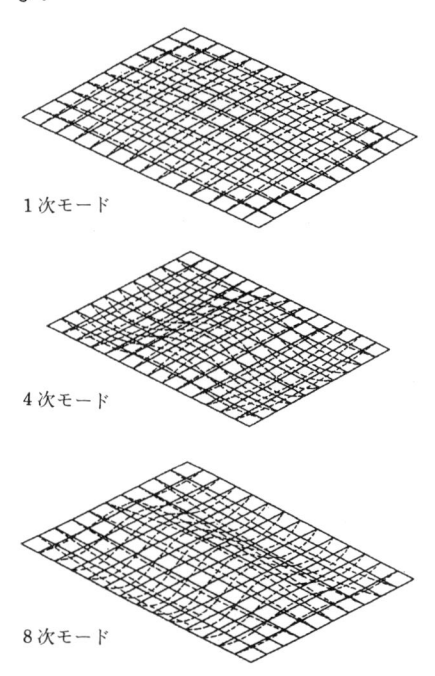

図 1.2 床版の振動モード

(3) 設置環境の許容振動値を設定していない

　振動障害例で示したように，建物内の振動障害は体感振動だけでなく，同時に騒音問題を生じる例が多い．これは床に伝達された振動が，建物構造体を伝搬し対象となる居室等の床・壁・天井を曲げ振動させ，騒音を放射するためである．したがって設計者は，伝達された振動と室内の騒音レベルとの相関予測が必要となる．

　精密産業施設の振動問題では，体感振動に対する許容値より厳しいので，より慎重な防振設計が要求される．振動障害事例の多くは，このような設置環境の許容振動値との照合のための事前予測計算をしないことに起因している．特に近年は居住環境の質の向上が図られてきているので，騒音・振動というマイナス環境要因は，対象室の許容値に見合うような防振設計が要求される．

(4) 設備・建築技術者との連携不足

　建築設備は，建築物と一体となって機能する．したがって設備系技術者と建築設計者および施工技術者が連携を保って業務を遂行しなければならない．設備系技術者は，事前に機器の仕様・特性を建築設計者に示し，建築的に必要な基礎を設計してもらい，確実に建築施工技術者に構築してもらうことが必要である．

　これに反し連携の不足は，往々にして基礎が静的荷重には対応していても，動的な振動対応（質量，固有振動数）が考慮されていない等，建物内に設備機械を設置するのに不備な床構造となり，振動障害発生の要因ともなる．

(5) 防振問題に対する設備・建築技術者の傾向

　建築・設備業界では，騒音・振動問題は特殊な技術分野であるとし，専門業者に依存する傾向がある．確かに専門業者を活用すれば効率的である．しかし，程度の差はあっても主管業務として，防振技術問題についてのマネジメントが望まれる．

　防振問題に対する専門業者依存の傾向は，そのプロジェクトにおける機械設備の設置環境や，必要な振動関連技術情報の専門業者への伝達不足の傾向へとつながり，設計を定性的なものとしがちである．そしてまたこのことは，建築構造への依頼事項（設備機械設置場所の動的な所要床構造）の脱落を生み出す素因になっているとも考えられる．

(6) その他連成振動の影響

　防振（振動絶縁）とは，機械設備を弾性支持し，基礎に伝わる加振力を低減することである．通常，機械設備は，底面の型枠鋼材架台もしくはコンクリート架台に設置され，それらが4～6個程度の弾性材により支持され，建物の床構造に設置される．このとき上下方向の重心位置は，弾性支持面より上方に位置すると考えられる．したがって振動は，単純な上下方向の1自由度系の振動だけでなく，図1.3に示すように6個の振動系が生じ，さらに水平と回転の連成振動も生ずる．従来の一般的な防振設計計算は，このような振動系を上下動だけの検討で済ませ，回転による伝達加振力を無視している傾向がある．このことは，機械本体の振動だけでなく，床振動を少なく評価する要因にもなっている．

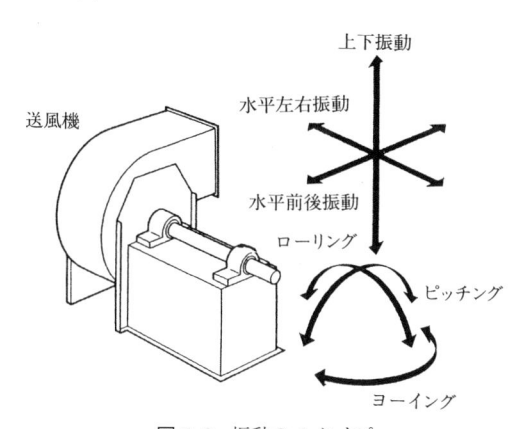

図 1.3　振動の6タイプ

第2章

環境振動とその評価

2.1 環境振動とは

「環境」という言葉は，現代社会で最も脚光を浴びている用語の一つであろう．そして，「環境振動」という言葉もようやく定着してきたようである．1981年頃，日本建築学会環境工学委員会の中に環境振動分科会が発足している．その頃はまだ共通の概念として定着しておらず，環境振動の扱う領域の討議から委員会活動が始まった．

すなわち，「環境振動の領域のマトリクス」として

[振動源の種類]		[対象領域]
A． 屋外機械類		0． 測定法
B． 交通機関（自動車・鉄道類）		1． 振動源自身の振動性状
C． 交通機関（飛行機・船舶類）	×	2． 振動の伝搬経路
D． 屋内設備機械類		3． 建物の振動性状
E． 人・物などの衝撃類		建物，物への影響
F． 自然外力類		4． 人間への影響

のような［振動源の種類］と［対象領域］の組合せが論議されていた．

しかし，環境という言葉から推測されるように，環境の主体は人間であり，環境振動は，居住性に関連した［対象領域］4の「人間への影響」，それも全身振動を指すものと考えるのが妥当であろう．

他方，振動は典型七公害の一つに挙げられている．その振動源はいずれも顕著な衝撃性を伴うことを特徴とするもので，Aの「屋外機械類（鍛造機械・

建設工事機械）」，Bの「交通機関（自動車・鉄道）」などである．これらは地域の地盤特性や建物の振動応答と関連し，居住性を著しく損なう社会問題になっている．

また，建物内ではE「人・物などの床衝撃」，あるいはD「屋内設備機械類」の加振力によって，不快な床振動や騒音が発生し，居住環境問題を引き起こしている例もしばしば耳にする．

しかし最近の振動影響領域は，人間の感覚以上に振動に敏感かつ脆弱な対象として，ミクロの世界が生産や研究の場に広がってきて，3の「建物振動性状，建物，物への影響」が「環境振動」の重要な対象領域となっている．とりわけ空調業界にとっては，半導体産業でのクリーンルームがその代表例である．

本章では，建築設備の防振設計・施工をするとき，「人間」，「建物・物」への騒音・振動影響の考慮が不可欠の現況を踏まえ，「環境振動と評価」の国内外の実情を取り上げる．

2.2 振動の表現

2.2.1 変 位

等速円運動をする物体の x 座標（または y 座標）は，単振動運動として図2.1のように描ける．一般に，物体の座標 x が，時間 t に関して

$$x(t) = X \sin \omega t \tag{2.1}$$

の形で変化するとき，この運動を単振動と呼ぶ．ω は角振動数と呼ばれ，その単位は「rad/s」である．X は振幅，ωt は位相と呼ばれる．位相はわかりにくい量であるが，単振動の変位 $x(t)$ が1振動の中でどの位置に対応するかを示している．振幅 X は中心からの最大変位に等しく，かつ，常に正にとる．$X(t)$ は，2π rad ごとに同じ変化を繰り返すから，周期 T (s) は，

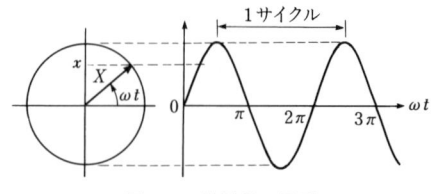

図 **2.1** 単振動の図示

$$\omega T = 2\pi \quad \text{より}, \quad T = 2\pi/\omega \qquad (2.2)$$

で与えられる．同じ波形が1秒間に繰り返される数は，振動数または周波数 f（Hz）と呼ばれ，

$$f = \frac{1}{T} = \frac{\omega}{2\pi} \qquad (2.3)$$

で与えられる．

静的変位は，力に比例し対象とする物体を支えている部材の破損などの問題に応用されるが，動的（疲労）には変位の繰返し数（振動数）を考慮する必要がある．

2.2.2 速 度

物体の時々刻々の位置を知れば，運動状態を知ることができるが，運動状態の変化という立場から考えるならば，物体の位置よりは，単位時間に物体が動いた距離および方向・向きにより定義されるベクトル量としての速度のほうに意味がある．すなわち

$$\text{速度} = \frac{dx(t)}{dt} = \omega X \cos\omega t = \omega X \sin\left(\omega t + \frac{\pi}{2}\right) \qquad (2.4)$$

となり，変位に比べ速度振幅は ω 倍，位相は $\pi/2$，$90°$ 進んだことになる．

物体が仕事をしうる状態にあるとき，物体はエネルギーを持つというが，速度 v で運動している質量 m の物体の持つエネルギーは $(1/2)mv^2$ で表される．これは，部材の磨耗，疲労の評価値として有効な量である．

2.2.3 加速度

運動状態を表す量として速度を用いた場合，単位時間における速度の変化として定義されるベクトル量である加速度での表現がある．

運動の第2法則は「物体に力を加えると，力の方向に力に比例した加速度を生ずる」と表される．これを式に書くと

$$F = m\,\alpha \quad (\text{力}=\text{質量}\times\text{加速度}) \qquad (2.5)$$

と表される．この式の意味は，「力は加速度に比例する」ということであり，言い換えれば，物体の加速度がわかれば，物体に加わる力が求められる．加速度は，振動の防振，絶縁などに有用な測定量であり，

$$\text{加速度} = \frac{d^2x(t)}{dt^2} = -\omega^2 X \sin\omega t = \omega^2 X \sin(\omega t + \pi) \qquad (2.6)$$

となる.変位に比べ加速度振幅はω^2倍,位相はπ, 180°進んだことになる.

以上のことをまとめると図2.2のような関係になる.

また,変位,速度,加速度の関係は図2.3に示す振動ノモグラフとして書き表すことができる.この図は,横軸に周波数,縦軸に速度,斜め右上がりの座標に変位,右下がりの座標に加速度を取っており,振動評価にしばしば用いられている.

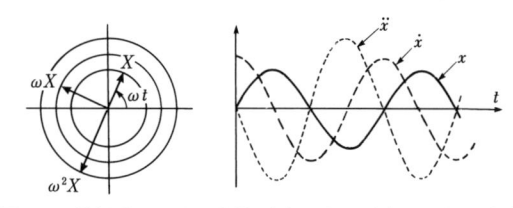

図 2.2 単振動における変位 (x), 速度 ($\dot{x}$), 加速度 ($\ddot{x}$)

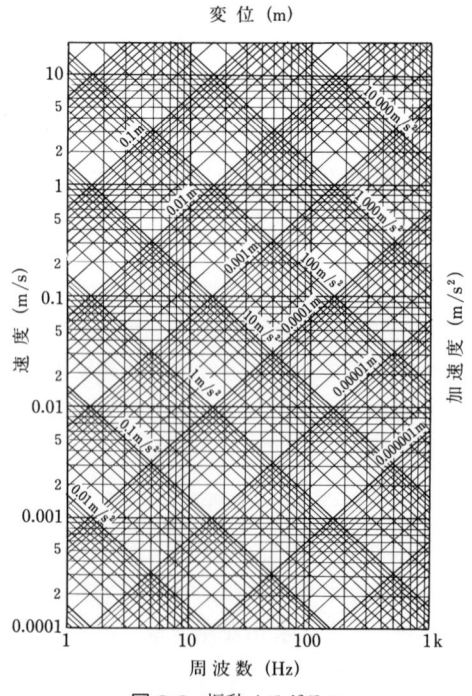

図 2.3 振動ノモグラフ

2.3 環境振動の評価法

2.3.1 振動一般に対する人体感覚 （Reiher と Meister の研究）

人体影響に関する研究が始まったのは，1900年代初期と言われている．蒸気機関車による鉄道に続いて自動車が普及し，それにともなって影響を受ける範囲が広がっていき，振動問題が徐々に形成され顕在化してきたためと考えられる．

図2.4は，1936年，Reiher と Meister によってまとめられた有名な体感曲線図である．知覚限界値（平均限界値）は，6段階に分けられる．

  0：感じない
  Ⅰa：ようやく感じる
  Ⅰb：良く感じる
  Ⅰc：強く感じる
  Ⅱa：不快に感じる
  Ⅱb：非常に不快に感じる

また，図中には，
  A領域：振動速度が知覚の特性，
  B領域：加速度が知覚の特性，
  C領域：衝撃性（加速度）が知覚の特性，
の3つの振動領域が区分されている．

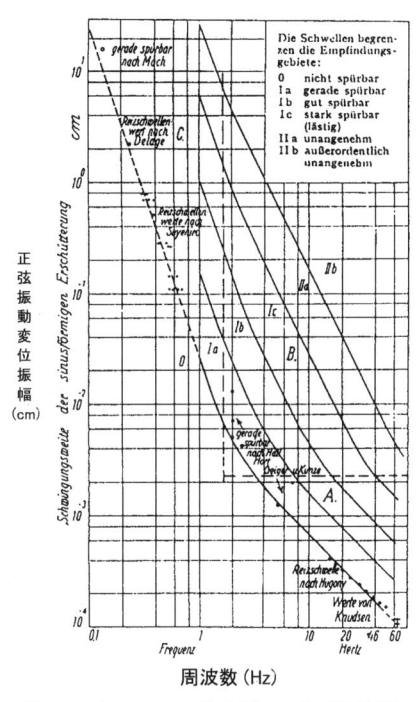

図 2.4 Meister のオリジナル体感曲線図

2.3.2 建物の床の居住性に関する評価

建物での振動問題では，「人が歩行すると床が揺れる」など床の振動特性に関する割合が多い．日本建築学会の振動分科会では，1959年に，設計荷重的な基準として「建築物の振動障害防止に関する設計規準値（案）」をまとめた経緯がある．

その後，建築学会では，近年の国際的な研究成果をふまえ，
1）設計段階においては，当該建築物に生ずる振動の程度と居住性の予測

2) 構造設計上では，振動の防止対策の面で役立たせるなどを目的として「建築物の振動に関する居住性能評価指針同解説」を1991年に編纂している．ここでは，設備機器振動との関係で，「建築物床の鉛直振動」についてのみ紹介する．
① 適用範囲
　本指針は，居住環境としての性能を維持する観点から，建築物の床に生ずる鉛直振動を評価する場合に適用する．
② 居住性能評価についての基本概念
　振動に関する居住性能評価は，図2.5に示す性能評価基準に床応答波形から求まる振動数，振動振幅，減衰定数（係数）を照合することにより行う．
　なお，床応答波形は，床用途上，日常的な振動発生源になると想定される加振条件下で求めることとする．
③ 居住性能評価の基準
　居住性能評価の基準は，振動性状の違いに基づく次の3種からなる．

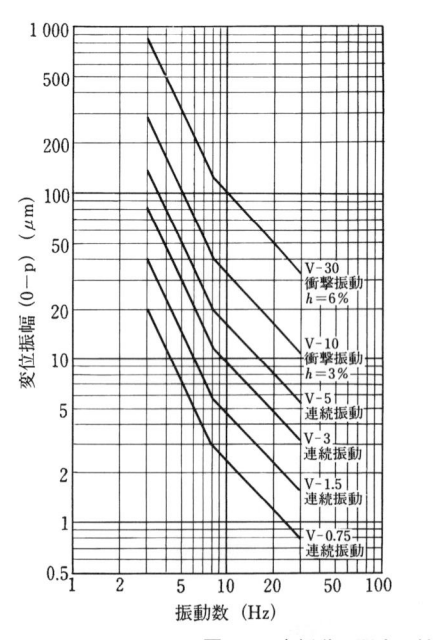

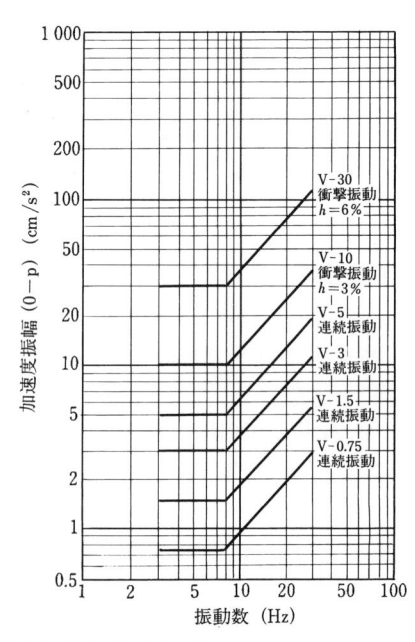

図 2.5　床振動に関する性能評価基準（鉛直振動）

振動種別 1 ：連続振動および間欠的に繰り返し発生する振動を受ける床：V–5 以下
振動種別 2 ：衝撃振動を受ける減衰性の低い床（減衰定数（係数）$h = 3$ ％以下）：V–10 以下
振動種別 3 ：衝撃振動を受ける減衰性の高い床（減衰定数（係数）$h = 3 \sim 6$ ％程度）：V–30 以下

通常の事務所ビルの床は，減衰定数（係数）$h：3$ ％程度が多い．また，振動種別および建築物の用途別性能評価区分を，表 2.1 のように提示している．すなわち，最も厳しい性能評価では，住居の居室・寝室で V–0.75，事務所の一般事務室で V–3 を推奨している．

表 2.1 振動種別および建築物の用途別性能評価区分

建築物	室用途	振動種別 1			振動種別 2	振動種別 3
	ランク	ランク I	ランク II	ランク III	ランク III	ランク III
住 居	居室・寝室	V–0.75	V–1.5	V–3	V–5	V–10
事務所	会議・応接室	V–1.5	V–3	V–5	V–10	V–30
	一般事務室	V–3	V–5	V–5 程度	V–10 程度	V–30 程度

注）ランクは単に居住性能上の段階を示すが，一般的なよりどころをランク II においている．なお，ランク I は居住性能上この範囲を下回ることがより望ましいレベル，ランク III は同じくこの範囲を上回らないようにすべきレベルである．

日本建築学会では，上記指針の改定版を 2004 年に発行している．これによると性能評価曲線に，応答波形から求まる 1/3 オクターブバンド分析結果を照合することになっている．

前指針では，建物用途に対応するランク（表 2.1 参照）を定めていたが，改定指針では鉛直振動に対する人の振動知覚確率をもとに定めた性能評価曲線で示されている．評価曲線は，各レベルの振動が生じた際に何％の人が振動を感じているかを示しており，例えば 10 ％の人が感じるレベルを V–10 のように表す．

前指針と改定指針の鉛直振動に対する評価曲線を比較すると図 2.6

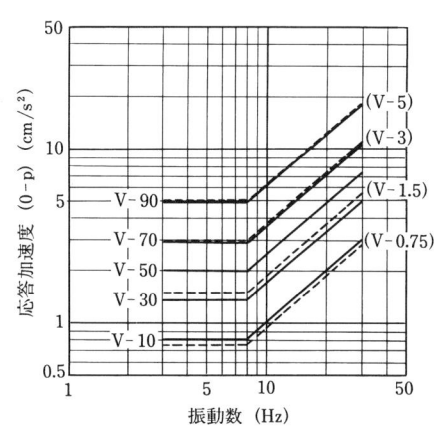

図 2.6 前指針と改定指針との比較

のようになる．(V–0.75) が V–10 に，(V–1.5) が V–30 に，(V–3) が V–70 に，(V–5) が V–90 に対応している．

2.3.3 ISO 2631/2 （全身振動に曝される人間の評価 —建物内での連続・衝撃振動—）

ISO 2631 シリーズは，「全身振動暴露の評価に関する指針」として 1974 年に発表，1985 年に改正され，ISO 2631 (Part.1〜4) として分類，規格化されている．

Part.1 は，作業能率の保持のための評価に用いられる疲労・能率減退境界，健康や安全保持のための評価に用いる暴露限界，快適性の保持のための評価に用いられる快感減退境界の曲線と判定条件が規定されている．

Part.2 (ISO 2631/2) は，1989 年に正式に承認され，そこで示されている基本曲線（係数 1）（図 2.7，Z 軸）は，Part.1 (ISO 2631/1) の快適減退曲線の 24 時間暴露曲線の値をさらに 20 dB (1/100) 引き下げた値に相当している．

ところで，同一の部屋でも生活行為が変わりやすい場合は，振動に曝される方向（図 2.8）も異なってくる．方向性の判断が困難な場合には，X, Y 軸と Z 軸の評価にあって厳しい側で包絡線を引いて求めた合成評価曲線（省略）を用いることになってい

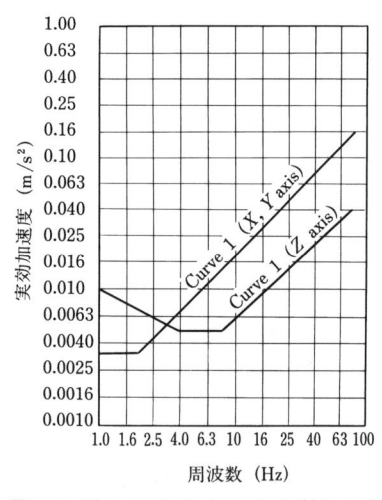

図 2.7 ISO 2631/2 (1989) Z 軸および X, Y 軸評価曲線

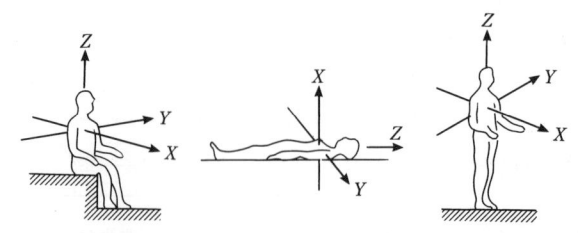

図 2.8 ISO 2631/2 (1985) で対象とされている振動方向

表 2.2 ISO 2631/2 (1989) で定義されている倍率

場　所	時間	連続，間欠振動	衝撃振動（一日数回）
精密作業域	昼間	1.0	1
（手術室など）	夜間	1.0	1
住　宅	昼間	2.0〜4.0	30.0〜 90.0
	夜間	1.4	1.4〜 20.0
事務所	昼間	4	60.0〜128.0
	夜間	4	60.0〜128.0
作業場	昼間	8	90.0〜128.0
	夜間	8	90.0〜128.0

表 2.3 ISO 2631/2 (1996) Draft で定義されている許容値

場　所	時間	荷重加速度 (mm/s^2)	
		連続，間欠振動	衝撃振動（一日数回）
精密作業域	昼間	7	4
（手術室など）	夜間		
住　宅	昼間	8	120
	夜間	5.6	40
事務所	昼間	16	320
	夜間		
作業場	昼間	63	400
	夜間		

る．この規格の付属書には，表 2.2 があり，各種建物の様式および時刻に対する倍率が示されている．さらに詳細には，発生頻度および発生時間に関する倍率も定められている．

しかしこの規格（ISO 2631/1）は，その後の研究情報量の蓄積，計測技術やデータ処理法の進歩などにより規格発行から 10 年を経た，1995 年 10 月，各国の審議・投票により改訂された．

その大要は，ISO 2631 (1985) では心臓が座標系の中心に考えられていたが（図 2.8），ISO 2631/1 (1995) では，人体の中心に置かれた座標系に従って振動を測定することが規定され，人体の基本中心軸が図 2.9 のように規定されている．この規格では，座位の人間に対する 3 つの主要な範囲として，支持している座席面，背もたれ，および足部を考えている．また，改訂前は単純であった周波数荷重（図 2.7）が，健康，快適性，知覚および動揺病に関する各種の荷重曲線（図 2.10）と使用方法（表 2.4）によって与えられた．

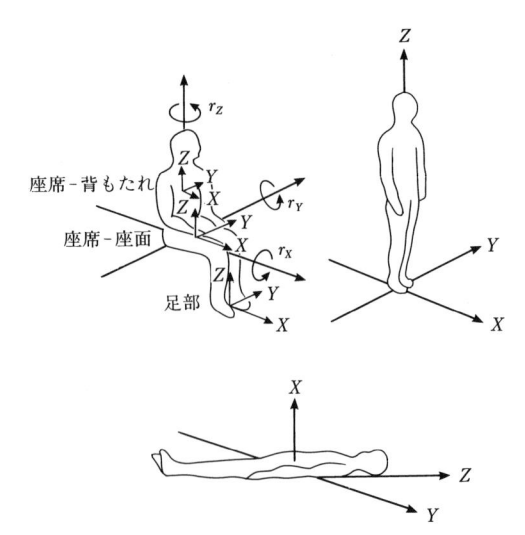

図 2.9 ISO 2631/2 (1995) で対象としている振動の方向

表 2.4 周波数荷重曲線の適用に対する概略指針

(a) 主要荷重

周波数加重	健康	快適性	知覚	動揺病
W_k	Z–座席	Z–座席 Z–立位 垂直 臥位 X, YZ–足部	Z–座席 Z–立位 垂直 臥位 —	—
W_d	X–座席	X–座席 Y–座席 X, Y–立位 水平 臥位 Y, Z–背中	X–座席 Y–座席 X, Y–立位 水平 臥位 —	—
W_f	—	—	—	Z

(b) 付加荷重

周波数荷重	健康	快適性	知覚	動揺病
W_c	(X–背中)	X–背中	X–背中	—
W_e	—	r_x, r_y, r_z–座席	r_x, r_y, r_z–座席	—
W_j	—	垂直 臥位 (頭部)	垂直 臥位 (頭部)	—

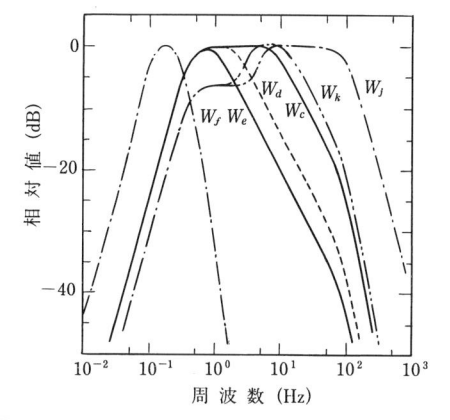

図 2.10 ISO 2631/1 (1995) の各種周波数荷重曲線

このような ISO 2631/1（1995）の改訂により，ISO 2631/2（建物内の振動が人に及ぼす影響の評価）の改訂作業も進んでいる．すなわち，X, Y, Z 軸の周波数荷重曲線の改訂，従来は表 2.2 に定められていた倍率の考え方から，表 2.3 の周波数荷重後の値への変更などである．

さらに振動の評価に当たって，建物内の音，時間帯，建物内の家具などからの二次的音などを考慮した評価方法などが検討されている．

しかし表 2.2，2.3 で，精密作業域について平坦周波数領域で比較すると，昼間・夜間とも $0.4 \sim 0.5\,\mathrm{cm/s^2}$ ($0.4 \sim 0.5\,\mathrm{gal}$) が推奨され大差はない．

ところで ISO 2631（1985）では，次項に述べる振動レベル計での周波数荷重曲線採用など，広く活用されている．

この ISO 2631 シリーズは，1974 年の発行以来，改定作業が繰り返されている．

2.3.4 公害振動と振動レベル

振動規制法は，1976（昭和 51）年に施行された．この法律でいう振動を発生する主体の範囲は，
① 著しい振動を発生する施設を持つ工場，事業場（特定工場），
② 著しい振動を発生する建設作業（特定建設作業），
③ 自動車が道路を通行することに伴い発生する振動（道路交通振動）

の3種類に区分され，住民の生活環境を保全する必要性から前2者に対しては「規制基準上」，後者に対しては「要請基準」的な考え方で規制値と地域の指定がされた（規制値省略）．

これらの規制には，振動レベルが尺度として採用されている．これは聴覚の場合と同様に人間の振動感覚も周波数特性を持っており，振動に対する感覚と振動の物理的大きさを表す振動加速度レベルとは必ずしも対応しないことによる．そこでISO 2631/2（1989）の荷重曲線（図2.7）が採用され，この荷重曲線によって重み付け（weighting）した振動加速度値をデシベル（dB）で表示したものを振動レベルと定義している．すなわち，

$$振動レベル (L_v) = 20 \log_{10} \frac{\sum A_n 10^{\alpha_n/10}}{A_0} \quad (\mathrm{dB}) \quad (2.7)$$

ただし，A_0：基準値 $= 10^{-5}\,\mathrm{m/s^2}$
$\quad A_n$：周波数n（Hz）である振動加速度実効値（m/s²）
$\quad \alpha_n$：周波数n（Hz）における補正値（dB）

なお，振動レベル測定器は，JIS C 1510「振動レベル計」として制定されている．

ここで表2.5は，振動規制値設定にあたって考慮された振動による影響と振動レベル（地表換算値）の関係を示す．また図2.11は，このとき考慮されたわが国の平均的家屋構造である，木造家屋の板の間と地表振動の関係を示す．累積度数50％で見るとほぼ+5 dBとみなせる．

研究室における人間の振動暴露実験や調査から得られたデータをもとに，−5 dBしたものを地表面の値とした根拠は，この種の資料が用いられた経緯がある．

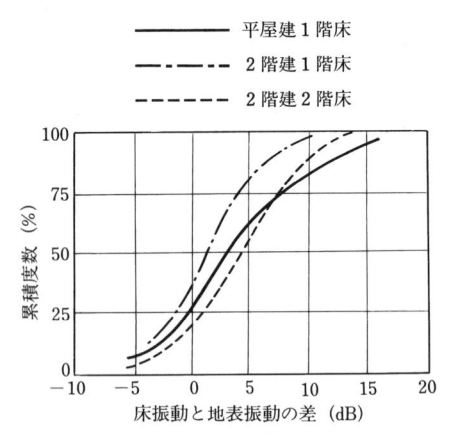

図2.11 木造家屋の板の間と地表振動の関係（環境庁）

2.3 環境振動の評価法 / 21

表 2.5 振動の大きさとその評価

補正加速度レベル	生理的影響等	睡眠への影響(注2)	住民反応(注3)	物的被害	気象庁震度階
dB 〜90				レンガ造, コンクリートブロック造等にもひし板害がでてくる	震度4：中震 (すわりの悪い花びんなどは倒れ, 多くの人々が戸外に飛出す)
85	→人体に有意な生理的影響が生じ始める			自然石積建物等に少し被害がでてくる	震度3：弱震 (戸, 障子がガタガタと鳴動し電灯のような吊り下げ物がゆれる)
80				軽度の物的被害がみられる下限値	
75	→産業職場における快適減退境界 [ISO] （8時間暴露）	→睡眠深度1,2とも全て覚醒する	「よく感じる」という者が50%程度		震度2：軽震 (戸, 障子が僅かに動くのがわかる程度)
70		→睡眠深度1,2とも覚醒する場合が多い	「よく感じる」という者が40%程度		
65		→睡眠深度1の場合は全て覚醒する	「よく感じる」という者が30%		
60(注1) 地表換算値	→振動を感じ始める（閾値）	→睡眠深度1の場合過半数が覚醒する	「やや感じる」という者が50%程度		震度1：微震 (静止している人や特に地震に注意深い人だけに感ずる程度)
55		→睡眠影響は殆んどない	住居内振動の認知限界		
50			常 時 微 動		
45					震度0：無感
〜40					

(注) 1 基準値等は地表振動であるが、人体への影響は室内振動であり家具等の振動特性の影響を受ける。家屋等の構造によって、減衰する場合と増幅する場合とがあるが、平均的にみて増幅することが多く、一応の目安として 5dB とした。この実験は振動台上で行われたものを地表換算したものであるので順に「覚醒」, [1], [2], [3] となっている。
2 すべて睡眠脳波から判定したものである。
3 環境庁が振動のもたらす住民反応につきアンケート調査を行った結果であり、調査対象戸数は工場 1000戸, 道路交通 600戸, 新幹線 1000戸である。

2.3.5 精密環境施設と振動基準

　振動の現象は，加振源（加害）・媒体・受振源（被害）の組合せからなる．とかく環境振動と言えば，加害源とそれを受ける被害側，前者が機械で後者が人と考えがちである．しかし，人が移動するときの歩行振動が，建物の床を媒体として電子顕微鏡に影響するなどの例が増加している．現代科学は，巨大から微小まで様々な分野で，人間に備わった感覚のみでは到底及ばない領域に踏み入っている．とりわけ精密化・微細化の面ではミクロの世界が振動の対象となっている．

　ここで昔も今も我々当事者の最も苦しむことの一つは，それぞれの機器，生産システム，試験環境などに対する明確なクライテリアがわからないことである．

　微振動防止設計のフローチャートは書けても，実行するとき種々の障害につき当たる．

　人間の場合，大部分の人が良いとすればそこそこに妥協が生まれる．機械システムの場合も複雑な振動システムを形成していることは，人間と同じであるが，現在のところ設置点において良しとして提示される数値は，アウトプットの歩留まりが前提なのか，安全余裕度がどの程度見込んであるのか，先端的であればあるほど，判然としない．

　例えば光学装置では，光の通り道における空気密度にゆらぎがあると，分解能に支障をきたすことがあるので，周囲環境の騒音レベルには厳しい条件が要求される．また，音圧・気流変動は，精密機器を構成する部材あるいは設置床を振動させる振動源になるともいわれている．

　通常，振動許容値は単に変位振幅や加速度振幅で与えられることが多い．しかし詳細な検討を行うためには，是非，振動数と振幅の組合せであるスペクトルで表示されることが必要である．フーリエスペクトルやパワースペクトルは，データの解析条件により値が変わることがあり，絶対値を問題とするときには注意が必要である．1/3オクターブバンドスペクトルは，JIS C 1513で分析法が規定されているので値が変わることはない．そのほか振動許容値を決定するうえで，下記の点に注意する必要がある．

　① 振幅の定義
　　　　加速度，速度，変位のいずれか
　　　　最大値，実効値のいずれか
　　　　片振幅，両振幅のいずれか

② 許容値の定義場所
　　構造躯体上（床），仕上げ材上，装置本体上，など
③ 振動源の定義
　　歩行振動（人数・体重），周辺設備機器，建物外交通振動，など

図 2.12 は文献から転用した精密機器の振動許容値例である．この図は，経験に基づく精密環境設備について整理したものである．また ISO 8569 には，「建物内での精密機器への振動の影響」の計測方法がまとめられている．

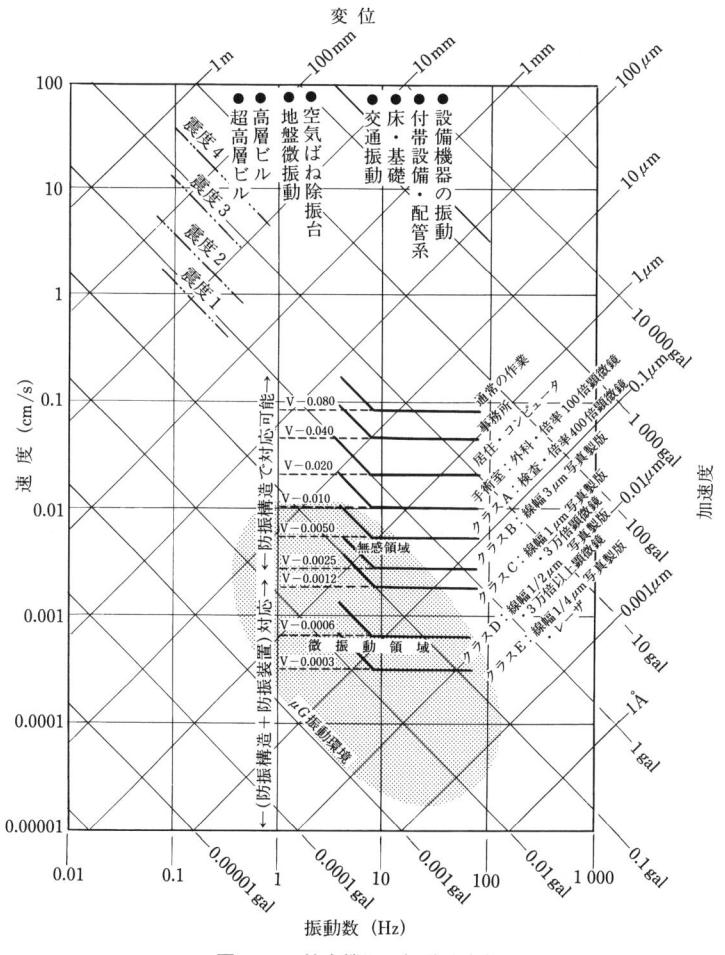

図 **2.12** 精密機器の振動許容値

第3章

防振の一般的理論（弾性支持）

建築設備の騒音・振動防止のためには，大別して
① 騒音振動源で
② 騒音振動の伝達経路で
③ 居室側で

が考えられる．しかし対策の規模や効果を考えると①の源で対策を施すのが基本である．振動対策と言うと往々にして，振動する機械からの影響が周辺に及ばないようにすること（図3.1）ばかり考えがちだが，建物内の精密設備（顕微鏡，電子天秤など）への振動入力を防ぐこと（図3.2）もある．

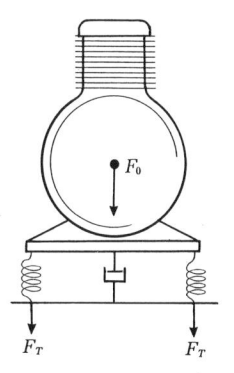

伝達率 $T_F = F_T/F_0$（F_T：伝達した力，F_0：機械の加振力）

図3.1 コンプレッサー等の加振力が基礎に伝達されないようにする防振

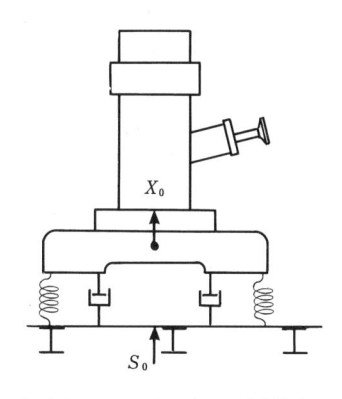

伝達率 $T_D = X_0/S_0$（X_0：精密機器の変位振幅，S_0：床の変位振幅）

図3.2 精密設備に振動が伝達されないようにする防振

この章では，防振の一般的理論を扱うが，最終的には建築の床構造の上に設備機械を設置する場合の防振の考え方を述べる．

3.1　1自由度系の振動

3.1.1　減衰のない場合
(1)　振動している機械の加振力を基礎に伝えないようにする場合

図 3.3 に示すようにコンプレッサー，送風機などがばねで支えられ，剛な基礎の上に据え付けられている．コンプレッサーの質量を M (kg)，ばね定数を K_X (N/m) とする．

質量 M のコンプレッサー類は，上下方向に

$$F = F_0 \sin\omega t \qquad (3.1)$$

の加振力を発生しているとする．

ここで，F_0：最大加振力，$\omega = 2\pi f_d$（f_d：加振振動数），t：時間である．

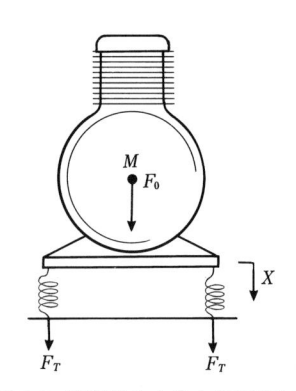

図3.3　理想的な1自由度の振動系

定常状態の微分方程式は，K_X：X 方向のばね定数 (N/m)，X：軸方向の変位，$\ddot{X}$：軸方向の加速度とすれば，次式で表される．

$$M\ddot{X} = F_0 \sin\omega t - K_X X \qquad (3.2)$$

定常状態の質量 M の変位 X は，

$$X = \frac{F_0}{K_X[1-(\omega/\omega_n)^2]}, \qquad \omega_n = 2\pi f_n \qquad (3.3)$$

ただし，f_n：固有振動数 (Hz)．ここでは，$\omega_n = (K_X/M)^{\frac{1}{2}}$（単位 rad/s）であるので，$2\pi f_n = (K_X/M)^{\frac{1}{2}}$（単位 rad/s）となり，

$$f_n = \frac{1}{2\pi}\left(\frac{K_X}{M}\right)^{\frac{1}{2}} = 0.16\left(\frac{K_X}{M}\right)^{\frac{1}{2}} \qquad (3.4)$$

ここで，ばね・機械系を支えている基礎は，不動の剛体と仮定している．

基礎に伝達される力は，ばねを介してのみ伝達され

$$F_T = K_X X \qquad (3.5)$$

となる．
　このことから力の伝達率 T_F は
$$T_F = \frac{F_T}{F_0} = \frac{1}{1-(\omega/\omega_n)^2} \tag{3.6 a}$$
と表現できる．この式はより簡便化すれば
$$T_F = \frac{1}{1-(f_d/f_n)^2} \tag{3.6 b}$$
となる．

（2）基礎が振動しており，精密機器等に振動が伝わらないようにする場合

　図3.2に示したように基礎が振動しており，精密機器等に振動が伝わらないようにする場合を扱う．

　いま質量 M の嫌振機器のセットされた床面が変位 S で振動しているとすると，定常状態の微分方程式は
$$M\ddot{X} = K_X(S-X) \tag{3.7}$$
ここで，$S = S_0 \sin\omega t$，S_0：床面の最大振幅．

　したがって，防振支持された質量 M の嫌振機器の応答振幅 X_0 は
$$X_0 = \frac{S_0}{1-(\omega/\omega_n)^2} \tag{3.8}$$
したがって，床と嫌振機器間の振幅伝達率 T_D は
$$T_D = \frac{X_0}{S_0} = \frac{1}{1-(\omega/\omega_n)^2}$$
となり，より簡便化すれば
$$T_D = \frac{1}{1-(f_d/f_n)^2} \tag{3.9}$$
となる．

　ここで，式 (3.3) の F_0/K_X は，定常的力 F_0 の作用を受けているばね質量系の振動数0でのたわみ（静的変位と呼ぶ）であるから，これを X_0 とすれば
$$\frac{X}{X_0} = \frac{1}{1-(\omega/\omega_n)^2} = T_D \tag{3.10}$$
と表現できる．

　以上のことから力の伝達率 T_F の計算式 (3.6) と振幅伝達率 T_D の計算式 (3.9) は，同じであることがわかり，さらにこのシステムにおける伝達率は，

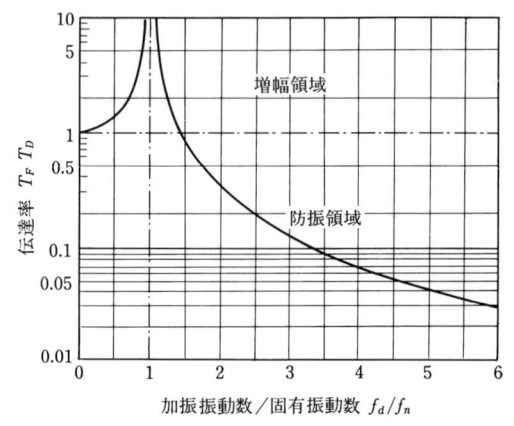

図 3.4 1自由度系（減衰のない）の振動伝達率

加振（障害）振動数 (f_d) とばねで支持した機械の固有振動数 (f_n)：式 (3.4) の関数として表されることがわかる．

図 3.4 は，減衰のない単純な 1 自由度の振動系において，f_d/f_n の関数として振動伝達率を計算した図表である．

ここで重要なポイントを示すと

① $f_d > f_n$ で，1.4 以上になると振動伝達率は 1 以下となり有効な防振領域となる．
② $f_d < f_n$ では，力および変位は増幅される．
③ $f_d = f_n$ のとき，T_F と T_D は ∞ となる．しかし現実には，ダンピングや機械的拘束が働くのでそのようにはならない．加振（障害）振動数 f_d と固有振動数 f_n が一致するとき「共振」と呼ぶ．

さて，f_n は，式 (3.4) で

$$f_n = \frac{1}{2\pi}\left(\frac{K_X}{M}\right)^{\frac{1}{2}} \tag{3.11}$$

であった．静的たわみ δ は，ばね K_X との関連で

$$\delta = \frac{Mg}{K_X} \tag{3.12}$$

で表すことができる．ここで，g は重力の加速度．

式 (3.12) を式 (3.11) に代入して

$$f_n = \frac{1}{2\pi}\sqrt{\frac{g}{\delta}} \tag{3.13}$$

定数を代入することにより

$$f_n = 15.8 \left(\frac{1}{\delta}\right)^{\frac{1}{2}} \tag{3.14}$$

ここで，静的たわみ δ の単位は mm である．

図 3.5 は，式 (3.14) の静的変位 (δ) と固有振動数 (f_n) の関係を示している．設計において，加振 (障害) 振動数 f_d に対する，より大きな防振効果を得るためには，その振動系の固有振動数 f_n を低くする，大きな静的たわみを得ることが望まれることがわかる．

振動絶縁 I は式 (3.6), (3.9) から

$$I = 1 - \frac{1}{1 - (f_d/f_n)^2} \tag{3.15}$$

と表される．

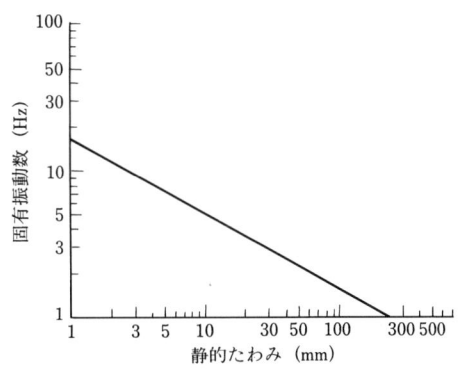

図 3.5 静的変位と固有振動数の関係

(3) 力の釣合いからの防振効果の説明

ここまで 1 自由度振動系の防振の方法を述べてきたが，なぜそうすればよいかの考えが示されていない．そこで力の釣合いの考え方を用いて説明をする．

図 3.6 は，式 (3.6), (3.9) において f_d が 0 から増加するにしたがって T_F あるいは T_D ($= X/X_0$) の値が，$1 \to 2.5 \to 5.5 \to -5.5 \to -0.5 \to -0$ と変化していくとき，力と応答変位の大きさと方向の様子を示したものである．

いま減衰のない 1 自由度の振動系に作用する力と応答を

加振力 $F = F_0 \sin\omega t$ 応答変位 $x = x_0 \sin(\omega t - \varphi)$
慣性力 $F_m = mx\omega^2$ 復元力 $F_k = -kx$

とする．ここで加振力 F だけは，この振動系の状態に関係なく外部から作用するので大きさも方向も一定であるので，図では F を基準に示す．複素平面

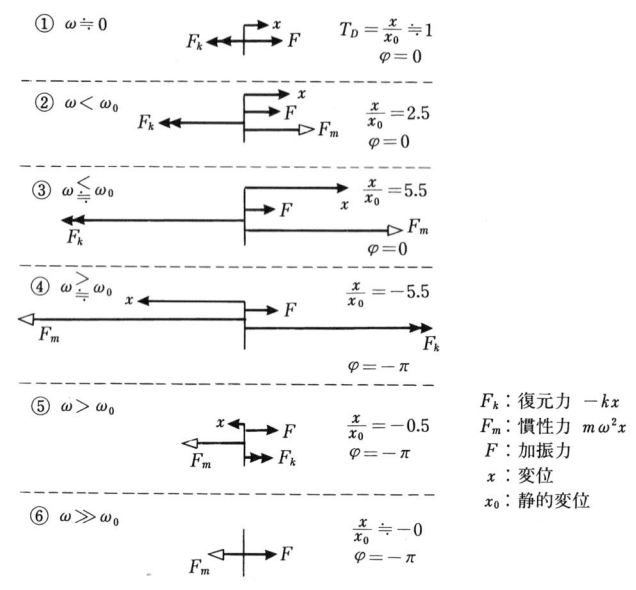

30 / 第 3 章　防振の一般的理論（弾性支持）

① $\omega \fallingdotseq 0$　　$F_k \leftarrow\leftarrow\leftarrow\!\!\overset{x}{\rightarrow}\!\leftarrow F$　　$T_D = \dfrac{x}{x_0} \fallingdotseq 1$
　　　　　　　　　　　　　　　$\varphi = 0$

② $\omega < \omega_0$　　$F_k \leftarrow\!\!\!\leftarrow\!\!\!\overset{x}{\leftarrow} F \rightarrow F_m$　　$\dfrac{x}{x_0} = 2.5$
　　　　　　　　　　　　　　　$\varphi = 0$

③ $\omega \underset{\fallingdotseq}{<} \omega_0$　　$\overset{x}{\longrightarrow} F \longrightarrow F_m$　　$\dfrac{x}{x_0} = 5.5$
　　　　　　$F_k \longleftarrow$　　　　　　　　$\varphi = 0$

④ $\omega \underset{\fallingdotseq}{>} \omega_0$　　$\overset{x}{\longleftarrow} \longrightarrow F \longrightarrow F_k$　　$\dfrac{x}{x_0} = -5.5$
　　$F_m \Longleftarrow$　　　　　　　　　　　　$\varphi = -\pi$

⑤ $\omega > \omega_0$　　$F_m \leftarrow\leftarrow\overset{x}{\leftarrow}\!\!\rightarrow\!\!\rightarrow F_k\!\rightarrow F$　　$\dfrac{x}{x_0} = -0.5$　　F_k : 復元力　$-kx$
　　　　　　　　　　　　　　　$\varphi = -\pi$　　　　　F_m : 慣性力　$m\omega^2 x$
　　　　　　　　　　　　　　　　　　　　　　　　　F : 加振力
　　　　　　　　　　　　　　　　　　　　　　　　　x : 変位
　　　　　　　　　　　　　　　　　　　　　　　　　x_0 : 静的変位

⑥ $\omega \gg \omega_0$　　$F_m \Longleftarrow F$　　$\dfrac{x}{x_0} \fallingdotseq -0$
　　　　　　　　　　　　　　　$\varphi = -\pi$

図 3.6　減衰のない 1 自由度強制振動の力の釣合いと変位

上では，図の矢印がこのままの相対関係で角速度 ω の速さで反時計回り方向に回転する．

●図の①の説明

この場合は，加振力の角速度 ω が極めてゆっくりとしている．したがって慣性力 F_m はほとんど 0 である．ばねはゆっくりと変位 (x) に比例して変形し，復元力 F_k が x と逆方向に作用する．

F と F_k が釣合っている．したがって作用した力は，ばねを介してそのまま基礎に伝達されるので，防振の効果はないことになる（図 3.4 の横軸 0 付近参照）．

●図の②の説明

加振力の角速度 ω が少し大きくなり，慣性力 F_m が生じてくる．しかしまだ復元力 F_k より小さいので，F_k を $F_m + F$ が打ち消す形で力が釣合っている．したがって，F_k の値は①の場合より，ω が大きくなり慣性力 F_m が生じてきた分大きくなり，基礎に伝達される力は，①より少し大きくなってくる（図 3.4 の横軸 0.75 付近参照）．そして，常に F_m と同じ向きの x は，F とも同じ向きになり，$\varphi = 0$ である．

- 図の③の説明

加振力の角速度 ω が大きくなり，振動系の固有角速度 ω_0 のごく近くで加振した場合である．F_k の方がまだ F_m よりわずかに大きいので，$\varphi = 0$ である．F_k と F_m はほぼ同じになっているが，両者の差が一定の大きさ F でなければならないことから，F_k も F_m も極めて大きくなる．

そして双方とも変位 x に比例するので，応答振幅 x が極めて大きいことになる．このことは，ばねを介した基礎への伝達率がますます増大することを示す（図3.4の横軸0.9付近参照）．

- 共振状態の説明

ここでは $\omega = \omega_0$ の状態である．$|F_m| = |F_k|$ であり，しかも F_m と F_k は反対方向を向いているから振動系の中で双方は完全に打ち消され，F に対抗する内力が存在しないので，加振力の自由なままとなり，振幅は限りなく増大する．加振力の方向と速度の方向は一致する．

変位は，速度より常に90°遅れているから，加振力からも90°遅れ，$\varphi = -90°$ になる．

したがって加振力の意のままに振幅が限りなく増大するので，基礎に伝達される振動も限りなく増大するものとなり，危険な状況となるので絶対に避けなければならない（図3.4の横軸 $f_d/f_n = 1$ 参照）．

- 図の④の場合

加振力の角速度 ω が振動系の固有角速度 ω_0 よりわずかに大きい場合である．この場合 F_m の方が F_k よりも少し大きいので，F_m を $F_k + F$ が打ち消す形で釣合っている．F_m は，F_k とは逆向きの応答であり，F とも逆向きとなり，$\varphi = 180°$ になる．

共振を境として振動系は加振の速さに追従が困難となってくるので，応答が遅れるようになる．しかしこの付近では，F_m も F_k も大変大きく，しかも両者の差が加振力 F でなければならない．

さらに振幅 x は，両者に比例するので大変大きいことになる．

このことから，ばねの振幅に依存する伝達率もこの領域では大変大きなものとなる（図3.4の横軸 $f_d/f_n = 1.1$ 付近参照）．

- 図の⑤の場合

加振力の角速度 ω が振動系の固有角速度 ω_0 よりさらに大きい場合である．振動系は加振の速さにますます追従が困難となってくる．F_m は角速度 ω に依存し，F_k より十分大きくなる．しかし，両者の差が加振力 F でなければな

らない．そのことから F_m と F_k がともにかなり小さくなる必要があり，このことから応答振幅 x は減少する．応答振幅 x が減少することは，伝達率が少なくなることであり，有効な防振設計範囲になる（図 3.4 の横軸 $f_d/f_n = 1.75$ 付近参照）．

● 図の⑥の場合

加振力の角速度 ω が振動系の固有角速度 ω_0 より極めて大きい場合である．ω が極めて大きいにもかかわらず，力の釣合いから慣性力 $F_m = m x \omega^2$ が F と同程度以上に大きくなっては困るので $x \cong 0$ になる．したがって振動系は，加振されてもほとんど動かなくなる．伝達率は極めて少なくなり，極めて有効な防振ができる（図 3.4 の横軸 $f_d/f_n = 6$ よりはるかに大きい場合）．

3.1.2 減衰のある場合

(1) 粘性減衰の場合

振動系では，材料の内部摩擦や，その他いろいろな要因が振動エネルギーを吸収して振動を減衰させる．その代表的なものが，速度に比例する粘性減衰である．

図 3.7 に典型的な 1 自由度の例を示す．振動方程式は

$$M\ddot{X} = F_0 \sin\omega t - C\dot{X} - KX$$
$$\ddot{X} + 2\alpha\dot{X} + \omega_n^2 X = \frac{F_0}{M}\sin\omega t \quad (3.15)$$

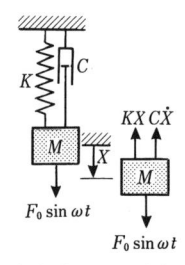

図 3.7 加振力の働く減衰のある典型的な 1 自由度の振動系

である．ここに，C：粘性減衰係数，$C/M = 2\alpha$，$K/M = \omega_n^2$

式（3.15）の特解を求めるために

$$X = A\sin\omega t + B\cos\omega t \quad (3.16)$$

とおいて式（3.15）に代入すると

$$\left[(-\omega^2 + \omega_n^2)A - 2\alpha\omega B - \frac{F_0}{\omega}\right]\sin\omega t + \left[(-\omega^2 + \omega_n^2)B + 2\alpha\omega A\right]\cos\omega t = 0$$

これが t に関係なく成立するためには

$$(-\omega^2 + \omega_n^2)A - 2\alpha\omega B - \frac{F_0}{\omega} = 0$$
$$(-\omega^2 + \omega_n^2)B + 2\alpha\omega A = 0$$

上式から係数 A, B を定めると

$$A = \frac{-\omega^2 + \omega_n^2}{(-\omega^2 + \omega_n^2)^2 + 4\alpha^2\omega^2}\frac{F_0}{M} \tag{3.17}$$
$$B = \frac{-2\alpha\omega}{(-\omega^2 + \omega_n^2)^2 + 4\alpha^2\omega^2}\frac{F_0}{M}$$

となり，定常状態での振幅は

$$X = \frac{F_0/M}{(-\omega^2 + \omega_n^2)^2 + 4\alpha^2\omega^2}\left[(-\omega^2 + \omega_n^2)\sin\omega t - 2\alpha\omega\cos\omega t\right] \tag{3.18}$$

となる．ここで定常状態の最大値を X_M と書けば

$$X_M = \sqrt{A^2 + B^2}$$

であるから

$$\begin{aligned}X_M &= \frac{\sqrt{(-\omega^2 + \omega_n^2)^2 + 4\alpha^2\omega^2}}{(-\omega^2 + \omega_n^2)^2 + 4\alpha^2\omega^2}\frac{F_0}{M} \\ &= \frac{F_0/M}{\sqrt{(-\omega^2 + \omega_n^2)^2 + 4\alpha^2\omega^2}}\end{aligned} \tag{3.19}$$

で与えられる．これを簡略化することで

$$X_M = \frac{F_0/K}{\sqrt{\left[1 - \left(\frac{f_d}{f_n}\right)^2\right] + 4\left(\frac{C}{C_0}\right)^2\left(\frac{f_d}{f_n}\right)^2}} \tag{3.20}$$

となる．ここで

$$f_d = \frac{\omega}{2\pi}, \quad f_n = \frac{\omega_n}{2\pi},$$
$$\frac{C}{C_0} = \frac{C}{2\sqrt{KM}} = \frac{C}{M}\frac{1}{2\sqrt{K/M}} = \frac{2\alpha}{2\omega_n} = \frac{\alpha}{\omega_n} \tag{3.21}$$

減衰のあるときの振幅の伝達率は，$X_S = F_0/K$ として

$$T_d = \frac{X_M}{X_S} = \frac{1}{\sqrt{\left[1 - \left(\frac{f_d}{f_n}\right)^2\right] + 4\left(\frac{C}{C_0}\right)^2\left(\frac{f_d}{f_n}\right)^2}} \tag{3.22}$$

となる．ここで，C/C_0 の値は通常 1 以下であり，鉄で 0.005，ゴムで 0.02 程度である．なお，C_0 を臨界減衰係数，C/C_0 を減衰比という．

また減衰のあるときの固有振動数 f'_n は，減衰のないときの固有振動数 f_n より小さくなる．すなわち

$$f'_n = \sqrt{f_n^2 - \left(\frac{C}{C_0}\right)^2 f_n^2} \tag{3.23}$$

となる．

しかし C/C_0 の値は，前記したように小さく 0.3 で 5％以内であるので，普通の防振設計の範囲で固有振動数を求める場合には，減衰を無視して扱う場合が多い．

図 3.8 は，式（3.22）について C/C_0 の変化の影響をグラフ化したものである．

ここで基礎に伝達される力について考える．伝達される力は，ばね K と減衰係数 C を介して伝達される．したがって伝達される力は

$$F_T = \sqrt{(KX_M)^2 + (C\omega X_M)^2} = KX_M\sqrt{1 + \left(\frac{C\omega}{K}\right)^2}$$
$$= KX_M\sqrt{1 + 4\left(\frac{C}{C_0}\right)^2 \left(\frac{f_d}{f_n}\right)^2}$$

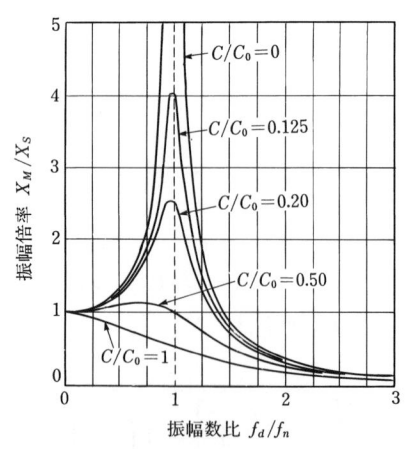

図 **3.8** 粘性減衰を有する 1 自由度の振幅伝達率

上式に (3.20) を代入して

$$F_T = \frac{F_0\sqrt{1 + 4\left(\frac{C}{C_0}\right)^2\left(\frac{f_d}{f_n}\right)^2}}{\sqrt{\left[1 - \left(\frac{f_d}{f_n}\right)^2\right]^2 + 4\left(\frac{C}{C_0}\right)^2\left(\frac{f_d}{f_n}\right)^2}} \quad (3.24)$$

が伝達される力となる．

上式で，振動系がばねをもたずに剛に基礎に設置されているならば，F_0 は基礎に直接伝達される力となる．したがって F_T/F_0 は，弾性支持を介して基礎に伝達される力と剛体支持（直接基礎に支持）される力との比を表し，この振動系の力の伝達率 T_F と呼ばれる．

$$T_F = \frac{F_T}{F_0} = \frac{\sqrt{1 + 4\left(\frac{C}{C_0}\right)^2\left(\frac{f_d}{f_n}\right)^2}}{\sqrt{\left[1 - \left(\frac{f_d}{f_n}\right)^2\right]^2 + 4\left(\frac{C}{C_0}\right)^2\left(\frac{f_d}{f_n}\right)^2}} \quad (3.25)$$

図 3.9 は，力の伝達率について減衰比 (C/C_0) のいろいろな値について描かれている．この図は，図 3.8 と類似した曲線となっている．また減衰を無視すれば，図 3.4 のようになる．

ここで重要な事項を記すと以下のとおりである．

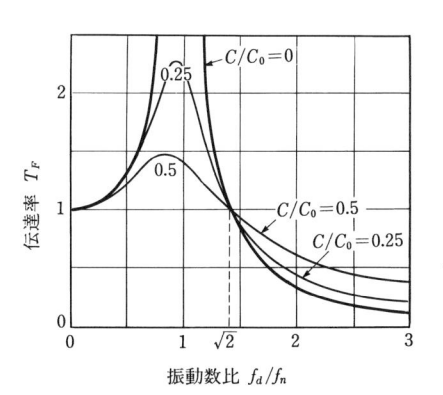

図 3.9 力の伝達率（振動数比が $f_d/f_n > \sqrt{2}$ になるときは，1.0 より小になる）

(1) 伝達される力は，$\omega/\omega_n = f_d/f_n$ が $\sqrt{2}$ より大きいとき，剛体支持の場合より小さい．このことは，減衰のない場合と同様である．
(2) 減衰の存在は，伝達力を増加させるため有害である．減衰なしの $C/C_0 = 0$ と減衰ありとを比較すれば明らかである．
(3) 減衰の存在は，共振時の伝達率を減少させる．

(2) 内部摩擦減衰の場合

　防振ゴムは，一種の粘弾性体であり，ゴムの内部摩擦は金属に比して大きい．ゴムは振動荷重に対して応力とひずみとの間に遅れがある．そのため変形に対する復元力は，実数部と虚数部を含む複素表示をするのが妥当といわれている．

　質点系の振動計算では，一般に運動方程式を線形化して扱っている．したがって系の抵抗としては，速度に比例する粘性減衰係数 C の表現が使われる．防振ゴムのような内部摩擦では振動数を変えたとき C は定数でなく，むしろ ωC が一定に近いとされている．

$$K = \sqrt{(K_1)^2 + (K_2)^2} = \sqrt{(K_1)^2 + (\omega C)^2}, \quad C = \frac{K_2}{\omega} \quad (3.26)$$

と置き，1 自由度の振動方程式を

$$M\ddot{X} + \left(\frac{K_2}{\omega}\right)\dot{X} + K_1 X = F_0 \sin\omega t \quad (3.27)$$

ここで，固有振動数として，$\omega_n = \sqrt{K_1/M}$，$\varepsilon = K_2/K_1$ として，上の振動方程式の定常解を求めると，最大振幅は

$$X_M = \frac{F_0/K_1}{\sqrt{\left[1 - \left(\frac{f_d}{f_n}\right)^2\right]^2 + \varepsilon^2}} \quad (3.28)$$

と表現される．また，基礎への伝達力の大きさは

$$F_T = \frac{F_0\sqrt{1 + \left(\frac{K_2}{K_1}\right)^2}}{\sqrt{\left[1 - \left(\frac{f_d}{f_n}\right)^2\right]^2 + \varepsilon^2}} = \frac{F_0\sqrt{1 + \varepsilon^2}}{\sqrt{\left[1 - \left(\frac{f_d}{f_n}\right)^2\right]^2 + \varepsilon^2}} \quad (3.29)$$

のような形で表される．

　したがってこのようなゴムをばねに用いた弾性支持系の力の伝達率は

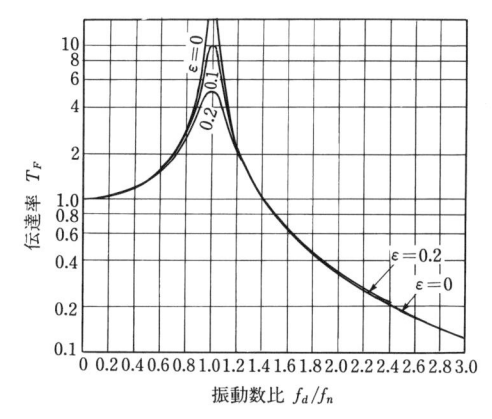

図 3.10 内部摩擦減衰の場合の力の伝達率

$$T_F = \frac{\sqrt{1+\varepsilon^2}}{\sqrt{\left[1-\left(\frac{f_d}{f_n}\right)^2\right]^2+\varepsilon^2}} \qquad (3.30)$$

となる.したがって $f_d = f_n$ のときの振幅の共振倍率は $1/\varepsilon$ で与えられる.f_d が増大すると C が $1/\omega$ に比例して減少する.f_d の大きいところでは,ほとんど $C=0$ の性質を示すので,図 3.10 に示すように力の伝達率が描ける.したがって,粘性減衰を有するもの(図 3.9 参照)より振動絶縁性がよい.

3.1.3 機械を設置する対象構造物を質量のみにモデル化した振動系

いままでの例では,基礎は不動のものとして扱ってきた.船や飛行機にエンジンを取り付ける場合など,実際に機械を設置する対象の構造物は完全剛体ではなく,弾性体として扱うのが現実的であろう.例えば建築分野では,高層ビルの中間階に設備機械を設置するなどはその好例である.

ここでは,設備機械の重量に比べその設置される床の近接部分の重量が小さい場合を想定し,図 3.11 のように基礎を質量 (M_2) のみにモデル化し,検討をしてみる.

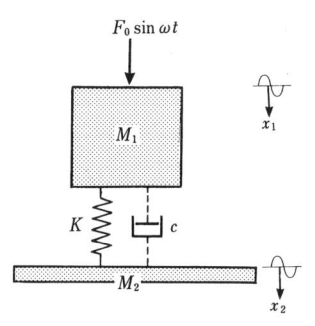

図 3.11 設置床板を質量のみとした振動系

この場合，減衰を無視すると振動方程式は

$$M_1\ddot{X}_1 + K(X_1 - X_2) = F_0 \sin\omega t \\ M_2\ddot{X}_2 + K(X_2 - X_1) = 0 \qquad (3.31)$$

となる．解を $X_1 = X_{1m}\sin\omega t$, $X_2 = X_{2m}\sin\omega t$ と仮定し，上式に代入すれば

$$X_{1m}(-M_1\omega^2 + K) + X_{2m}(-K) = F_0 \\ X_{1m}(-K) + X_{2m}(-M_2\omega^2 + K) = 0 \qquad (3.32)$$

となる．ここでは機械自体の振幅は対象外なので，基礎の振幅 X_2 について調べる．第2式から

$$X_{1m} = X_{2m}\left(1 - \frac{M_2\omega^2}{K}\right) \qquad (3.33)$$

これを式 (3.32) の第1式に代入すると

$$X_{2m} = \frac{F_0 K}{M_1 M_2 \omega^4 - K(M_1 + M_2)\omega^2} \qquad (3.34)$$

を得る．これから振動系の固有振動数を

$$\omega_n = \sqrt{\frac{K}{M_1 M_2/(M_1 + M_2)}} \qquad (3.35)$$

と書き換えることによって基礎の振幅は

$$X_{2m} = \frac{F_0}{(M_1 + M_2)\omega^2\left(\dfrac{\omega^2}{\omega_n^2} - 1\right)} \qquad (3.36)$$

基礎に伝達される力は，$M_2 X_{2m}\omega^2$ の慣性力に等しいから

$$F_T = \frac{M_2}{M_1 + M_2}\frac{F_0}{\left(\dfrac{\omega^2}{\omega_n^2} - 1\right)} \qquad (3.37)$$

となる．したがって力の伝達率は

$$T_F = \frac{F_T}{F_0} = \frac{M_2}{M_1 + M_2}\frac{1}{\left(\dfrac{\omega^2}{\omega_n^2} - 1\right)} \qquad (3.38)$$

となり，減衰のない1自由度の伝達率式 (3.6) に $\dfrac{M_2}{M_1 + M_2}$ を乗じた形になっている．

ここで基礎が不動とした場合と軽い基礎の場合とを比較してみると，式 (3.35) から

$$\omega_n^2 = \frac{K}{\dfrac{M_1 M_2}{M_1 + M_2}} = \frac{K}{M_1}\frac{M_1 + M_2}{M_2} = \omega_1^2 \frac{M_1 + M_2}{M_2} \tag{3.39}$$

ただし，$\omega_1^2 = \dfrac{K}{M_1}$

となり，基礎より 10 倍重い機器を据え付けた場合を例にとれば

$$\omega_n^2 = \frac{K}{M_1}\frac{10+1}{1} = 11 \times \frac{K}{M_1} \tag{3.40}$$

軽い基礎のときは，非常に重い不動の基礎とした場合に比べて，固有振動数は 11 倍も高いという結果になる．すなわち，同程度の防振性能を得るためには，11 倍も柔らかいばねを必要とすることになる．

3.2 2 自由度の振動

3.2.1 2 自由度の自由振動

基礎が質量だけとするのは，単純すぎて現実的ではない．ここではさらに現実的な基礎として，質量とばねを有する図 3.12 に示すような振動系を扱う．すなわち M_1（機械の質量），M_2（床版などの質量）の 2 個の質量と，そしてそれぞれが K_1（防振材），K_2（床版などの剛性）のばねで支えられている振動系として扱う．この場合の振動方程式は次のように記述することができる．

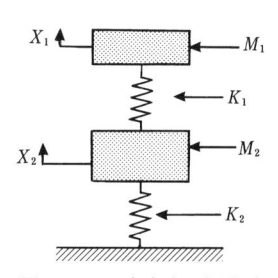

図 3.12 2 自由度の振動系

$$\begin{aligned} M_1 \ddot{X}_1 + K_1(X_1 - X_2) &= 0 \\ M_2 \ddot{X}_2 + K_2 X_2 - K_1(X_1 - X_2) &= 0 \end{aligned} \tag{3.41}$$

この式を解くために $X_1 = X_{01} \sin \omega t$，$X_2 = X_{02} \sin \omega t$ と書き，式 (3.41) に代入し，共通因子の $\sin \omega t$ を省略すると

$$\begin{aligned} (-\omega^2 M_1 + K_1)X_{01} - K_1 X_{02} &= 0 \\ -K_1 X_{01} + (-\omega^2 M_2 + K_1 + K_2)X_{02} &= 0 \end{aligned} \tag{3.42}$$

となる．ここで式 (3.42) が成立するためには

$$(-\omega^2 M_1 + K_1)(-\omega^2 M_2 + K_1 + K_2) - K_1^2 = 0 \qquad (3.43)$$

が成立しなければならない．そこで，式 (3.43) を質量 $M_1 M_2$ で割ってみると

$$\left(-\omega^2 + \frac{K_1}{M_1}\right)\left(-\omega^2 + \frac{K_1 + K_2}{M_2}\right) - \frac{K_1^2}{M_1 M_2} \qquad (3.44)$$

この式で，$\dfrac{K_1}{M_1}$ は M_2 を固定したときの M_1 の固有振動数を，そして $\dfrac{K_1 + K_2}{M_2}$ は，M_1 を固定したときの M_2 の固有振動数を表している．そこで

$$\frac{K_1}{M_1} = \omega_1^2, \qquad \frac{K_1 + K_2}{M_2} = \omega_2^2 \qquad (3.45)$$

と定め，この系の基本振動数とする．一方 $\dfrac{K_1^2}{M_1 M_2}$ は，ばね K_1 の両端に M_1，M_2 なる 2 個の質量が結合された振動系である．そこで，これを

$$\frac{K_1}{\sqrt{M_1 M_2}} = \omega_{12}^2$$

と定め，連成項と呼ぶことにする．式 (3.44) は

$$(-\omega^2 + \omega_1^2)(-\omega^2 + \omega_2^2) - \omega_{12}^2 = 0$$

この式を整理すると

$$\omega^4 - (\omega_1^2 + \omega_2^2)\omega^2 + \omega_1^2 \omega_2^2 - \omega_{12}^4 = 0$$

となり，この式の根を求めると

$$\begin{aligned}\omega^2 &= \frac{1}{2}\left[\omega_1^2 + \omega_2^2 \mp \sqrt{(\omega_1^2 + \omega_2^2)^2 - 4\omega_1^2 \omega_2^2 + 4\omega_{12}^4}\right] \\ &= \frac{1}{2}\left[\omega_1^2 + \omega_2^2 \mp \sqrt{(\omega_1^2 - \omega_2^2)^2 + 4\omega_{12}^4}\right]\end{aligned} \qquad (3.46)$$

となる．この式はこの振動系の 2 つの固有振動数を示している．すなわち

$$\begin{aligned}\omega_{11}^2 &= \frac{1}{2}\left[\omega_1^2 + \omega_2^2 - \sqrt{(\omega_1^2 - \omega_2^2)^2 + 4\omega_{12}^4}\right] \\ \omega_{12}^2 &= \frac{1}{2}\left[\omega_1^2 + \omega_2^2 + \sqrt{(\omega_1^2 - \omega_2^2)^2 + 4\omega_{12}^4}\right]\end{aligned} \qquad (3.47)$$

となる．ここで，$\omega_2^2 > \omega_1^2$ とすると $\omega_{12} \neq 0$ ならば，$\omega_1^2 - \omega_{11}^2 = \delta$ と置くことにより

$$\omega_1^2 - \delta = \frac{1}{2}\left[\omega_1^2 + \omega_2^2 - \sqrt{(\omega_1^2 - \omega_2^2)^2 + 4\omega_{12}^4}\right]$$

$$\sqrt{(\omega_1^2 - \omega_2^2)^2 + 4\omega_{12}^4} = (\omega_2^2 - \omega_1^2) + 2\delta$$

と書くことができるので

$$\omega_{11}^2 = \frac{1}{2}\left(\omega_1^2 + \omega_2^2 - \omega_2^2 + \omega_1^2 - 2\delta\right) = \omega_1^2 - \delta$$
$$\omega_{12}^2 = \frac{1}{2}\left(\omega_1^2 + \omega_2^2 + \omega_2^2 - \omega_1^2 + 2\delta\right) = \omega_2^2 + \delta \quad (3.48)$$

となる．

このことから，連成振動数の小さい方は必ず基本振動数の小さい方より小さく，大きい方は基本振動数の大きい方より大きくなる．そして決してこの中間の値を取ることはない．

したがってこの振動系は，必ずこの連成固有振動数で自由振動を行い，振動のパターンも決まっている．すなわち式 (3.42) から

$$\frac{X_{01}}{X_{02}} = \frac{K_1}{-\omega^2 M_1 + K_1} = \frac{-\omega^2 M_2 + K_1 + K_2}{K_1} \quad (3.49)$$

となる．

式 (3.49) の ω に $\omega = \omega_{11}$ を代入すれば 1 次振動のパターンが得られ，そのときの X_{01}，X_{02} をそれぞれ X_{11}，X_{21} とし，$\omega = \omega_{12}$ を代入すれば 2 次振動のパターンが得られる．さらに，そのときの X_{01}，X_{02} をそれぞれ X_{12}，X_{22} とすると，図 3.13 のような振動パターンが書け，これを規準振動形と呼ぶ．このように 2 自由度の振動系では，2 個の固有振動数をもち，2 様の規準振動形ができる．

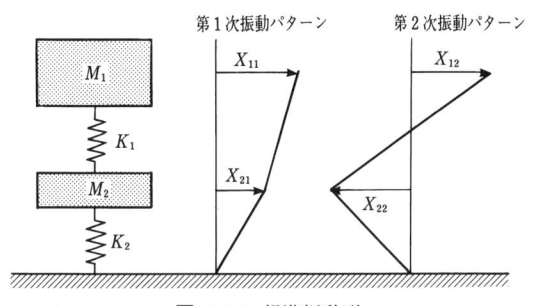

図 3.13 規準振動形

3.2.2　2 自由度の強制振動

建物の床板の上にばねを介して機械が設置された場合などを考えると，床板は完全剛体ではないので，図 3.12 のような 2 自由度の振動系を考えるべきである．

ここで機械に相当する質量 M_1 に $F_0 \sin \omega t$ の加振力が作用したとき，床板に相当する質量 M_2 の応答を調べる．その振動系を図 3.14 に示す．

振動方程式は
$$M_1 \ddot{X}_1 + K_1(X_1 - X_2) = F_0 \sin \omega t$$
$$M_2 \ddot{X}_2 + K_2 X_2 - K_1(X_1 - X_2) = 0$$
$$(3.50)$$

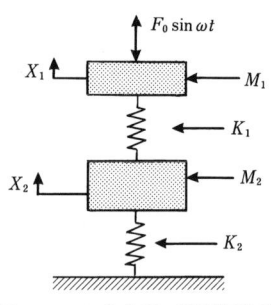

図 3.14 2自由度の強制振動系

この式の各質量の強制振動を
$$X_1 = X_{01} \sin \omega t, \quad X_2 = X_{02} \sin \omega t$$
と書き，式 (3.50) に代入し，共通因子の $\sin \omega t$ を省略すると
$$\begin{aligned}(-\omega^2 M_1 + K_1)X_{01} - K_1 X_{02} &= F_0 \\ -K_1 X_{01} + (-\omega^2 M_2 + K_1 + K_2)X_{02} &= 0\end{aligned} \quad (3.51)$$

これから
$$\begin{aligned}X_{01} &= \frac{F_0(-\omega^2 M_2 + K_1 + K_2)}{(-\omega^2 M_1 + K_1)(-\omega^2 M_2 + K_1 + K_2) - K_1^2} \\ X_{02} &= \frac{F_0 K_1}{(-\omega^2 M_1 + K_1)(-\omega^2 M_2 + K_1 + K_2) - K_1^2}\end{aligned} \quad (3.52)$$

となり，各質量は式 (3.52) のような振幅をもった強制振動となる．ここで X_{02} の振幅について式を書き換える．すなわち
$$\frac{K_1}{M_1} = \omega_1^2, \quad \frac{K_2}{M_2} = \omega_2^2, \quad \frac{M_1}{M_2} = \mu, \quad \frac{F_0}{K_2} = X_{st}$$
と置くことにより
$$\begin{aligned}X_{02} &= \frac{F_0 K_1 K_2}{M_1 M_2 K_2 \left[\left(-\omega^2 + \dfrac{K_1}{M_1}\right)\left(-\omega^2 + \dfrac{M_1 K_1}{M_2 M_1} + \dfrac{K_2}{M_2}\right) - \dfrac{M_1 K_1^2}{M_2 M_1^2}\right]} \\ &= \frac{X_{st} \omega_1^2 \omega_2^2}{(-\omega^2 + \omega_1^2)(-\omega^2 + \omega_1^2 + \mu \omega_2^2) - \mu \omega_1^4}\end{aligned}$$
$$(3.53)$$

となる．さらに式 (3.53) をまとめると
$$\begin{aligned}\frac{X_{02}}{X_{st}} &= \frac{X_{st} \omega_1^2 \omega_2^2}{(-\omega^2 + \omega_1^2)(-\omega^2 + \omega_1^2 + \mu \omega_2^2) - \mu \omega_1^4} \\ &= \frac{1}{\left(-\dfrac{\omega^2}{\omega_1^2} + 1\right)\left(-\dfrac{\omega^2}{\omega_2^2} + 1 + \mu \dfrac{\omega_1^2}{\omega_2^2}\right) - \mu \dfrac{\omega_1^2}{\omega_2^2}}\end{aligned} \quad (3.54)$$

この関係は図3.15のように表すことができる.すなわち分母を0にする2つの ω で ∞ になるが,この中間に振幅の小さい範囲がある.さらに ω が第2の ∞ を越えると再び小さくなり,$\omega \to \infty$ で振幅は0に近づく.

ところで,1自由度の振動系で検討したように我々の関心があるのは,床のばね K_2 をたわませる力,すなわち伝達加振力である.これを伝達率で表せば

$$T_F = \frac{X_{02} K_2}{F_0}$$

$$= \frac{1}{\left(-\frac{\omega^2}{\omega_1^2} + 1\right)\left(-\frac{\omega^2}{\omega_2^2} + 1 + \mu\frac{\omega_1^2}{\omega_2^2}\right) - \mu\frac{\omega_1^2}{\omega_2^2}} \quad (3.55)$$

図 3.15 図3.14の M_2 の振動特性

となり,図3.15と同じになる.したがって防振振動絶縁効果があるのは,図3.15において ω/ω_0 の大きい領域となる.

3.2.3 動吸振器

前項と同じような振動系であるが,今度は図3.16のように下の質量 M_1 に加振力 $F_0 \sin \omega t$ が作用した場合,M_1 がどのような振動をするか検討をする.

これは現実的には,基礎に弾性(ばね K_1)支持されて据え付けられた機械(M_1)に,質量とばねの振動系($M_2 - K_2$)が取り付けられたときの,機械(M_1)の振動がどのようになるかの検討である.

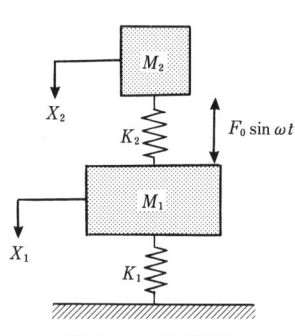

図 3.16 動吸振器

振動方程式は

$$\begin{aligned} M_1 \ddot{X}_1 + K_1 X_1 + K_2(X_1 - X_2) &= F_0 \sin \omega t \\ M_2 \ddot{X}_2 - K_2(X_1 - X_2) &= 0 \end{aligned} \quad (3.56)$$

ここで強制振動を前と同じように $X_1 = X_{01}\sin\omega t$, $X_2 = X_{02}\sin\omega t$ と仮定して式 (3.56) に代入してまとめれば

$$\begin{aligned}(-M_1\omega^2 + K_1 + K_2)X_{01} - K_2 X_{02} &= F_0 \\ -K_2 X_{01} + (-M_2\omega^2 + K_2)X_{02} &= 0\end{aligned} \quad (3.57)$$

これから

$$\begin{aligned}X_{01} &= \frac{F_0(-\omega^2 M_2 + K_2)}{(-\omega^2 M_1 + K_1 + K_2)(-\omega^2 M_2 + K_2) - K_2^2} \\ X_{02} &= \frac{F_0 K_2}{(-\omega^2 M_1 + K_1 + K_2)(-\omega^2 M_2 + K_2) - K_2^2}\end{aligned} \quad (3.58)$$

となる.ここで前と同じように

$$\frac{K_1}{M_1} = \omega_1^2, \quad \frac{K_2}{M_2} = \omega_2^2, \quad \frac{M_2}{M_1} = \mu, \quad \frac{F_0}{K_1} = X_{st}$$

と置くことにより

$$\begin{aligned}X_{01} &= \frac{F_0 K_1 M_2\left(-\omega^2 + \dfrac{K_2}{M_2}\right)}{M_1 M_2 K_1\left[\left(-\omega^2 + \dfrac{K_1}{M_1} + \dfrac{M_2 K_2}{M_1 M_2}\right)\left(-\omega^2 + \dfrac{K_2}{M_2}\right) - \dfrac{M_2 K_2^2}{M_1 M_2^2}\right]} \\ &= \frac{X_{st}\omega_1^2(-\omega^2 + \omega_2^2)}{(-\omega^2 + \omega_1^2 + \mu\omega_2^2)(-\omega^2 + \omega_2^2) - \mu\omega_2^4}\end{aligned} \quad (3.59)$$

となり,さらに

$$\frac{X_{01}}{X_{st}} = \frac{-\dfrac{\omega^2}{\omega_2^2} + 1}{\left(-\dfrac{\omega^2}{\omega_1^2} + 1 + \mu\dfrac{\omega_2^2}{\omega_1^2}\right)\left(-\dfrac{\omega^2}{\omega_2^2} + 1\right) - \mu\dfrac{\omega_2^2}{\omega_1^2}} \quad (3.60)$$

$$\frac{X_{02}}{X_{st}} = \frac{1}{\left(-\dfrac{\omega^2}{\omega_1^2} + 1 + \mu\dfrac{\omega_2^2}{\omega_1^2}\right)\left(-\dfrac{\omega^2}{\omega_2^2} + 1\right) - \mu\dfrac{\omega_2^2}{\omega_1^2}} \quad (3.61)$$

のようにまとめることができる.

　式 (3.60) は,大変重要なことを表現している.それは,$\omega^2/\omega_2^2 = 1$ のとき分子は 0 になるので,強制振動があっても M_1 は振動しないことである.すなわち,$M_1 - K_1$ の振動系に加振振動数 ω の強制振動が働くとき,その固有振動数 ω_2 が ω に等しいような $M_2 - K_2$ の振動系を付けると,M_1 は振動しなくなる.この形式の振動系を動吸振器という.

このような動吸振器を付けたいのは, ω_1 が ω と共振するか, もしくはそれに近い場合である. そこで, $\omega_1 = \omega_2$ の場合について検討すると, 式 (3.60) は

$$\frac{X_{01}}{X_{st}} = \frac{-\dfrac{\omega^2}{\omega_2^2} + 1}{\left(-\dfrac{\omega^2}{\omega_1^2} + 1 + \mu\right)\left(-\dfrac{\omega^2}{\omega_2^2} + 1\right) - \mu} \tag{3.62}$$

となり, この関係を図 3.17 に示す.

またこのとき, 質量 M_2 の振幅 X_{02} は

$$X_{02} = -\frac{1}{\mu}\frac{\omega_1^2}{\omega_2^2}X_{st} = -\frac{M_1}{M_2}\frac{\dfrac{K_1}{M_1}}{\dfrac{K_2}{M_2}}X_{st} = -\frac{K_1}{K_2}X_{st} = -\frac{F_0}{K_2} \tag{3.63}$$

となる. 式 (3.63) で, 負号は X_{02} が強制力 F_0 と位相が反対であることを示している. すなわち X_{01} は, この振動数では質量 M_1 にばね K_2 を介して作用する力 $K_2 X_{02}$ が強制力 F_0 と大きさ等しく, 方向が反対であることを示しており, 振幅は 0 になる.

このように動吸振器では, 振動数 ω の強制加振力 F_0 が働く主質量 M_1 の振動を減ずるため, 加振振動数 ω に一致させた吸振振動系 $M_2 - K_2$ を, 主振動系 $M_1 - K_1$ に取り付ける.

$$\omega = \omega_2 = \sqrt{\frac{K_2}{M_2}} \tag{3.64}$$

そして

$$K_2 X_{02} = \omega^2 M_2 X_{02} = -F_0 \tag{3.65}$$

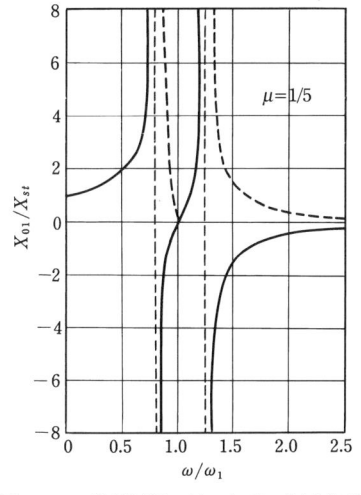

図 3.17 動吸振器の付いた系の振動特性

なので, 吸振振動系 $M_2 - K_2$ の M_2 の大きさは, 強制加振力 F_0 の大きさに関係する. また, ばね K_2 の許容変形量にも関係しているので, この両者の兼ね合いを考慮して選定する必要がある.

さて，図 3.17 に示したように X_{01} の振幅が無限大になる共振振動数が 2 つ存在する．これら 2 つの共振振動数は ω_2 の両側に存在する．そのため，吸振器は強制力の振動数が一定不変の場合だけ用いることができる．この理由は，吸振器は吸振器系の固有振動数においてのみ有効に作用するからである．

この振動系を用いた対策例を第 16 章に記述する．

3.3 建物床振動特性を考慮した振動

先の **3.1.3** 項で，機械の設置される床構造を単純に質量のみとする振動系を示した．床構造は複雑な振動特性を有しており，単純に質量のみとすることは，現実的でない防振設計となることを示唆した．

より現実的なモデル化としては，**3.2** 節に示したような固定の質量と固定のばねから構成される，2 自由度系としたモデル化になる．しかし，これも床系の振動特性を固定化された質量，ばねになっており，床の多様な振動特性が考慮されていない．

一般に設備機器を据え付ける床は，図 3.18 に示すポイントインピーダンス（床の一点を加振したときの，その加振力と応答速度の比（複素数表示）F/V をいう）が示すように非常にたくさんの共振モードをもっている．そのため，いままで述べたような固定化された定数では，とても精度良いシミュレーションができない．

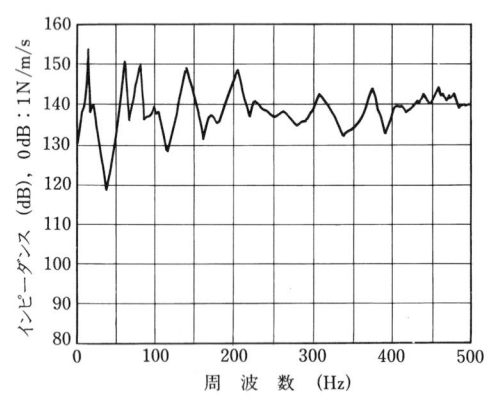

図 **3.18** 床のポイントインピーダンス測定例

したがって床の振動性状を評価するには，床のポイントインピーダンス（もしくは動的質量，動剛性）等を用いることが，より現実的と考えられる．これは，近頃の振動障害例として体感上の不快感より，精密施設への影響や固体音による騒音障害がとりあげられていることに見られるように，微小振動から数 Hz～数百 Hz という広い周波数領域にわたっての精度良い予測が要求されていることによる．

床のポイントインピーダンス等を求める基本的方法については，第 11 章に示してある．

ところで，強制加振による応答は，系や構造の動特性と加振力の兼合いで決まる．加振力は系と無関係に勝手に変わるので，定常応答はそれに応じて変化する．そこで，単位振幅の単一調和波形の加振力を標準の加振力として，標準加振力の周波数を変化させながら求めた応答から周波数関数を作成する．このようにして求めた周波数応答関数は，系や構造の動特性のみによって決まるので，これから動特性を推定し抽出することが可能になる．図 3.18 は，まさにその手法によって床の動特性を抽出したものである．

表 3.1 に周波数応答関数の種類と相互関係を示す．本書では，振動の振幅を基本に考えているので，動剛性による評価が基本になる．

表 3.1 周波数応答関数の種類

定 義	和 名	英 名	関 係	単位 (SI)
変位/力	コンプライアンス 注1	compliance	G	m/N
速度/力	モビリティ	mobility	$j\omega G$	m/(Ns)
加速度/力	アクセレランス 注2	accelerance	$-\omega^2 G$	m/(Ns^2)
力/変位	動剛性	dynamic stiffness	q/G	N/m
力/速度	機械インピーダンス	mechanical impedance	$-j/(\omega G)$	Ns/m
力/加速度	動質量	apparent mass	$-1/(\omega^2 G)$	Ns^2/m

注 1．コンプライアンスはレセプタンス（receptance），アドミッタンス（admittance），あるいは動柔性（dynamic flexibility）とも呼ぶ．
注 2．アクセレランスは，イナータンス（inertance）とも呼ぶ．

床の動特性を，床に加えた力とその床の応答振幅の比である動剛性として表現する．

3.3.1 防振ゴムでの支持

弾性支持材として内部摩擦減衰を有する防振ゴムを仮定すると，図 3.19 は

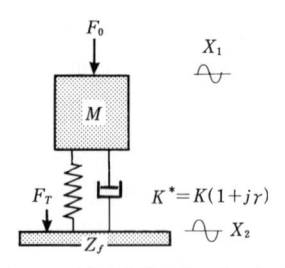

図 **3.19** 機械設置床板の動剛性を考慮した振動系モデル

$$MÿX_1 + K(1+j\gamma)(X_1 - X_2) = F_0 \sin\omega t$$
$$K(1+j\gamma)(X_1 - X_2) = Z_f X_2 \quad (3.66)$$

$$(-M_1\omega^2 + K + j\gamma K)X_1 - (K + j\gamma K)X_2 = F_0$$
$$(K + j\gamma K)X_1 - (K + Z_f + j\gamma K)X_2 = 0$$

上の式から

$$X_1 = \left(1 + \frac{Z_f}{K + j\gamma K}\right) X_2 \quad (3.67)$$

上の式に代入して

$$X_2 = \frac{F_0}{Z_f\left(1 - \dfrac{M_1\omega^2}{K(1+j\gamma)}\right) - M_1\omega^2} \quad (3.68)$$

したがって

$$|X_2| = \frac{F_0}{\sqrt{\left[Z_f\left(1 - \dfrac{\omega^2}{\omega_n^2}\dfrac{1}{1+\gamma^2}\right) - M_1\omega^2\right]^2 + \left(\dfrac{\omega^2}{\omega_n^2}\dfrac{\gamma}{1+\gamma^2}Z_f\right)^2}} \quad (3.69)$$

として床の動剛性 Z_f を有する据付床の振幅を求めることができる.

ここで,床の動剛性 Z_f で表現された変位振幅 $|X_2|$ を加速度振幅で表現すると

$$|\alpha_f| = |X_2|\omega^2 = \frac{F_0\omega^2}{\sqrt{\left[Z_f\left(1 - \dfrac{\omega^2}{\omega_n^2}\dfrac{1}{1+\gamma^2}\right) - M_1\omega^2\right]^2 + \left(\dfrac{\omega^2}{\omega_n^2}\dfrac{\gamma}{1+\gamma^2}Z_f\right)^2}}$$
$$(3.70)$$

として求まる．

なお，基礎に伝達される力は $Z_f X_2$ となるから伝達率は

$$T_F = \frac{Z_f X_2}{F_0} = \frac{Z_f}{\sqrt{\left[Z_f\left(1 - \frac{\omega^2}{\omega_n^2}\frac{1}{1+\gamma^2}\right) - M_1\omega^2\right]^2 + \left(\frac{\omega^2}{\omega_n^2}\frac{\gamma}{1+\gamma^2}Z_f\right)^2}} \tag{3.71}$$

ただし，$K^* = K(1+j\gamma) = K + j\omega C$, $\gamma = \dfrac{\omega C}{K}$ と示される．

なお，固有振動数 $\omega_n = \sqrt{K/M}$, $2\sqrt{MK} \equiv C_C$（臨界減衰係数）とすれば，固有振動数 ω_n では

$$\gamma = \frac{\omega_n C}{K} = \frac{C}{\sqrt{MK}} = 2\frac{C}{C_C} = 2h = 2\zeta \tag{3.72}$$

などと表現される．γ を損失係数という．

3.3.2 金属スプリングでの支持

粘性減衰機構を有する金属スプリング等での支持の場合は，図 3.19 は

$$\begin{aligned} M\ddot{X}_1 + c(\dot{X}_1 - \dot{X}_2) + k(\dot{X}_1 - \dot{X}_2) &= F_0\sin\omega t \\ C(\dot{X}_1 - \dot{X}_2) + K(\dot{X}_1 - \dot{X}_2) &= Z_f X_2 \end{aligned} \tag{3.73}$$

となる．

上記式から

$$X_1 = \left(1 + \frac{Z_f}{K + j\omega C}\right)X_2 \tag{3.74}$$

$$X_2 = \frac{F_0}{Z_f\left(1 - \dfrac{M\omega^2}{K + j\omega C}\right) - M\omega^2} \tag{3.75}$$

を得る．

したがって，防振ゴムの場合と同様に基礎に伝達される力は，$Z_f X_2$ であるから機械に作用する力 F_0 との比，すなわち伝達率は

$$T_F = \frac{Z_f X_2}{F_0} = \frac{Z_f}{Z_f\left(1 - \dfrac{M\omega^2}{K + j\omega C}\right) - M\omega^2} \tag{3.76}$$

ここで，分母を有理化することにより

$$|X_2| = \cfrac{F_0}{\sqrt{\left[Z_f\left(1-\cfrac{\omega^2}{\omega_n^2}\cfrac{1}{1+4\left(\cfrac{C}{C_c}\right)^2\left(\cfrac{\omega}{\omega_n}\right)^2}\right)-M\omega^2\right]^2 + \left[Z_f\cfrac{\omega^2}{\omega_n^2}\cfrac{2\cfrac{C}{C_c}\cfrac{\omega}{\omega_n}}{1+4\left(\cfrac{C}{C_c}\right)^2\left(\cfrac{\omega}{\omega_n}\right)^2}\right]^2}}$$

(3.77)

を得る．

なお，減衰がないものと仮定すれば

$$|X_2| = \cfrac{F_0}{\sqrt{\left[Z_f\left(1-\cfrac{\omega^2}{\omega_n^2}\right)-M\omega^2\right]^2}} = \cfrac{F_0}{\sqrt{\left[Z_f\left(1-\cfrac{M\omega^2}{K}\right)-M\omega^2\right]^2}}$$

(3.78)

となる．

3.4 振動制御の要素

上記に述べた振動の様相から，振動系を構成する要素がどのような関連作用をするかをここでまとめておこう．

(1) 質量

質量 (M) は，剛性（ばね：K) とで振動系の固有角振動数 (ω_n) を決める．

図 3.20 に示すように外力の角振動数 (ω) と近い場合 ($\omega/\omega_n < \sqrt{2}$)，振幅の倍率が増大するなど振動制御に大きくかかわることが理解できる．

図 3.21 に示すように $\omega/\omega_n > 1$ の範囲での加振力は，振動系の慣性力にうち勝つために費やされており，振幅制御に質量が寄与していることがわかる．

(2) 剛性（ばね）

剛性は，固有角振動数に関係するだけでなく，式 (3.20) から振幅制御に絡んでいることがわかる．図 3.20 から，$\omega/\omega_n < 1$ の場合には，図 3.22 のベクトル図に示されるように，慣性力および減衰力は小さく，加えられた外力はその振動系のばね力（剛性）と釣合っていることがわかる．

(3) 減衰

減衰は振幅の制御に大きくかかわってくる．図 3.20 の振幅の倍率曲線から

3.4 振動制御の要素 / 51

$$\text{振幅倍率}: \frac{X}{X_0} = \frac{1}{\sqrt{\left[1 - \left(\frac{\omega}{\omega_n}\right)^2\right]^2 + \left(2\zeta\frac{\omega}{\omega_n}\right)^2}}$$

$$\text{位相角}: \tan\phi = \frac{2\zeta\dfrac{\omega}{\omega_n}}{1 - \left(\dfrac{\omega}{\omega_n}\right)^2}$$

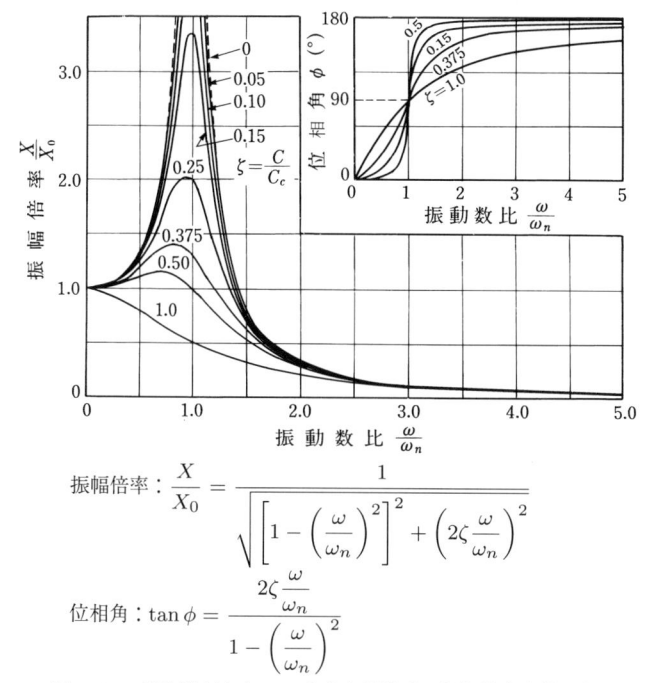

図 **3.20** 粘性減衰をもつ 1 自由度振動系の振幅倍率と位相角

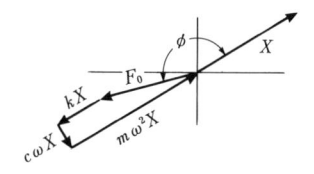

図 **3.21** $\omega/\omega_n > 1$ の範囲における強制振動

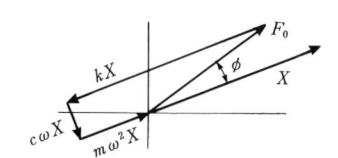

図 **3.22** $\omega/\omega_n < 1$ の範囲における強制振動

もわかるように $\omega/\omega_n = 1$ の共振のときには，減衰が小さいと振幅が大きくなることが理解できる．図 3.23 のベクトル図に示すように，慣性力とばね力は釣合い，加振力は減衰力に立ち向かうことになる．

共振時振幅は，

$$X = \frac{F_0}{c\omega_n} = \frac{X_0}{2\zeta} \tag{3.79}$$

となり，減衰で定まる．

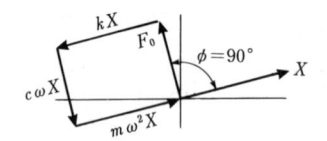

図 3.23 共振時 ($\omega/\omega_n = 1$) における強制振動

(4) 外力

外力の大きさは，例えば式 (3.3), (3.20) に示されるように振動系の振幅に比例する．また，その加振振動数が，振動系の固有角振動数にかかわって振幅倍率に寄与する大きな関係要因となる．

(5) 形状

形状・寸法は，振動系の質量，剛性，減衰等に関連する．振動形態としての固有振動数，振幅，振動モード等に関連する．

以上述べたことを要約すると，振動制御の関連要素には，質量，剛性，減衰，外力，形状が関係するが，それらと外部から観察する振動態様の間には図 3.24 の関連がある．

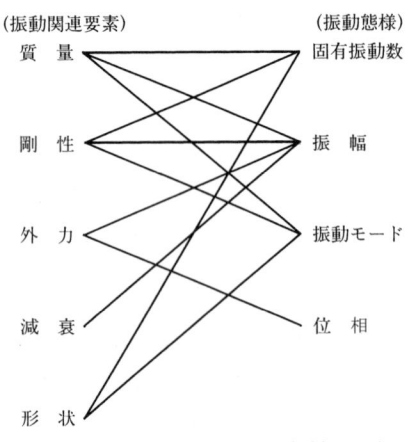

図 3.24 振動関連要素と振動態様の関連

第4章

ばね系の基礎

 防振設計では，質量－ばね－減衰を含む系としてそれら個々の特性を理解して，設計に活用していくことが必要である．はじめに，ばねの検討をする．

 前章では，振動系としてのばねを一つにまとめて表現した．現実は，振動系の質量分布の関係からいろいろな配置がなされ，荷重点における等価ばね定数の値が必要になる．

 ばねの配置法としては，①直列配置法，②並列配置法，③分配配置法，④傾斜配置法などがある．また，ばねにはその配置の仕方によっていろいろな方向から力が働き，力の方向とばねの変位方向が異なることが生ずる．

4.1 直列配置

 図 4.1 のような場合で，力 P によるばね定数 k_1 のばねたわみ δ_1，k_2 のそれを δ_2，等価ばね定数（合成ばね定数）を K，総合たわみを δ とすると

$$\delta = \delta_1 + \delta_2$$

したがって

$$\frac{P}{K} = \frac{P}{k_1} + \frac{P}{k_2} \quad \text{したがって} \quad \frac{1}{K} = \frac{1}{k_1} + \frac{1}{k_2}$$

よって総合のばね定数は

$$K = \frac{k_1 k_2}{k_1 + k_2} \tag{4.1}$$

となる．

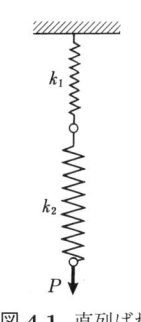

図 **4.1** 直列ばね

4.2 並列配置

図 4.2 のような場合で，力 P が加わったとき，その荷重点が回転しないということが条件で

$$K\delta = k_1\delta + k_2\delta$$

そこで総合のばね定数は

$$K = k_1 + k_2 \quad (4.2)$$

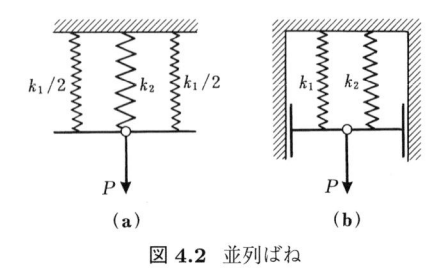

図 4.2 並列ばね

となる．

4.3 分配配置

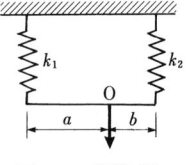

図 4.3 のような場合で，O 点に加えた単位の力を $b/(a+b)$ および $a/(a+b)$ の割合に分け，その力がそれぞればね k_1，および k_2 に働くことになる．k_1 および k_2 たわみは $b/(a+b)k_1$ および $a/(a+b)k_2$ となる．したがって，O 点のたわみは

図 4.3 分配ばね

$$\frac{b}{(a+b)k_1} + \left(\frac{a}{a+b}\right)\left[\frac{a}{(a+b)k_2} - \frac{b}{(a+b)k_1}\right] = \frac{1}{(a+b)^2}\left(\frac{a^2}{k_2} + \frac{b^2}{k_1}\right)$$

となる．そこで O 点における等価ばね定数は

$$K = \frac{(a+b)^2}{\dfrac{a^2}{k_2} + \dfrac{b^2}{k_1}} \quad (4.3)$$

となる．

ここで，$k_1 = k_2$，$a = b$ のときは上式は $K = 2k_1$ となる．

4.4 傾斜配置

ばねが，図 4.4 のようにその作用線の方向と異なる方向にばね端が案内されて，変位するように配置されている場合である．

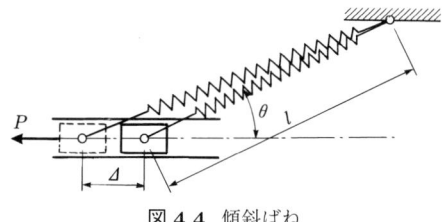

図 4.4 傾斜ばね

ばねの変位前の長さを l とすると,変位後の長さ $(l+\delta)$ は

$$l + \delta = \sqrt{(l\sin\vartheta)^2 + (l\cos\vartheta + \varDelta)^2} \qquad (4.4)$$

これから $\delta \cong \varDelta\cos\vartheta$ となり,力の関係から

$$P = K\varDelta = k\delta\cos\vartheta = k\varDelta\cos^2\vartheta \qquad (4.5)$$

したがって

$$K = k\cos^2\vartheta \qquad (4.6)$$

となる.

4.5 弾性主軸と弾性中心

図 4.5 は,丸形の防振ゴムの下面板を基礎に固定し,上面板にいろいろな方向から力を加えたときの変形の様子を示している.(a),(b) の例では,上面板の変位の方向は作用した力の方向と一致している.これに対して (c) の場合は,変位の方向と力の方向とが一致していない.(d) の場合は,上面板に角変位が生じている.

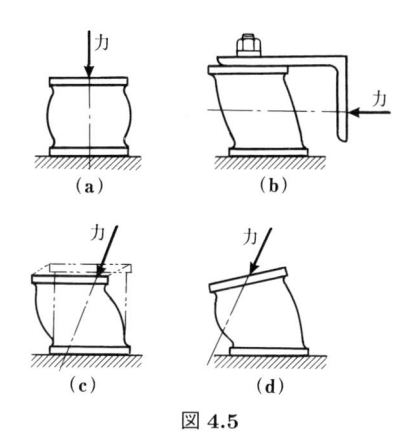

普通,ばねには (a),(b) の例のように,その軸に沿って力を作用させると,荷重の方向と弾性変位の方向が一致し,角変位を伴わないような軸が 3 方向に存在する.またそれらの軸は,一般に一点で直交する.このよう

図 4.5

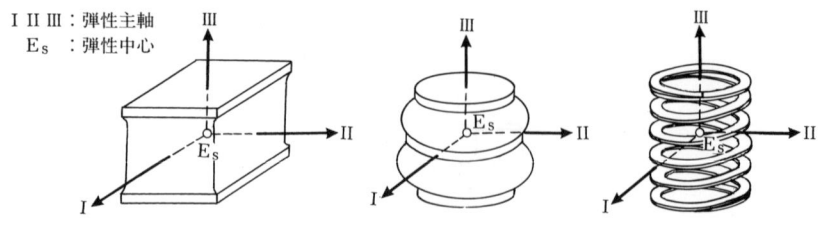

図 4.6 角型防振ゴム,空気ばね,コイルばねなどの弾性主軸と弾性中心

な軸をばねの弾性主軸,そしてそれらの直交する3軸の交点を弾性中心という.力の作用線が弾性中心を通るときは,ばねには併進的な変位のみが起こり,角変位は生じない.(a),(b),(c)の例がそのことを示している.

図 4.6 は,角型防振ゴム,空気ばね,コイルばねなどの弾性主軸と弾性中心を例示している.この例のようにばねの形状が簡単な場合は,その対称性から容易に弾性主軸および弾性中心の位置を求めることができる.

通常,防振ゴム,コイルばね等のばね定数を言う場合は,弾性主軸方向のばね定数と考えてよい.

次に剛体が多数のばねで支持されている場合について検討をする.このときもばねの種類や配置を工夫すれば,支持ばね系全体として弾性主軸や弾性中心が存在するようになる.例えば,同一特性の防振ゴム4個を図 4.7(a)のように配置した場合では,弾性主軸 I,II,III と弾性中心 E_S の位置は,防振ゴムの配置の対称性から簡単に求められる.

図 4.7(b)は,傾斜配置と呼ばれるものである.(a)の配置において各防振ゴムを,II-III 平面に平行な面内で,ある角 α だけ内側に傾斜させる方法である.このようにすることで弾性主軸 II を支持面(底面)より高い位置にもってくることができる配置方法である.

いま図(b)のように点 P に横方向の力を作用させると,剛体が II 方向に紙面で右に併進的に移動したと仮定して,支持点に生ずる上下方向の反力を考えよう.右側の防振ゴムは圧縮され,左側の防振ゴムは引き伸ばされることになる.これは右側の支持点には上向きの反力が,左側の支持点には下向きの反力が生ずることになる.この結果剛体は,紙面で左ねじの方向に回転させようとする偶力を形成することになる.他方 P 点に作用する横方向の力と支持点に生ずる水平反力とは,やはり偶力を形成する.

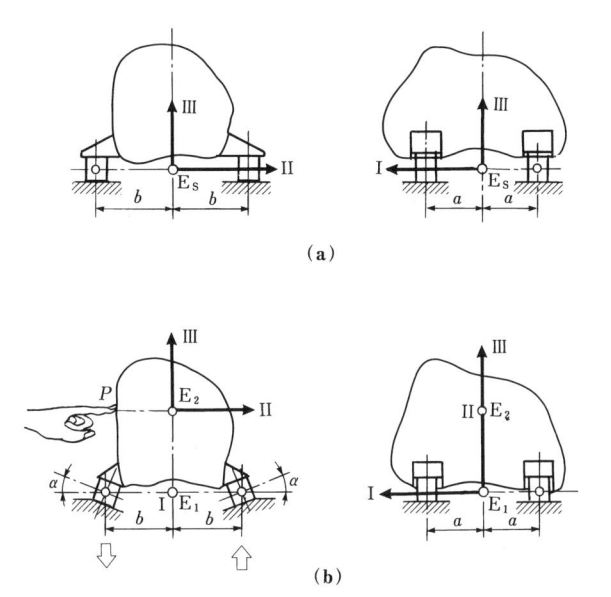

図 4.7 剛体を多数のばねで支持しているときの弾性主軸と弾性中心

この結果から，剛体が併進的に変位して釣合っているという仮定から，これら2つの偶力は方向が反対でそのモーメントの大きさが互いに等しくならなければならない．したがってP点は，当然支持面より高い位置になる．P点を通り支持面に水平な軸が弾性主軸Ⅱであるから，弾性主軸は支持面より高い位置にくることになる．P点の高さを高くするには，前述のことから垂直反力による偶力のモーメントを大きくすることを考えてやればよいわけで，ふんばりbを大きくしたり，防振ゴムの圧縮ばね定数をせん断ばね定数よりできるだけ大きくするなどの方策が考えられる．

剛体をばね系で支持する場合，ばね群が全体として弾性主軸や弾性中心を有するとき，その静力学的性質は以下のように整理できる．
① 弾性支持された剛体に，弾性主軸に沿って力を作用させたときは，その方向に併進的な変位のみが生じ角変位は生じない．
② 弾性支持された剛体を弾性主軸の方向に併進的に変位させたときは，各支持点に生ずるばね反力の合ベクトルは，その弾性主軸上に存在し偶力成分は生じない．

③ 弾性支持された剛体に力を作用させ，その作用線が弾性中心を通るときは，剛体には併進的な変位だけが生じ角変位は生じない．しかし，力の作用線が弾性主軸と一致する場合以外は，力の方向と変位の方向とは一般に一致しない．
④ 弾性支持された剛体に偶力を作用させると，剛体は弾性中心を通るある軸の回りに角変位を生ずる．
⑤ 弾性支持された剛体が弾性中心を通る軸の回りに角変位すると，各支持点に生ずるばね反力の合ベクトルは，偶力成分のみとなる．

第5章

質量系の基礎

防振設計に必要な基本的要素として，ここでは剛体の質量系として，質量の大きさ，重心位置，そして回転運動に関係する慣性モーメントおよび慣性主軸について述べる．

5.1 質量の大きさ

質量の大きさ (M) とは，その剛体を構成する物質に固有の密度 (ρ) と剛体の体積 (V) の積である．すなわち

$$M = \rho V \tag{5.1}$$

で表される．単位は，密度 ρ：kg/m^3，体積 V：m^3 であるから kg である．

5.2 重心位置

剛体を構成する各微小部分 (m_i) に，重力のような平行力が働くとき，剛体の姿勢に関係なく決まる平行力の中心位置 (r_G) をいう．重心位置は，剛体に固定された点であり，微小部分に働く平行力は，重心に働く合力に置き換えることができる．例えば質量 M の剛体が，n 個の微小部分からなるとし，その微小部分の質量を m_i とする．任意に決めた直角座標の x 軸からの距離を x_i とすれば，x 方向からの重心位置 x_G は

$$x_G = \frac{1}{M} \sum_{i=1}^{n} m_i x_i \tag{5.2}$$

同様にして Y 軸, Z 軸からの距離は

$$y_G = \frac{1}{M}\sum_{i=1}^{n} m_i y_i, \qquad z_G = \frac{1}{M}\sum_{i=1}^{n} m_i z_i \tag{5.3}$$

として求まる．単位は，当然のことながらある座標軸の原点から測った距離 (m) となる．

5.3 慣性モーメント

慣性モーメントは剛体の回転運動を考えるときに用いられる物理量で，剛体の回転運動に対する慣性（回りにくさ）を表すものである．

物体の与えられた軸の回りの慣性モーメントは

$$I = \int r^2 dm \tag{5.4}$$

で表される．これは物体の微小部分 dm に，その与えられた軸からの距離 r の 2 乗を掛け，その値を物体全体について積分することによって与えられることを示している．

すなわち図 5.1 において多くの質点 m_1, m_2, m_3, $\cdots$ からなる剛体と，与えられた 1 つの軸 OO' とがあって，各質点と軸との距離をそれぞれ r_1, r_2, r_3, $\cdots$ とすると

$$I = \sum m_i r_i^2 \tag{5.5}$$

を剛体の OO' 軸に関する慣性モーメントといい，この軸を慣性モーメントの軸という．慣性モーメントの単位は，質量 (kg) と距離 (m) の 2 乗 (m²) の積 kg・m² となる．

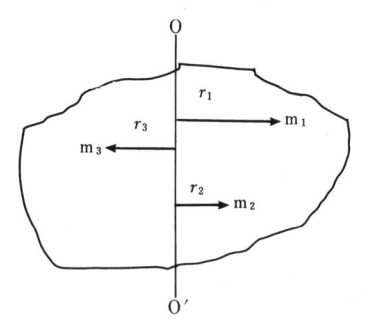

図 **5.1** 慣性モーメントおよび慣性モーメントの軸

全質量 $M(\sum m_i)$，慣性モーメント $I(\sum m_i r_i^2)$ の物体の慣性モーメントが変わらないようにして，全質量を 1 点に集中したと考えたとき，その質点からの距離を k とすれば

$$I = \sum m_i r_i^2 = Mk^2, \qquad k = \sqrt{\frac{\sum m_i r_i^2}{\sum m_i}} = \sqrt{\frac{I}{M}} \tag{5.6}$$

5.3 慣性モーメント

この k をその物体のその軸に関する回転半径(単位:m)と称する.

簡単な物体についての慣性モーメントと回転半径の例を表 5.1 に示す.

表 5.1 図形と慣性モーメントおよび回転半径(その 1)

番号	図 形	慣性モーメント I	回転半径 k
1	直線	$I_x = M\dfrac{l^2}{12}$ $I_a = M\left[r^2 + \dfrac{(l\sin\alpha)^2}{12}\right]$ $I_b = M\dfrac{(l\sin\alpha)^2}{3}$ $I_c = M\dfrac{(\sin\alpha)^2}{12}$	$k_a = \sqrt{r^2 + \dfrac{(l\sin\alpha)^2}{12}}$ $k_b = \dfrac{l\sin\alpha}{\sqrt{3}}$ $k_c = \dfrac{l\sin\alpha}{2\sqrt{3}}$
2	全円円	$I_x = I_y = M\dfrac{R^2}{2}$ $I_{PO} = MR^2$	$k_x = k_y = \dfrac{R}{\sqrt{2}}$ $k_{PO} = R$
3	三角形	$I_x = M\dfrac{h^2}{2},\ I_y = M\dfrac{h^2}{18}$ $I_z = M\dfrac{h^2}{6}$ $I_{AH} = M\dfrac{a_1^3 + a_2^3}{6a}$ $I_{PG} = M\dfrac{a^2 + b^2 + c^2}{36}$	$k_x = \dfrac{h}{\sqrt{2}},\ k_y = \dfrac{h}{3\sqrt{2}}$ $k_z = \dfrac{h}{\sqrt{6}}$ $k_{AH} = \sqrt{\dfrac{a_1^3 + a_2^3}{6a}}$ $k_{PG} = \sqrt{\dfrac{a^2 + b^2 + c^2}{6}}$
4	長方形	$I_x = M\dfrac{h^2}{12},\ I_y = M\dfrac{b^2}{12}$ $I_z = M\dfrac{h^2}{3}$ $I_{PG} = M\dfrac{b^2 + h^2}{12}$	$k_x = \dfrac{h}{2\sqrt{3}},\ k_y = \dfrac{b}{2\sqrt{3}}$ $k_z = \dfrac{h}{\sqrt{3}}$ $k_{PG} = \sqrt{\dfrac{b^2 + h^2}{12}}$
5	円	$I_d = M\dfrac{R^2}{4}$ $I_{PO} = M\dfrac{R^2}{2}$	$k_d = \dfrac{R}{2}$ $k_{PO} = \dfrac{R}{\sqrt{2}}$

表 5.1 図形と慣性モーメントおよび回転半径(その 2)

番号	図形	慣性モーメント I	回転半径 k
6	環形	$I_d = M\dfrac{R^2+r^2}{4}$ $I_{PO} = 2I_d = M\dfrac{R^2+r^2}{2}$	$k_d = \dfrac{\sqrt{R^2+r^2}}{2}$ $k_{PO} = \sqrt{\dfrac{R^2+r^2}{2}}$
7	直方体	$I_x = M\dfrac{b^2+c^2}{12}$	$k_x = \sqrt{\dfrac{b^2+c^2}{12}}$
8	円筒	$I_z = M\dfrac{R^2}{2}$ $I_x = M\dfrac{3R^2+h^2}{12}$	$k_z = \dfrac{R}{\sqrt{2}}$ $k_x = \sqrt{\dfrac{3R^2+h^2}{12}}$
9	中空円筒	$I_z = M\dfrac{R^2+r^2}{2}$ $I_x = M\dfrac{R^2+r^2+\frac{1}{3}h^2}{4}$	$k_z = \dfrac{\sqrt{R^2+r^2}}{2}$ $k_x = \dfrac{\sqrt{R^2+r^2+\frac{1}{3}h^2}}{2}$
10	球	$I_d = M\dfrac{2}{5}MR^2$	$k_d = \sqrt{\dfrac{2}{5}}R$

(1) 慣性主軸 （重心と3つの主軸）

慣性主軸とは，ある軸の回りに剛体を回転させたとき，剛体とともに回転する座標系から見て，回転軸の方向を変えさせようとする偶力が発生しないような軸のことである．

図 5.2 慣性主軸の例

まず経験的事実として，円柱とか独楽のように，その重心を通る対称軸は第1の慣性主軸になる．そして第2の慣性主軸は，同じく重心を通り第1の慣性主軸に直角にとる．これは無数に存在するのでそのうちの1つを任意に選ぶ．第3の主軸は，第1，第2の軸に直交する軸として自動的に決まる．

(2) 慣性主軸に平行する軸に関する慣性モーメント

ある物体の任意の軸回りの慣性モーメントをI，その軸に平行な慣性主軸の慣性モーメントをI_Gとし，物体の全質量をM，両軸間の距離をeとすれば

$$I = I_G + Me^2 \tag{5.7}$$

このことからIおよびI_Gに対する回転半径をk, k_Gとすれば

$$k = k_G + e^2 \tag{5.8}$$

と表せる．なお，慣性主軸回りの慣性モーメントを主慣性モーメントという．

(3) 事例による慣性乗積，慣性主軸，主慣性モーメントの計算式

防振計算を行うためには，防振すべき対象物の剛体としての質量，重心位置，3本の慣性主軸の方向，主軸回りの主慣性モーメントの大きさ等を知る必要がある．

図5.3のようなzx面に対称である2つの物体から構成される剛体の全体の慣性乗積を求める．各部分の重心をG_1, G_2とする．

一般のzx直交座標系において，i点の座標をz_i, x_i，剛体の重心位置をz_G, x_Gとし，重心に原点を移したときのi点の座標をz'_i, x'_iとすると

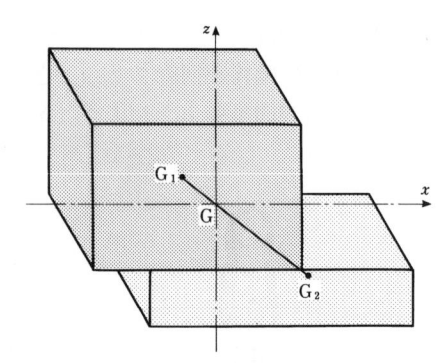

図 5.3 2つ重なった長方形剛体の慣性乗積,慣性主軸

$$I_{zx} = \sum m_i z_i x_i = \sum m_i (z_G + z'_i)(x_G + x'_i)$$
$$= \sum m_i (z_G x_G + z'_i x_G + x'_i z_G + z'_i x'_i) \qquad (5.9)$$

ただし,i 点の質量 m_i は zx 面対称物体の,その点の y 方向の全質量を表す.

ここで,重心の定義から $\sum m_i z'_i = \sum m_i x'_i = 0$ となる.さらに物体の全質量を M とすると,$M = \sum m_i$ なので

$$I_{zx} = M z_G x_G + \sum m_i z'_i x'_i = M z_G x_G + I'_{zx} \qquad (5.10)$$

なお,右辺第2項は重心に原点を移したときの,慣性乗積と呼ばれるものである(第8章 **8.1** 参照).

ここで,さらに物体が重心を含む xy 面,もしくは yz 面に対しても対称であれば,第2項も 0 になる.その理由は,対称性のために,あるところで $\sum m_i z'_i = 0$ になるからである.

したがって,物体が zx および xy,または zx および yz の2面対称であれば

$$I_{zx} = M z_G x_G \qquad (5.11)$$

となる.

すなわち,式 (5.10) は一面対称物体,式 (5.11) は二面対称物体に適用できる,慣性乗積の平行軸の定理と称されるものである.

図 5.3 の場合,2つの部分はともに zx 面および xy 面に対称である.はじめに各部分の質量を M_1, M_2 とし,重心 G_1, G_2 を結ぶ線分を M_2/M_1 の比に内分して,系全体の重心位置 G を決める.次に G を新たな原点とする2つの部分の重心 G_1, G_2 の座標を X_1, Z_1 および X_2, Z_2 とすれば,慣性乗積 I_{XZ} は

$$I_{XZ} = M_1 X_1 Z_1 + M_2 X_2 Z_2 \tag{5.12}$$

と求められる．

慣性主軸の方向を決める式は

$$\alpha = \frac{1}{2} \tan^{-1} \frac{-2I_{zx}}{I_x - I_z} \tag{5.13}$$

で与えられる．

さらに，この慣性主軸の主慣性モーメントの大きさは

$$I = \frac{I_z + I_x}{2} \pm \sqrt{\left(\frac{I_x - I_z}{2}\right)^2 + I_{zx}^2} \tag{5.14}$$

となる．

ここで，I_x, I_z は，全重心 G の x 軸，z 軸に関する慣性モーメントである．

第6章

減衰系の基礎

　例えば **3.1.1** 項で説明した減衰のない振動系では，一度外力を加えて静かに取り去ると式 (3.4) で示した固有振動数で，永久にその振動を継続することになる．これは速度が 0 すなわち運動エネルギー ($\frac{1}{2}mv^2$) が 0 のときには，変位 x が最大となり，そのエネルギーのすべてがポテンシャルエネルギー ($\frac{1}{2}kx^2$) の形で貯えられ，この系全体としては常にその保有エネルギーは変わらないということである．

　しかし現実には，ばね材料のもつ内部摩擦であるとか，振動系に対する周辺流体の抵抗等によりエネルギーは徐々に失われ，自由振動は次第に減衰してやがて止まることになる．このように振動を減衰させる力を減衰力と呼ぶ．

　防振技術の中でこの減衰の効果については，すでに第 3 章 **3.1.2** 項で記述した．すなわち共振領域では，振幅制御上有効であるがそれ以外の領域では，むしろマイナス作用となることを示した．

　ここでは，代表的減衰の形式である 3 つのタイプについて述べる．

(1) 粘性減衰

　粘性減衰は，流体の中をあまり早くない速度で動く物体に見られる．例えばある物体が，空気，水，油といったような流体中を比較的遅い速度で運動するとき，物体が受ける力 (F) は，両者の相対速度 (v) に比例する抵抗力 (c) を受ける．すなわち

$$F = -cv \tag{6.1}$$

の c が粘性減衰係数と呼ばれるものである．

(2) 摩擦減衰

摩擦減衰は，乾燥した表面の滑りから生ずる．摩擦の大きさを表す摩擦係数は，摩擦運動をしている面の材質，粗さなどによって異なるが，静止状態から滑り始めるときに大きく，滑り始めれば減少する．しかし，比較的低い速度の状態で振動しているときは，摩擦力は振動体の速度には無関係に一定となり，接触面に垂直に作用する力だけに関係する．

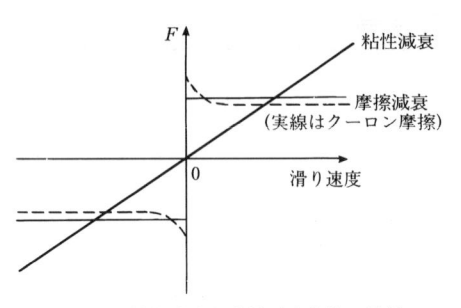

図 6.1 粘性減衰と摩擦減衰特性の比較

$$F = \mu N \tag{6.2}$$

ここで，μ は摩擦係数，N は垂直圧力である．図 6.1 に粘性減衰と摩擦減衰の特性を示す．

(3) 内部減衰

機械や部品などが往復力を受けて変形するとき，弾塑性変形に伴うヒステリシスの形で消費されるエネルギー損失がある．このことは，振動変位の際に減衰力が発生することを意味する．このような減衰形式を内部減衰という．

例えば，ゴム状物質（防振ゴムなど）のような粘弾性体に強制変位 x を生じさせるのに必要な力 F は，実験的に次式のようになる．

$$F = k(1 + j\gamma)x \tag{6.3}$$

ここで，$k(1+j\gamma)$ は複素ばね定数と呼ばれるもので，j は虚数であり，第 2 項が第 1 項に対して 90° の位相遅れをもつことを示している．k は動的ばね定数，γ は力学的の損失係数またはロスファクタと呼ばれる値で，防振ゴムの場合 0.05〜0.3 程度である．

図 6.2 にヒステリシス曲線の例を示す．

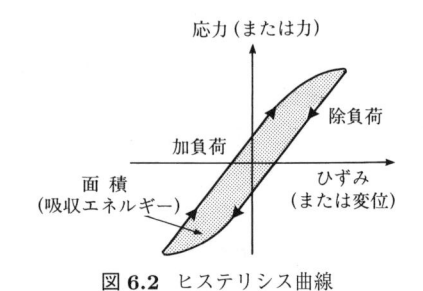

図 6.2 ヒステリシス曲線

第7章

振動の連成と非連成

　図 7.1 は，一様な丸棒の両端を異なるばね定数のばねで吊った状態を示す．この系の自由振動を考えると Z 方向の上下振動は，必ず Y 軸回りの回転振動を生じ，Y 軸回りの回転振動は必ず Z 方向の上下振動を励振する．このように弾性支持された剛体の1つの自由度における自由振動が，他の自由度における自由振動と

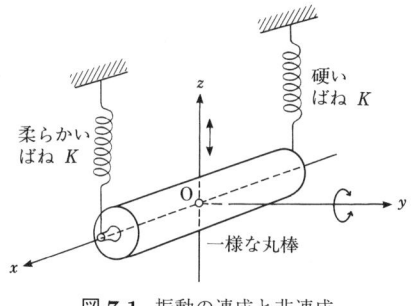

図 7.1　振動の連成と非連成

互いに独立に振動することができないとき，この両自由度の振動は連成するという．

　図 7.1 の例で，両端を吊っているばね定数を等しくすると，Z 方向の上下振動と Y 軸回りの回転振動とは，それぞれ単独に発生させることができるので，これらの振動は非連成となる．すべての自由度における振動が，互いに非連成となるような支持を完全非連成支持，部分的に非連成となるような支持を部分的非連成支持という．

　次に具体的に連成と非連成の問題を考えよう．このため，静止時の剛体の重心に原点をとり，慣性主軸の方向に3軸をとった静止座標系を考え，この座標系において弾性支持された剛体の振動について扱う．

(1) 剛体の重心と支持弾性の弾性中心が一致し，かつ慣性主軸と弾性主軸が一致する場合

図 7.2 はその例で，完全非連成となる．Z 軸方向の上下振動は，慣性力も支持弾性の反力もすべて Z 軸に沿って働くので，この上下振動による他の 2 軸方向の併進振動ならびに各軸回りの回転振動は，発生しない．

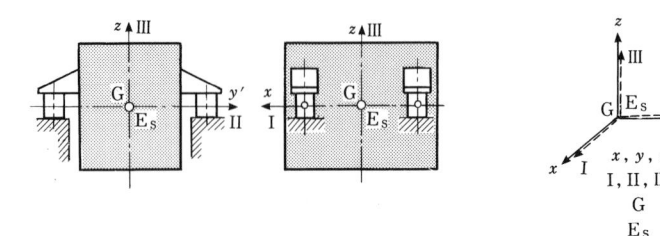

x, y, z：慣性主軸
I, II, III：弾性主軸
G：重心
E_s：弾性中心

図 **7.2** 完全非連成

しかし実際問題として，このような条件が満たされることは少ないと考えられる．完全非連成の場合には，各方向の固有振動数の計算が非常に簡単になる．

(2) 重心と弾性中心が一致し，慣性主軸のうち 1 つのみが弾性軸の 1 つと一致する場合

図 7.3 で重心と弾性中心が一致しているので，併進振動と回転振動との間では連成は起こらない．次に 3 軸方向の併進振動相互の間では，x 軸方向の振動が独立となり，y 方向および z 方向の振動は互いに連成する．

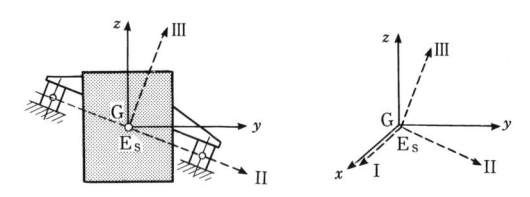

図 **7.3** 重心と弾性中心の一致

例えば y 方向の併進振動を考えると，y 軸と弾性主軸とは一致していないので，剛体が y 方向に変位すると z 方向に弾性反力が生じ，z 方向の併進振動が誘起される．また，z 方向の併進振動も同様に y 方向の併進振動を発生させる．次に 3 軸回りの回転振動相互の間では x 軸回りの回転振動が独立と

なり，y 軸回りと z 軸回りの回転振動は互いに連成する．これは慣性主軸と弾性主軸および弾性中心の力学的性質から導かれる．

(3) 慣性主軸と弾性主軸とが互いに平行で，弾性主軸のうちの 1 つのみが慣性主軸の 1 つと一致する場合

図 7.2 のように，弾性支持面を重心面に一致させることは，機械が小型で軽量である場合，機械架台の重量を大きくし機械と架台全体の重心を下げることができる場合を除いて困難となる．図 7.4 は慣性主軸 z と弾性主軸 III とが一致する場合で，このとき独立となるのは z 軸方向の併進振動と z 軸回りの回転振動で，他は連成する．

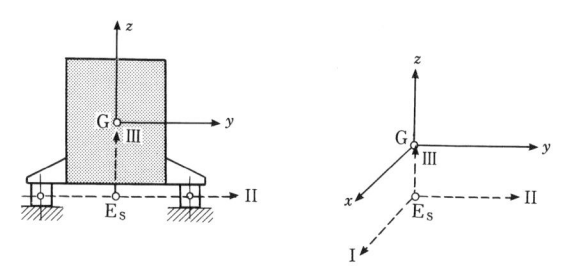

図 7.4 慣性主軸と弾性主軸とが互いに平行で，弾性主軸のうちの1 つのみが慣性主軸の 1 つと一致する場合

すなわち x 方向の併進振動と y 軸回りの回転振動が連成し，y 方向の併進振動と x 軸回りの回転振動が連成する．ただし，x 方向の併進振動に対して y 方向の併進振動ならびに x 軸回り回転振動は連成せず，y 方向の併進振動に対して x 方向の併進振動ならびに y 軸回りの回転振動は連成しない．

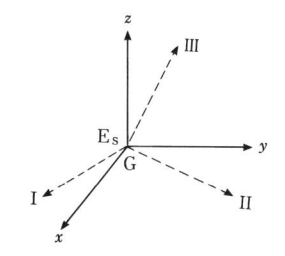

(4) 重心と弾性中心とは一致するが，慣性主軸と弾性主軸とはいずれも一致しない場合

図 7.5 のような場合で，併進振動と回転振動との間では連成がないが，併進振動相互の間，回転振動相互の間では連成する．ただし座標軸を弾性主軸と一致させれば併進振動相互の連成はなくなり，併進振動はすべて独立となる．

図 7.5 重心と弾性中心とは一致するが，慣性主軸と弾性主軸とはいずれも一致しない場合

(5) 慣性主軸と弾性主軸とがいずれも一致しない場合

この場合は各自由度の振動は互いにすべて連成する．

以上のように振動の連成非連成の問題は，剛体の慣性主軸ならびに重心と，支持弾性の弾性主軸ならびに弾性中心との相対的な関係位置，および座標系の選び方によって決まってくる．

(補足 1)
　ある方向の併進振動あるいは回転振動が独立であるかどうかの判断の仕方
　　(a) 支持弾性の弾性主軸が，剛体の重心を通るときは，その弾性主軸の方向の併進振動は独立で他と連成しない．
　　(b) 剛体の慣性主軸が支持弾性の弾性中心を通り，かつその弾性中心にて直交する 2 弾性主軸を含む面に垂直になるときは，その慣性主軸回り回転振動は独立で他と連成しない．3 次元的な弾性中心が存在する場合には，もっと簡単に表現できて，慣性主軸が弾性主軸に一致していればその軸回りの回転振動は独立である．
　一般に重心に原点をとった座標軸において，ある軸方向の併進振動が独立であるかどうかを確認するには，その軸に沿って剛体に力を作用させ，剛体がその方向にだけ併進的に変位すれば，その軸方向の併進振動は独立であると判断できる．
　また，重心に原点をとり，慣性主軸の方向に座標軸をとった場合に，ある座標軸回りの回転振動か独立であるかどうかを確認するためには，その軸の方向に偶力を作用させ，剛体がその軸回りにのみ弾性的に回転角変位し，併進的な変位がいずれの方向にも起きなければ，その軸回りの回転振動は独立であると判断できる．

(補足 2)
　防振支持設計に際して非連成支持を採用すると次のような利点が生まれる．
　　(a) 各自由度の振動が独立となり，振動数あるいは振幅の計算が容易になる．
　　(b) 防振支持実施後，防振性に不具合を生じたときに対策が立てやすい．
　　(c) 固有振動数を選定するにあたって，問題となる外力の存在する自由度についてのみ考慮すればよい．

第8章

剛体の弾性支持設計法

8.1 剛体の運動方程式

8.1.1 剛体の角運動量

図 8.1 に示すような剛体があり，その重心を通る直交 3 軸を x, y, z とする．そしてこの剛体内に dm の質量をもつ微小部分の座標を x, y, z とする．またこの 3 軸回りに ω_x, ω_y, ω_z の角速度成分をもつように回転しているとする．

剛体の x, y, z 軸回りの角運動量を L_x, L_y, L_z とすると，式 (8.1) のように表される．角速度，角運動量の符号は，座標軸の正方向に向かって時計回りを正とする．

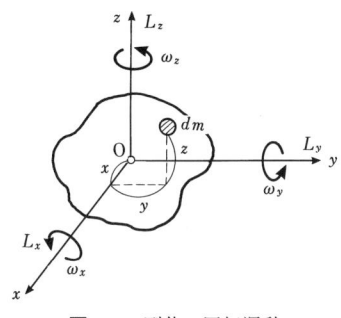

図 8.1 剛体の回転運動

$$L_x = \omega_x \int (y^2 + z^2)dm - \omega_y \int xydm - \omega_z \int zxdm$$
$$L_y = \omega_x \int xydm + \omega_y \int (z^2 + x^2)dm - \omega_z \int yzdm \qquad (8.1)^{\text{注}}$$
$$L_z = \omega_x \int zxdm - \omega_y \int yzdm + \omega_z \int (x^2 + y^2)dm$$

注) 式 (8.1) の誘導については，例えば鷹尾洋保著「力と数学のはなし」日科技連，p.217 参照

ある一つの座標軸の回りの角運動量には，その軸回りの角速度だけでなく，他の座標軸回りの角速度も含まれることに注意したい．

ここで

$$\int (y^2+z^2)dm = I_x, \qquad \int (z^2+x^2)dm = I_y$$
$$\int (x^2+y^2)dm = I_z, \qquad \int xy\,dm = I_{xy} \tag{8.2}$$
$$\int yz\,dm = I_{yz}, \qquad \int zx\,dm = I_{zx}$$

とおくと，式 (8.1) は

$$\begin{aligned} L_x &= I_x\omega_x - I_{xy}\omega_y - I_{zx}\omega_z \\ L_y &= -I_{xy}\omega_x + I_y\omega_y - I_{yz}\omega_z \\ L_z &= I_{zx}\omega_x - I_{yz}\omega_y + I_z\omega_z \end{aligned} \tag{8.3}$$

と表される．ここで，I_x, I_y, I_z は剛体の x, y, z 軸回りの慣性モーメントと呼ばれ，I_{xy}, I_{yz}, I_{zx} は xy, yz, zx 面内の慣性乗積と呼ばれる．

8.1.2 慣性乗積

剛体に固定された座標系 O-$\bar{x}, \bar{y}, \bar{z}$ を考える．そしていま，剛体を $\bar{x}$ 軸の回りに座標軸とともに角速度 $\omega_{\bar{x}}$ で回転させる．すると微小質量 dm は，図 8.2 のように見かけ上遠心力が作用し，その大きさは $\omega_{\bar{x}}^2\sqrt{\bar{y}^2+\bar{z}^2}dm$ となる．

この遠心力は図 8.2 に示すように，$\bar{y}$ 軸の回りにモーメント $-\omega_{\bar{x}}^2\bar{z}\bar{x}dm$, $\bar{z}$ 軸の回りにモーメント $\omega_{\bar{x}}^2\bar{x}\bar{y}dm$ を形成す

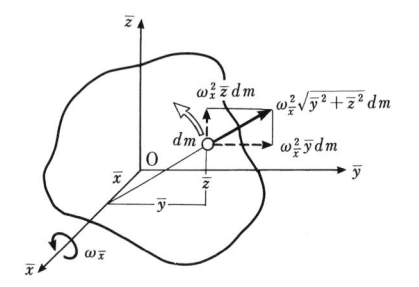

図 8.2 剛体の微小質量と遠心力

る．これを剛体全体について積分することで，剛体を $\bar{x}$ 軸の回りに座標軸とともに角速度 $\omega_{\bar{x}}$ で回転させたとき，$\bar{y}$ 軸および $\bar{z}$ 軸の回りに発生するモーメント M_y, M_z を次のように計算することができる．

$$\begin{aligned} M_y &= -\omega_{\bar{x}}^2 \int \bar{z}\bar{x}\,dm = -\omega_{\bar{x}}^2 I_{zx} \\ M_z &= \omega_{\bar{x}}^2 \int \bar{x}\bar{y}\,dm = \omega_{\bar{x}}^2 I_{xy} \end{aligned} \tag{8.4}$$

このように剛体をある座標軸の回りに回転すると，一般に他の座標軸の回りに式 (8.2) で示した慣性乗積に比例したモーメントが発生する．そしてこの

モーメントは，回転軸の方向を変えさせようとする作用（回転軸を振り回す作用）をする．このことは，図5.2（慣性主軸の例）から推察される．

したがって，回転軸の方向を変えさせようとする式 (8.4) 中の慣性乗積が 0 であれば，モーメントは発生しないことになる．先に述べた慣性主軸とは，慣性乗積が 0 となるように選ばれた座標 3 軸のことである．したがって慣性乗積は，慣性モーメントと違って座標軸のとり方（剛体との関係位置）によって正，負，0 いずれにも変化する．

しかし，静止座標系から見た慣性乗積の物理的意味は，式 (8.3) で説明される．ある座標軸回りの角運動量には，その軸回りの角速度だけでなく他の座標軸回りの角速度も絡んでいる．この相異なった座標軸の回りの運動量と角速度との間を関係づける比例定数が慣性乗積であるということができる．

ただし，剛体に固定された座標軸から見た慣性乗積は，時間に対して不変な定数であるが，静止座標系から見た慣性乗積は，剛体の運動に伴って刻々変化する変数であるということに注意しなければならない．

8.1.3 剛体の運動方程式

図 8.3 のように静止座標系 O–x, y, z を考える．そして剛体の重心 G の座標を x_G, y_G, z_G とする．次に重心 G を原点とし，3 軸が x, y, z 軸とそれぞれ平行な座標系 G–x', y', z' を考える．この座標系は剛体の重心の運動に伴ってその原点位置が運動する運動座標系である．しかし座標 3 軸の方向は，常に静止座標3 軸と平行を保つものとする．

剛体の重心 G の運動は，質点の運動と同様「運動量の時間的変化の割合は，剛体に作用する外力の総和に等しい」という法則から次式で表される．

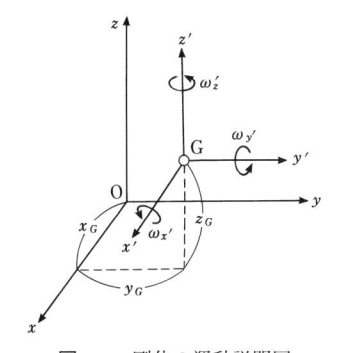

図 8.3 剛体の運動説明図

$$\frac{d}{dt}(m\dot{x}_G) = m\ddot{x}_G = \sum_i (F_i)_x$$
$$\frac{d}{dt}(m\dot{y}_G) = m\ddot{y}_G = \sum_i (F_i)_y \qquad (8.5)$$
$$\frac{d}{dt}(m\dot{z}_G) = m\ddot{z}_G = \sum_i (F_i)_z$$

ここで，m は剛体の質量，$(F_i)_x$ は i 番目の外力の x 成分，$(F_i)_y$ は y 成分，$(F_i)_z$ は z 成分で $\sum_i$ はそれぞれの総和を表す．

次に剛体の回転運動については，「剛体の角運動量の時間的変化の割合（時間微分）は，剛体に作用する外力のモーメントの総和に等しい」という法則から，式 (8.3) より

$$\begin{aligned}\frac{d}{dt}(I_{x'}\omega_{x'} - I_{x'y'}\omega_{y'} - I_{z'x'}\omega_{z'}) &= \sum_i (N_i)_{x'} \\ \frac{d}{dt}(-I_{x'y'}\omega_{x'} + I_{y'}\omega_{y'} - I_{y'z'}\omega_{z'}) &= \sum_i (N_i)_{y'} \\ \frac{d}{dt}(-I_{z'x'}\omega_{x'} - I_{y'z'}\omega_{y'} - I_{z'}\omega_{z'}) &= \sum_i (N_i)_{z'}\end{aligned} \quad (8.6)$$

ここで，$\omega_{x'}$，$\omega_{y'}$，$\omega_{z'}$ は，剛体が重心の回りに行う回転運動の角速度の x'，y'，z' 成分，$I_{x'}$，$I_{y'}$，$I_{z'}$ は剛体の x'，y'，z' 軸に関する慣性モーメント，$I_{x'y'}$，$I_{y'z'}$，$I_{z'x'}$ は剛体の x' 面と y' 面，y' 面と z' 面，z' 面と x' 面に対する慣性乗積，$(N_i)_{x'}$ は i 番目の外力モーメントの x' 成分，$(N_i)_{y'}$ は y' 成分，$(N_i)_{z'}$ は z' 成分で，$\sum_i$ はそれぞれの総和を示す．

式 (8.6) を解くことによって剛体の重心回りの回転運動のありさまがわかる．ここで，各座標軸回りの角変位が微小であると仮定することで，

(a) 慣性モーメントならびに慣性乗積は定数と見なす．

(b) 角変位は，変位，角速度，角運動量などと同様に合成分解が可能となる．

そこで変位は微小とし，x'，y'，z' 軸の回りの角変位を θ'，ϕ'，ψ' とすると，式 (8.6) は

$$\begin{aligned}(I_{x'}\ddot{\theta}' - I_{x'y'}\ddot{\phi}' - I_{z'x'}\ddot{\psi}') &= \sum_i (N_i)_{x'} \\ (-I_{x'y'}\ddot{\theta}' + I_{y'}\ddot{\phi}' - I_{y'z'}\ddot{\psi}') &= \sum_i (N_i)_{y'} \\ (-I_{z'x'}\ddot{\theta}' - I_{y'z'}\ddot{\phi}' + I_{z'}\ddot{\psi}') &= \sum_i (N_i)_{z'}\end{aligned} \quad (8.7)$$

式 (8.5) は剛体の重心の運動を静止座標系 O–x, y, z から見た場合の運動方程式，式 (8.7) は角変位が微小であるとの仮定のもとに剛体の回転運動を座標系 G–x', y', z' から見た場合の運動方程式である．

さらに重心の座標 x_G，y_G，z_G などが微小であると仮定すると，G–x', y', z'

座標系は $O-x, y, z$ 座標系に重なり，剛体の運動方程式は静止座標系 $O-x, y, z$ に関して次のように書くことができる．

$$
\begin{aligned}
&m\ddot{x}_G = \sum_i (F_i)_x, \ m\ddot{y}_G = \sum_i (F_i)_y, \ m\ddot{z}_G = \sum_i (F_i)_z \\
&(I_x\ddot{\theta} - I_{xy}\ddot{\phi} - I_{zx}\ddot{\psi}) = \sum_i (N_i)_x \\
&(-I_{xy}\ddot{\theta} + I_y\ddot{\phi} - I_{yz}\ddot{\psi}) = \sum_i (N_i)_y \\
&(-I_{zx}\ddot{\theta} - I_{yz}\ddot{\phi} + I_z\ddot{\psi}) = \sum_i (N_i)_z
\end{aligned} \quad (8.8)
$$

式 (8.8) が，変位ならびに角変位が微小な場合の静止座標系 $O-x, y, z$ に関する剛体の運動方程式である．

8.2 ばね定数と復元係数

8.2.1 ばね定数

ばね系の基礎については先の第 4 章で述べた．ここでは，実務的観点から 3 次元的なばね定数へと拡張する．図 8.4 において

(a) は単純な 1 次元的なばね定数の説明図である．

ばねを q だけ変位させる力 P と変位 q との比 P/q が，ばね定数 k ということになる．

(b) は 2 次元的なばね定数の説明図である．

この場合，力の方向とそれによって生ずる変位の方向とは，一般に一致

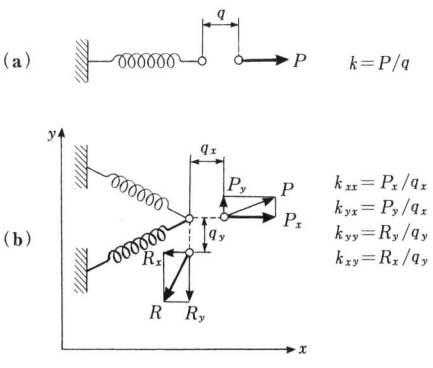

図 8.4 ばね定数の説明図

するとは限らない．

例えば(b)においてx方向に変位q_xを生じさせる力Pは，図に示すようにy方向に分力成分P_yをもっている．そこでx方向の変位に対して2種類のばね定数，$k_{xx} = P_x/q_x$と$k_{yx} = P_y/q_x$が，図のように定義される．

したがって2次元的なばね定数は，k_{xx}, k_{yx}, k_{xy}, k_{yy}の4個のばね定数で表現される．ここで，添字x, y, zは，左側が力の方向，右側が変位の方向を示す．

具体的な例として，平面内に図8.5のようにばねが配置されていて，点Oでばねの内力は釣合っているとする．そして内力はすべて張力とし，それぞれP_1, P_2, P_3とする．張力を正符号にとる．

図8.5のようにO点に外力を加え，X軸方向にxだけ変位させる．その外力をX軸方向をP_x, Y軸方向をP_yとする．

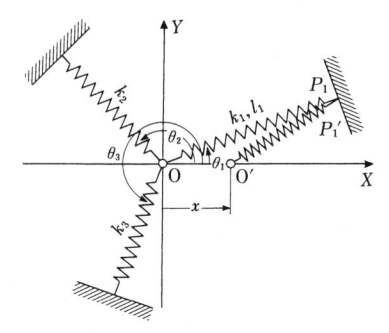

図8.5 一平面内に配置された傾斜ばね

ばねk_1の長さをl_1とし，Oが外力によってO′へ変位した後のばねのたわみ量をδとすると

$$\begin{aligned}\delta &= l_1 - \sqrt{(l_1\cos\theta_1 - x)^2 + (l_1\sin\theta_1)^2} \\ &\cong l_1 - (l_1 - x\cos\theta_1) = x\cos\theta_1\end{aligned} \quad (8.9)$$

そこで，ばねk_1の内力は次式のP_1'に変化する．

$$P_1' = P_1 - k_1 x\cos\theta_1 \quad (8.10)$$

P_1'のx方向成分は　　$P_1'\cos\theta_1 = P_1\cos\theta_1 - k_1 x\cos^2\theta_1$

P_1'のy方向成分は　　$P_1'\sin\theta_1 = P_1\sin\theta_1 - k_1\cos\theta_1\sin\theta_1$ $\quad (8.11)$

そして，k_2, k_3のばねの変化後の内力P_2', P_3'のx, y方向の成分は，それぞれ上記式の記号の添え字が2, 3に変わったものになる．

そこでx方向の力を合成すると

$$P_x + \sum_{i=1}^{3}(P_i\cos\theta_i + k_i x\cos^2\theta_i) = 0 \quad (8.12)$$

はじめO点では力は釣合っていたという条件から

$$\sum_{i=1}^{3} P_i \cos \theta_i = 0 \tag{8.13}$$

したがって

$$P_x = \sum_{i=1}^{3} k_i \cos^2 \theta_i \cdot x \tag{8.14}$$

Y 方向の力の合成については

$$P_y + \sum_{i=1}^{3} (P_i \sin \theta_i - k_i x \cos \theta_i \sin \theta_i) = 0 \tag{8.15}$$

この方向についても，初期条件から O 点では力は釣合っていたことから

$$\sum_{i=1}^{3} P_i \sin \theta_i = 0 \tag{8.16}$$

したがって

$$P_y = \sum_{i=1}^{3} k_i \cos \theta_i \sin \theta_i \cdot x \tag{8.17}$$

となる．

同様にして，3次元的なばね定数は表 8.1 に示す 9 個のばね定数によって表現される．ここで添え字の 1, 2, 3 はそれぞれ x, y, z に対応するものである．

実際の防振ゴムは併進的なばね定数だけでなく，回転に抵抗するねじりのばね定数もある．しかし，防振ゴム単体のねじりばね定数から生ずる復元モーメントは，防振ゴムの取り付け間隔から生ずる復元モーメントに比べ非常に小さいので，ねじりばね定数は無視される．

いま図 8.6 のように任意の支持点 $S(a, b, c)$ にある，ばね片 S について考える．このばね片の弾性主軸は p, q, r であり，この 3 軸は互いに直交関係にある．この弾性主軸方向のばね定数を $k_p, k_q,$

表 8.1 3次元なばね定数

変位方向		x	y	z
復	x	k_{11}	k_{12}	k_{13}
元	y	k_{21}	k_{22}	k_{23}
力	z	k_{31}	k_{32}	k_{33}

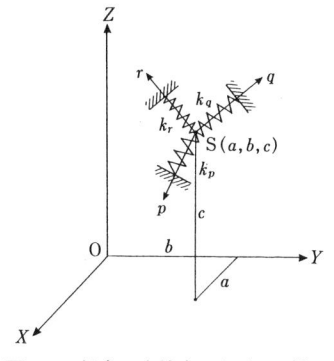

図 8.6 任意の支持点におけるばねの座標軸方向のばね定数

k_r とし,弾性主軸の方向余弦を表 8.2 のように表し,任意の支持点 S の座標系を O–X, Y, Z で表す.

このようにすることにより,任意の支持点 S のばねの X, Y, Z 軸方向の変位に対するばねのばね定数(表 8.1 のように k_{ij} の形で表す)と,前記の k_p, k_q, k_r との間には次式の関係が成立する.

表 8.2 弾性主軸の方向余弦

	X	Y	Z
p	l_1	m_1	n_1
q	l_2	m_2	n_2
r	l_3	m_3	n_3

$$\begin{aligned}
k_{11} &= k_p l_1^2 + k_q l_2^2 + k_r l_3^2 \\
k_{22} &= k_p m_1^2 + k_q m_2^2 + k_r m_3^2 \\
k_{33} &= k_p n_1^2 + k_q n_2^2 + k_r n_3^2 \\
k_{23} &= k_{32} = k_p m_1 n_1 + k_q m_2 n_2 + k_r m_3 n_3 \\
k_{31} &= k_{13} = k_p n_1 l_1 + k_q n_2 l_2 + k_r n_3 l_3 \\
k_{12} &= k_{21} = k_p l_1 m_1 + k_q l_2 m_2 + k_r l_3 m_3
\end{aligned} \tag{8.18}$$

ここで,l_i, m_i, n_i ($i = 1, 2, 3$) などは座標系 O–X, Y, Z に対するばねの主軸の方向余弦で,表 8.2 に示すようなものである.例えば l_i は,主軸 p の正方向と X 軸の正方向とがなす角の余弦である.

(補足)
式 (8.18) で,はじめの 3 式は式 (8.9) 以後の算式で,その他の 3 行の式も同様の考え方で求めることができる.
例えば k_{31} の $k_q n_2 l_2$ については,式 (8.9) と同様に k_q の x 方向の伸び変位を x' とすれば,変位した後のばねの伸び量を δ とすると,$\delta = x' l_2$.そこで k_q のばねの内力は,$P_q' = P_q + k_q x' l_2$ となる.ここで,P_q' の Z 方向成分は $P_q' n_2 = P_q n_2 + k_q x' l_2 n_2$ となる.
同様にして k_p, k_r についても求めることにより

$$P_z + (P_p n_1 + P_q n_2 + P_r n_3) + x'(k_p l_1 n_1 + k_q l_2 n_2 + k_r l_3 n_3) = 0$$

上式の第 2 項については当初,他のばね成分と釣合っていたことから 0 となる.したがって k_q ばねの変位 x 方向,ばね力 z 方向のばね定数は

$$\frac{P_z}{x'} = k_{31} = k_{13} = k_p n_1 l_1 + k_q n_2 l_2 + k_r n_3 l_3$$

と表現できる.

ここで図 8.7 のように,ばねの主軸の 1 つ $p_{(\mathrm{I})}$ 軸が座標軸の 1 つ X 軸と平行になる特別な場合について考えてみる.

$$m_1 = n_1 = l_2 = l_3 = 0, \qquad l_1 = 1$$
$$m_2 = \cos\alpha, \qquad n_2 = \cos\left(\frac{\pi}{2} - \alpha\right) = \sin\alpha \qquad (8.19)$$
$$m_3 = -\sin\alpha, \qquad n_3 = \cos\alpha$$

となり，式 (8.18) は

$$k_{11} = k_p$$
$$k_{22} = k_q \cos^2\alpha + k_r \sin^2\alpha$$
$$k_{33} = k_q \sin^2\alpha + k_r \cos^2\alpha$$
$$k_{23} = k_{32} = \frac{1}{2}(k_q - k_r)\sin 2\alpha$$
$$k_{12} = k_{21} = k_{31} = k_{13} = 0$$
$$(8.20)$$

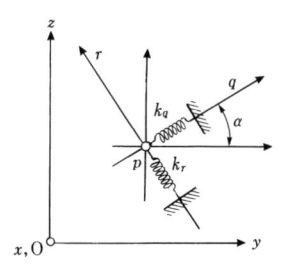

図 **8.7** ばねの主軸の 1 つが座標軸の 1 つと平行な場合

となる．

さらにもっと簡便な場合として，各ばねの弾性主軸の方向を座標軸の方向と平行になるようにすると

$$m_1 = n_1 = l_2 = n_2 = l_3 = m_3 = 0$$
$$l_1 = m_2 = n_3 = 1 \qquad (8.21)$$

となり，式 (8.18) は

$$k_{11} = k_p, \qquad k_{22} = k_q, \qquad k_{33} = k_r$$
$$k_{12} = k_{21} = k_{23} = k_{32} = k_{31} = k_{13} = 0 \qquad (8.22)$$

となる．

8.2.2　復元係数
(1) 36 個の復元係数

図 8.8 は適当な位置で数個のばねによって支持された剛体を示している．ここで，静止釣合い位置での剛体の重心を原点とする静止座標系を O–x, y, z とし，次に剛体の重心を原点とする剛体に固定された座標系を G–x', y', z' とする．

図で剛体を x 方向に Δx だけ水平に変位させると，支持ばねによって座標軸 x' 方向に復元力が発生するだけでなく y', z' 方向にも発生する．そして

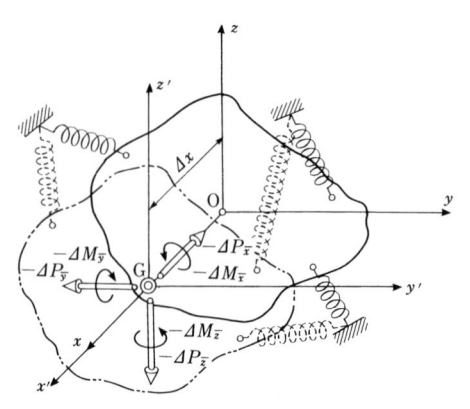

図 8.8 ばねによって支持された剛体

x', y', z' 軸の回りには，復元モーメントも生ずる．

ここで，これらの復元力を $-\Delta P_{x'}$, $-\Delta P_{y'}$, $-\Delta P_{z'}$, 復元モーメントを $-\Delta M_{x'}$, $-\Delta M_{y'}$, $-\Delta M_{z'}$ とする．

すなわち，1方向の変位に対して上に述べたように6種類の復元力，復元モーメントが生ずることになる．そこで，逆にこの弾性支持剛体を x 方向に Δx だけ水平に変位させるには，一般に x', y', z' 軸に沿って外力 $\Delta P_{x'}$, $\Delta P_{y'}$, $\Delta P_{z'}$ を，x', y', z' 軸の回りにモーメント $\Delta M_{x'}$, $\Delta M_{y'}$, $\Delta M_{z'}$ を同時に作用させる必要があるということが理解できる．ここに，$\Delta P_{x'}$, $\Delta P_{y'}$, $\Delta P_{z'}$ などは変位量の関数で，その絶対値は，変位 Δx を小さくすればそれに対応して小さくなり，剛体が釣合いの位置に戻れば0となる．このとき，当然のことながら座標系 G–x',y',z' は，座標系 O–x,y,z に重なることになる．したがって，座標系 O–x,y,z にて x 方向の変位 Δx に対して，次の6種の復元係数が定義される．

$$K_{11} = \lim_{\Delta x \to 0} \frac{\Delta P_{x'}}{\Delta x}, \ K_{21} = \lim_{\Delta x \to 0} \frac{\Delta P_{y'}}{\Delta x}, \ K_{31} = \lim_{\Delta x \to 0} \frac{\Delta P_{z'}}{\Delta x}$$
$$K_{41} = \lim_{\Delta x \to 0} \frac{\Delta M_{x'}}{\Delta x}, \ K_{51} = \lim_{\Delta x \to 0} \frac{\Delta M_{y'}}{\Delta x}, \ K_{61} = \lim_{\Delta x \to 0} \frac{\Delta M_{z'}}{\Delta x} \quad (8.23)$$

ここで，K_{11} などの添字は，前が復元力あるいは復元モーメントの方向を，後が変位または角変位の方向を示し，数字1，2，3はそれぞれ x, y, z 方向の復元力あるいは変位に対応し，4，5，6はそれぞれ x 軸，y 軸，z 軸回りの復元モーメントあるいは角変位に対応する．

表 8.3 弾性的に支持された剛体の復元特性

			変位			角変位		
			x	y	z	θ	ϕ	ψ
			1	2	3	4	5	6
復元力	x	1	K_{11}	K_{12}	K_{13}	K_{14}	K_{15}	K_{16}
	y	2	K_{21}	K_{22}	K_{23}	K_{24}	K_{25}	K_{26}
	z	3	K_{31}	K_{32}	K_{33}	K_{34}	K_{35}	K_{36}
復元モーメント	x軸回り	4	K_{41}	K_{42}	K_{43}	K_{44}	K_{45}	K_{46}
	y軸回り	5	K_{51}	K_{52}	K_{53}	K_{54}	K_{55}	K_{56}
	z軸回り	6	K_{61}	K_{62}	K_{63}	K_{64}	K_{65}	K_{66}

次に x 軸回りに剛体を $\Delta\theta$ だけ角変位させたときに x', y', z' 方向に生ずる復元力を前と同じく $-\Delta P_{x'}$, $-\Delta P_{y'}$, $-\Delta P_{z'}$ とし,x', y', z' 軸の回りに生ずる復元モーメントを $-\Delta M_{x'}$, $-\Delta M_{y'}$, $-\Delta M_{z'}$ とすると,x 軸回りの角変位に対して次の 6 種の復元係数が定義される.

$$K_{14} = \lim_{\Delta\theta \to 0} \frac{\Delta P_{x'}}{\Delta\theta}, \; K_{24} = \lim_{\Delta\theta \to 0} \frac{\Delta P_{y'}}{\Delta\theta}, \; K_{34} = \lim_{\Delta\theta \to 0} \frac{\Delta P_{z'}}{\Delta\theta}$$
$$K_{44} = \lim_{\Delta\theta \to 0} \frac{\Delta M_{x'}}{\Delta\theta}, \; K_{54} = \lim_{\Delta\theta \to 0} \frac{\Delta M_{y'}}{\Delta\theta}, \; K_{64} = \lim_{\Delta\theta \to 0} \frac{\Delta M_{z'}}{\Delta\theta} \tag{8.24}$$

同様に y, z 方向の変位ならびに y, z 軸回りの角変位に関してもそれぞれ 6 種の復元係数が定義される.

以上のような説明から,弾性的に支持された剛体の復元特性は,表 8.3 のように $6 \times 6 = 36$ 個の復元係数によって示される.これらのうち,$K_{ij} = K_{ji} \; (i \neq j)$ の関係(相反定理)があるので,実際に独立なのは 21 個となる.

任意の位置 S (a, b, c),弾性主軸,座標軸間の関係を図 8.9 のように考えると,n 個のばねに支持された剛体の復元係数 K_{ij} は,式 (8.25) で表される(ただし,$\sum_{1}^{n}$ を単に $\sum$ と

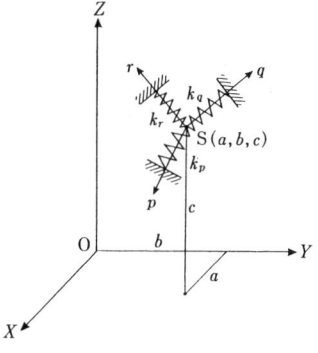

図 8.9 任意の支持点におけるばねの座標軸方向とばね定数(再掲)

書く，k_{ij} は S 点のばね定数で式（8.18）で計算される）．

$$K_{11} = \sum k_{11}, \quad K_{22} = \sum k_{22}, \quad K_{33} = \sum k_{33}$$

$$K_{44} = \sum(k_{22} \cdot c^2 + k_{33} \cdot b^2 - 2k_{23} \cdot bc)$$

$$K_{55} = \sum(k_{33} \cdot a^2 + k_{11} \cdot c^2 - 2k_{13} \cdot ca)$$

$$K_{66} = \sum(k_{11} \cdot b^2 + k_{22} \cdot a^2 - 2k_{12} \cdot ab)$$

$$K_{14} = K_{41} = \sum(k_{13} \cdot b - k_{12} \cdot c)$$

$$K_{15} = K_{51} = \sum(k_{11} \cdot c - k_{13} \cdot a)$$

$$K_{16} = K_{61} = \sum(k_{12} \cdot a - k_{11} \cdot b)$$

$$K_{24} = K_{42} = \sum(k_{23} \cdot b - k_{22} \cdot c)$$

$$K_{25} = K_{52} = \sum(k_{12} \cdot c - k_{23} \cdot a)$$

$$K_{26} = K_{62} = \sum(k_{22} \cdot a - k_{12} \cdot b) \qquad (8.25)$$

$$K_{34} = K_{43} = \sum(k_{33} \cdot b - k_{23} \cdot c)$$

$$K_{35} = K_{53} = \sum(k_{13} \cdot c - k_{33} \cdot a)$$

$$K_{36} = K_{63} = \sum(k_{23} \cdot a - k_{13} \cdot b)$$

$$K_{12} = K_{21} = \sum k_{12}$$

$$K_{23} = K_{32} = \sum k_{23}$$

$$K_{13} = K_{31} = \sum k_{13}$$

$$K_{45} = K_{54} = \sum[(-k_{12} \cdot c + k_{23} \cdot a + k_{13} \cdot b)c - k_{33} \cdot ab]$$

$$K_{56} = K_{65} = \sum[(k_{12} \cdot c - k_{23} \cdot a + k_{13} \cdot b)a - k_{11} \cdot bc]$$

$$K_{46} = K_{64} = \sum[(k_{12} \cdot c + k_{23} \cdot a - k_{13} \cdot b)b - k_{22} \cdot ca]$$

（補足）
　例えば式（8.25）の K_{44} の求め方

$$M_x = \sum(k_{22} C \cdot \theta \cdot C + k_{33} \cdot b \cdot \theta \cdot b - 2k_{23} \cdot b \cdot c \cdot \theta)$$

$$K_{44} = \lim_{\Delta\theta \to 0} \frac{\Delta M_{x'}}{\Delta\theta} = \sum(k_{22} \cdot c^2 + k_{33} \cdot b^2 - 2k_{23} \cdot bc)$$

(2) 連成復元係数項を少なくする方法

いま，各ばねの弾性主軸の方向を座標軸の方向と平行になるようにすると，先に示した式 (8.19), (8.21) の関係から，式 (8.25) は簡単となり次式となる．

$$
\begin{aligned}
&K_{11} = \sum k_{11}, \quad K_{22} = \sum k_{22}, \quad K_{33} = \sum k_{33} \\
&K_{44} = \sum (k_{22} \cdot c^2 + k_{33} \cdot b^2) \\
&K_{55} = \sum (k_{33} \cdot a^2 + k_{11} \cdot c^2) \\
&K_{66} = \sum (k_{11} \cdot b^2 + k_{22} \cdot a^2) \\
&K_{15} = \sum (k_{11} \cdot c) \\
&K_{16} = \sum (-k_{11} \cdot b) \\
&K_{24} = \sum (-k_{22} \cdot c) \\
&K_{26} = \sum (k_{22} \cdot a) \\
&K_{34} = \sum (k_{33} \cdot b) \\
&K_{35} = \sum (-k_{33} \cdot a) \\
&K_{45} = \sum (-k_{33} \cdot ab) \\
&K_{56} = \sum (-k_{11} \cdot bc) \\
&K_{46} = \sum (-k_{22} \cdot ca) \\
&K_{14} = K_{25} = K_{36} = K_{12} = K_{23} = K_{13} = 0
\end{aligned}
\tag{8.26}
$$

さらに支持弾性系に弾性中心ならびに弾性主軸が存在するときは，座標軸をこの弾性主軸に一致させれば，$K_{ij} = K_{ji} (i \neq j)$ はすべて 0 となり，復元係数は $K_{11}, K_{22}, K_{33}, K_{44}, K_{55}, K_{66}$ の 6 個となる（これは完全非連成支持の必要条件である）．

$$
\begin{aligned}
&K_{11} = \sum k_{11}, \quad K_{22} = \sum k_{22}, \quad K_{33} = \sum k_{33} \\
&K_{44} = \sum (k_{22} \cdot c^2 + k_{33} \cdot b^2) \\
&K_{55} = \sum (k_{33} \cdot a^2 + k_{11} \cdot c^2) \\
&K_{66} = \sum (k_{11} \cdot b^2 + k_{22} \cdot a^2)
\end{aligned}
$$

8.3 弾性支持剛体の運動方程式

8.3.1 一般論

一般的に振動絶縁（弾性支持）を行う場合には，図 8.10 に示すようにモーター（駆動部）と送風機（非駆動部）の双方を，剛体と見なせる共通架台に取り付ける．そして，この共通架台を適当な個数のばね（防振ゴムなど）によって，強固な固定基礎上（床スラブなど）に据え付ける工法がとられる．すなわち，1 個の剛体質量を多数のばねによって，不動の基礎に弾性支持したと考える．

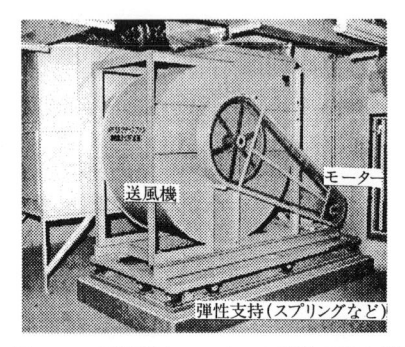

図 8.10 送風機とモーターの弾性支持の例

そこで剛体の重心を原点とし，空間に固定された直交 3 軸 X, Y, Z を考え，Z 軸を鉛直軸にとる．剛体の重心の 3 軸方向の変位を x, y, z, 3 軸回りの角変位を ϕ, θ, ψ で表現する．また，3 軸方向の外力を F_x, F_y, F_z, 3 軸回りの外力のモーメントを N_x, N_y, N_z とし，剛体の質量を m で，3 軸回りの剛体の質量慣性モーメントを I_x, I_y, I_z で，それぞれの慣性乗積を I_{xy}, I_{yz}, I_{zx} で，そして復元係数を K_{ij} で表す．

K_{ij} は，$i = j$ のときは 3 軸方向および 3 軸回りのばね定数であり，$i \neq j$ のときは連成係数である．また一般に

$$K_{ij} = K_{ji}$$

の関係がある．

ここで振動絶縁を行う場合に減衰項は，第 3 章で説明したように共振時を除けば，あまり意味がない．そこで減衰項は，式の複雑化を避けるために無視する．

結局，この系の運動方程式は 6 個の連立 2 次微分方程式で表され，マトリックスで表すと式 (8.27) のように与えられる．

$$\begin{pmatrix} K_{11} & K_{12} & \cdots & K_{16} \\ K_{21} & K_{22} & \cdots & K_{26} \\ \vdots & \vdots & & \vdots \\ \vdots & \vdots & & \vdots \\ \vdots & \vdots & & \vdots \\ K_{61} & K_{62} & \cdots & K_{66} \end{pmatrix} \begin{pmatrix} x \\ y \\ z \\ \phi \\ \theta \\ \psi \end{pmatrix} = \begin{pmatrix} F_x - m\ddot{x} \\ F_y - m\ddot{y} \\ F_z - m\ddot{z} \\ N_x - (I_x\ddot{\phi} - I_{xy}\ddot{\theta} - I_{xz}\ddot{\psi}) \\ N_y - (-I_{xy}\ddot{\phi} + I_y\ddot{\theta} - I_{yz}\ddot{\psi}) \\ N_z - (-I_{zx}\ddot{\phi} - I_{zy}\ddot{\theta} + I_z\ddot{\psi}) \end{pmatrix}$$
(8.27)

ところで，連成項を多数含んだ上式を解くのは容易ではない．そこで現実的には弾性軸と重心軸との一致，座標軸と慣性主軸を一致させるなどの，架台の重量配分とばね配置の工夫などで，この連成項を0とする手法を用いて簡略化を図るように考える．

8.3.2 代表的な弾性支持方法による計算
(1) 完全非連成支持

完全非連成の弾性支持方法は，図8.11に示すようにばね全体の弾性中心および弾性主軸を，機械および基礎全体の重心および座標軸に一致させることである．そのうえでさらに座標軸と，剛体の慣性主軸とを一致させなければならない（第7章(1)参照）．

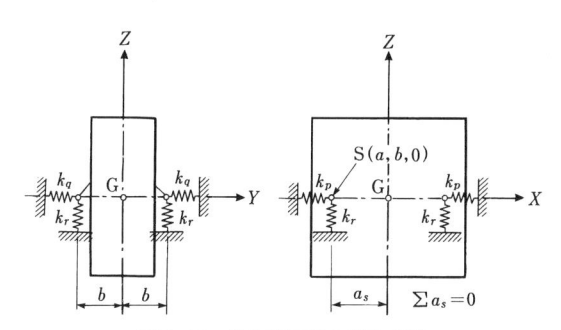

図 **8.11** 完全非連成の弾性支持

8.2.1項「ばね定数」で説明したように，各ばねの弾性主軸の方向を座標軸の方向と平行になるようにすると

$$\begin{aligned} & m_1 = n_1 = l_2 = n_2 = l_3 = m_3 = 0 \\ & l_1 = m_2 = n_3 = 1 \end{aligned}$$
(8.28)

となり，式 (8.18) は

$$k_{11} = k_p, \quad k_{22} = k_q, \quad k_{33} = k_r,$$
$$k_{12} = k_{21} = k_{23} = k_{32} = k_{31} = k_{13} = 0 \qquad (8.29)$$

となる．さらにこのときの復元係数については式 (8.26) で表されることを示した．

そこで，すべての連成係数 $K_{ij} = 0$ とするために，ばね全体の弾性中心および弾性主軸を機械および基礎全体の重心および座標軸に一致させる．そのうえ座標軸が剛体の慣性主軸と一致させるようにすれば

$$\sum k_{11} \cdot b = \sum k_{11} \cdot c = \sum k_{11} \cdot bc$$
$$= \sum k_{22} \cdot a = \sum k_{22} \cdot c = \sum k_{22} \cdot ac$$
$$= \sum k_{33} \cdot a = \sum k_{33} \cdot b = \sum k_{33} \cdot ab = 0$$

となる．

このときは，慣性連成項（慣性乗積）もなくなる．すなわち

$$I_{xy} = I_{yz} = I_{zx} = 0$$

となる．

よって運動方程式は

$$m\ddot{x} + K_{11} \cdot x = F_x, \quad m\ddot{y} + K_{22} \cdot y = F_y$$
$$m\ddot{z} + K_{33} \cdot z = F_z, \quad I_x\ddot{\phi} + K_{44} \cdot \phi = N_x \qquad (8.30)$$
$$I_y\ddot{\theta} + K_{55} \cdot \theta = N_y, \quad I_z\ddot{\psi} + K_{66} \cdot \psi = N_z$$

となり，6個の固有振動数は，式 (8.30) の右辺を 0 と置いた式から

$$f_{11} = \frac{1}{2\pi}\sqrt{\frac{K_{11}}{m}}, \quad f_{22} = \frac{1}{2\pi}\sqrt{\frac{K_{22}}{m}}, \quad f_{33} = \frac{1}{2\pi}\sqrt{\frac{K_{33}}{m}}$$
$$f_{44} = \frac{1}{2\pi}\sqrt{\frac{K_{44}}{I_x}}, \quad f_{55} = \frac{1}{2\pi}\sqrt{\frac{K_{55}}{I_y}}, \quad f_{66} = \frac{1}{2\pi}\sqrt{\frac{K_{66}}{I_z}} \qquad (8.31)$$

として求められる．

完全非連成の場合には，各方向の固有振動数の計算が式 (8.31) に示したように非常に簡単になる特長がある．そのため，対応すべき方向の振動数の調整が容易にできるので，ばねの設計がたやすくなると言える．しかし問題は，現実的にこのような完全非連成化のための条件が満たされるかどうかである．

なお，式 (8.30) からそれぞれ振幅，回転角を第 3 章に記述したように容易に算出することができる．

結論として，同一の弾性片（防振ゴムなど）を 3 座標面のおのおのに対称に配置した場合は，この条件が満たされる．

(2) 一般的な部分的非連成支持

a. 剛な基礎の上に弾性支持をした場合

前項のように弾性支持面と重心面を一致させることは理想だが，実際には容易ではない．現に建築設備では，送風機，圧縮機，ポンプ等と電動機の組合せ質量に比べて，簡単な鉄骨フレームで組んだ架台質量は軽く，弾性支持面と全体の重心面を一致させるようにすることは，経済性からも困難を伴う．

しかし多くの場合，ばねを架台下部の同一水平面内に配置することは，さほど困難ではない．例えばその配置例は，図 8.12 のように弾性支持面は重心の下方 h にあって，そしてばねの配置を YZ 面および XZ 面で調整することによって，弾性軸 E と重心軸を一致させるようにすることは可能である．

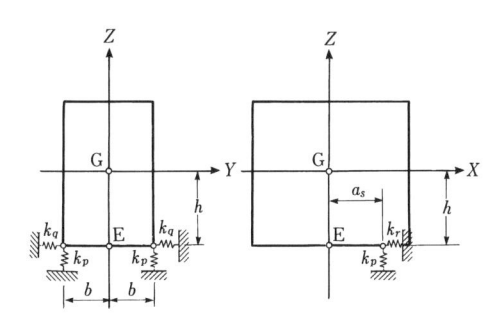

図 8.12 弾性支持面が重心の下方にあり，かつ弾性軸と重心軸を一致させた配置

すなわち

$$\sum k_p b_s = 0, \quad \sum k_p a_s = 0$$

となるように配置する．

ばねの総数を n 個とし，同一のばねを図 8.12 のように配置すれば，各ばねの復元係数は

$$k_{11} = k_r, \quad k_{22} = k_q, \quad k_{33} = k_p$$

で全体の復元係数は式 (8.32) で表される．

$$K_{11} = nk_r, \quad K_{22} = nk_q, \quad K_{33} = nk_p$$
$$K_{44} = n(k_q h^2 + k_p b^2)$$
$$K_{55} = k_p \sum_{s=1}^{n} a_s^2 + nk_r h^2, \quad K_{66} = nk_r b^2 + k_q \sum_{s=1}^{n} a_s^2 \quad (8.32)$$
$$K_{15} = nk_r h, \quad K_{24} = -nk_q h$$
$$K_{15}, K_{24} \text{ 以外の } K_{ij} = 0 \ (i \neq j)$$

この場合の剛体の運動方程式は次のようになる.

$$m\ddot{z}_G + K_{33} z_G = F_z, \quad I_z \ddot{\psi} + K_{66} \psi = N_z$$
$$m\ddot{x}_G + K_{11} x_G + K_{15} \theta = F_x$$
$$I_y \ddot{\theta} + K_{55} \theta + K_{15} x_G = N_y \quad (8.33)$$
$$m\ddot{y}_G + K_{22} y_G + K_{24} \phi = F_y$$
$$I_x \ddot{\phi} + K_{44} \phi + K_{24} y_G = N_x$$

式 (8.33) で, z_G, ψ についての式は, z_G および ψ 以外の項を含まないので独立となる. したがって, それらの固有振動数は

$$f_{33} = \frac{1}{2\pi} \sqrt{\frac{K_{33}}{m}}, \quad f_{66} = \frac{1}{2\pi} \sqrt{\frac{K_{66}}{I_z}} \quad (8.34)$$

として簡単に求められる.

次に x_G と θ, y_G と ϕ は K_{15}, K_{24} が 0 でないため, 互いに連成する.

図 8.13 は, 系の連成固有振動についての 2 つの形態を示している. (a) は重心より下方に不動軸を有する下心ローリング, (b) は重心より上方に不動軸を有する上心ローリングと呼ばれるものである. 下心ローリングの固有振動数は, 上心ローリングの固有振動数よりも一般に低くなる.

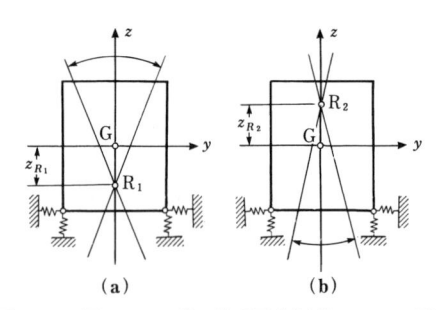

図 8.13 図 8.12 の系の連成固有振動の 2 つの形態

8.3 弾性支持剛体の運動方程式

ここでは y_G–ϕ 系の連成振動について検討する．まず

$$y_G = y_0 \sin \omega t, \quad \phi = \phi_0 \sin \omega t$$

と置くことによって

$$\begin{aligned}
(-\omega^2 + \omega_{22}^2)y_0 + \frac{K_{24}}{m}\phi_0 &= F_y \\
\frac{K_{24}}{I_x}y_0 + (-\omega^2 + \omega_{44}^2)\phi_0 &= N_y
\end{aligned} \tag{8.35}$$

となる．ここで

$$\begin{aligned}
\omega_{11} &= \frac{K_{11}}{m}, \quad \omega_{22} = \frac{K_{22}}{m}, \quad \omega_{33} = \frac{K_{33}}{m} \\
\omega_{44} &= \frac{K_{44}}{I_x}, \quad \omega_{55} = \frac{K_{55}}{I_y}, \quad \omega_{66} = \frac{K_{66}}{I_z}
\end{aligned} \tag{8.36}$$

式 (8.35) の y_0 と ϕ_0 を求める．はじめに式 (8.35) の右辺を 0 とし，y_0 と ϕ_0 を消去すれば

$$\Delta = (-\omega^2 + \omega_{22}^2)(-\omega^2 + \omega_{44}^2) - \frac{K_{24}^2}{mI_x} \tag{8.37}$$

と書けば強制振動の振幅は

$$\begin{aligned}
y_0 &= \frac{1}{\Delta}\left[\frac{F_y}{m}(-\omega^2 + \omega_{44}^2) - \frac{N_x}{I_x}\frac{K_{24}}{m}\right] \\
\phi_0 &= \frac{1}{\Delta}\left[\frac{N_x}{I_x}(-\omega^2 + \omega_{22}^2) - \frac{F_y}{m}\frac{K_{24}}{I_x}\right]
\end{aligned} \tag{8.38}$$

と求めることができる．

連成固有振動数は，式 (8.37) の Δ を 0 とすることで求まる．ここで

$$K_{24}^2 = K_{22}^2 h^2 \tag{8.39}$$

であるから，$I_x = mi_x^2$（i_x：回転半径）と書けば

$$\frac{K_{24}^2}{mI_x} = \left(\frac{K_{22}}{m}\right)^2 \frac{h^2}{i_x^2} = \omega_{22}^2 \frac{h^2}{i_x^2} \tag{8.40}$$

と書きかえられるので，2 個の連成固有振動数は

$$\omega^2 = {}_1\omega_{24}^2, {}_2\omega_{24}^2 = \frac{1}{2}\left[\omega_{22}^2 + \omega_{44}^2 \mp \sqrt{(\omega_{22}^2 - \omega_{44}^2)^2 + 4\omega_{22}^4 \frac{h^2}{i_x^2}}\right] \tag{8.41}$$

と求まる．

固有振動の形態を調べてみる．式 (8.35) の，F_y, N_y を 0 とした式 (8.42)

$$(\omega^2 - \omega_{22}^2)y_0 = \frac{K_{24}}{m}\phi_0$$
$$\frac{K_{24}}{I_x}y_0 = (\omega^2 - \omega_{44}^2)\phi_0 \tag{8.42}$$

から

$$\frac{y_0}{\phi_0} = \frac{K_{24}/m}{\omega^2 - \omega_{22}^2} = \frac{\omega^2 - \omega_{44}^2}{K_{24}/I_x} \tag{8.43}$$

図 8.14 より重心上 z の距離にある点 P の横変位は次式で表される．

$$y = y_G - z\phi = (y_0 - z\phi_0)\sin\omega t \tag{8.44}$$

点 P が不動であれば $y = 0$ でなければならない．
式（8.44）から

$$0 = y_0 - z\phi_0 \quad \therefore \ z = \frac{y_0}{\phi_0}$$

不動点（軸）の座標 z_R は

$$z_R = \frac{y_0}{\phi_0} = \frac{K_{24}/m}{\omega^2 - \omega_{22}^2} = \frac{\omega^2 - \omega_{44}^2}{K_{24}/I_x} \quad (8.45)$$

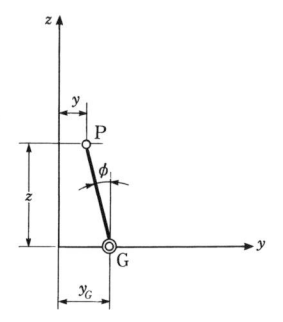

図 8.14 重心より上方 z の距離の横変位説明図

$_1\omega_{24}$ に対する不動点（軸）の座標を z_{R1}，$_2\omega_{24}$ に対する不動点（軸）の座標を z_{R2} とすると

$$z_{R1} = \frac{_1\omega_{24}^2 - \omega_{44}^2}{K_{24}/I_x} < 0 \quad (\because K_{24} > 0, \ _1\omega_{24}^2 < \omega_{44}^2)$$
$$z_{R2} = \frac{K_{24}/m}{_2\omega_{24}^2 - \omega_{22}^2} > 0 \quad (\because K_{24} > 0, \ _2\omega_{24}^2 > \omega_{22}^2) \tag{8.46}$$

この 1 次の固有振動数 $_1\omega_{24}$ に対する固有振動モードは，重心より下に不動軸を有する回転振動で，2 次の固有振動数 $_2\omega_{24}$ に対する固有振動モードは，重心より上に不動軸を有する回転振動である．すなわち前者が 1 次の下心ローリング，後者が 2 次の上心ローリングである（図 8.13 参照）．

X–θ 系についても全く同様にして

$$_1\omega_{15}^2, _2\omega_{15}^2 = \frac{1}{2}\left[\omega_{11}^2 + \omega_{55}^2 \mp \sqrt{(\omega_{11}^2 - \omega_{55}^2)^2 + 4\omega_{11}^4 \frac{h^2}{i_y^2}}\right] \tag{8.47}$$

Δ を下記のように示すことによって

$$\Delta = (-\omega^2 + \omega_{11}^2)(-\omega^2 + \omega_{55}^2) - \frac{K_{15}^2}{mI_y} \tag{8.48}$$

強制振動の振幅は

$$x_0 = \frac{1}{\Delta}\left[\frac{F_x}{m}(-\omega^2 + \omega_{55}^2) - \frac{N_y}{I_y}\frac{K_{15}}{m}\right]$$
$$\theta_0 = \frac{1}{\Delta}\left[\frac{N_y}{I_y}(-\omega^2 + \omega_{11}^2) - \frac{F_x}{m}\frac{K_{15}}{I_y}\right]$$
(8.49)

となる．式 (8.49) の振動は $x_R = 0$, $z_R = -x_0/\theta_0$ の直線を回転軸とする回転振動，式 (8.38) の振動は $y_R = 0$, $z_R = y_0/\phi_0$ の直線を回転軸とする回転振動である．

b. 床の剛性も考慮した弾性支持の場合

図 8.12 の振動系が，建築物の床構造の上に設置される場合を考える．図 8.15 は，そのようなシステムが動剛性 Z_f(N/m) の床の上に設置された場合を想定している．

図 8.11 と大きく異なるのは，Z 軸上で重心が弾性主軸と h 離れていることである．

ここで，質量 m の剛体は，弾性片 K_v（防振ゴムなど）と床の動剛性 Z_f とが直列に結合していると仮定する．総合ばね定数 K_p は

$$K_p = \frac{K_v Z_f}{K_v + Z_f} \qquad (8.50)$$

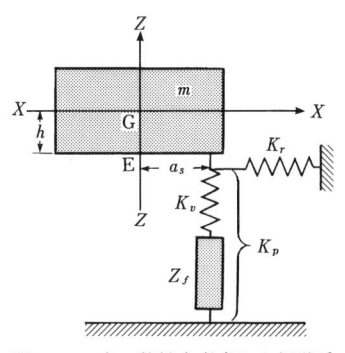

図 **8.15** 床の特性も考慮した振動系

と見なせる．

一方，水平方向は床の剛性が弾性支持材のそれに比べて格段に大きいことから，架台直下に挿入した弾性材の水平ばね K_r で定まるとする（Y 方向のばねは，X 軸に対して対称に配置されている）．

この結果，運動方程式は（減衰を無視して）

$$\begin{aligned}&m_1\ddot{z}_1 + K_{33}({}_1z_1 - {}_2z_2) = F_z\\&K_{33}({}_1z_1 - {}_2z_2) = Z_f \cdot {}_2z_2\end{aligned}$$
(8.51a)

$$\begin{aligned}&m\ddot{x} + K_{11}x + K_{15}\theta = F_x\\&I_y\ddot{\theta} + K_{55}\theta + K_{15}x = N_y\end{aligned}$$
(8.51b)

$$m\ddot{y} + K_{22}y + K_{24}\phi = F_y$$
$$I_x\ddot{\phi} + K_{44}\phi + K_{24}y = N_x$$
(8.51b′)

となる．ただし，$_1z_1$ は，弾性支持された機械の z 方向の振幅，$_2z_2$ は床の z 方向の振幅である．

また上式で，設備機器（送風機など）の回転軸特性から，y 軸方向の水平力は無視できるものと簡略化することにより，式 (8.51b′) は省略される．ここで

$$K_{11} = \sum K_r, \qquad K_{15} = K_{11} \cdot h$$
$$K_{33} = \sum K_v, \qquad K_{33,f} = \sum K_p \qquad (8.52)$$
$$K_{55} = K_{33,f} \cdot \sum a_s^2 + \sum K_r \cdot h^2$$

式 (8.51a) は，z の項以外を含まないので，独立な z 方向のみの上下振動を示す．式 (8.51b) は，x 軸方向の水平振動と y 軸回りの回転振動の連成振動になる．

ここで，$_1z_1 = z_1 \sin\omega t$, $_2z_2 = z_2 \sin\omega t$, と置くことにより，式 (8.51a) について

$$-m\omega^2 z_1 + K_{33}(z_1 - z_2) = F_z$$
$$K_{33}(z_1 - z_2) = Z_f z_2$$

$$(-m\omega^2 + K_{33})z_1 + (-K_{33})z_2 = F_z$$
$$(-K_{33})z_1 + (K_{33} + Z_f)z_2 = 0$$

第 2 の式から z_1 を求めると

$$z_1 = \left(1 + \frac{Z_f}{K_{33}}\right) z_2 \qquad (8.53)$$

これを第 1 の式に代入して z_2 について解くと

$$|z_2| = \frac{F_z}{Z_f\left(1 - \dfrac{m\omega^2}{K_{33}}\right) - m\omega^2} = \frac{F_z}{\sqrt{\left[Z_f\left(1 - \dfrac{\omega^2}{\omega_{33}^2}\right) - m\omega^2\right]^2}} \qquad (8.54)$$

として床の振動振幅が求まる．

次に，式 (8.51b) から式 (8.48)，(8.49) と全く同様な計算により

$$\Delta = (-\omega^2 + \omega_{11}^2)(-\omega^2 + \omega_{55}^2) - \frac{K_{15}^2}{mI_y} \qquad (8.55)$$

8.3 弾性支持剛体の運動方程式

式 (8.55) を 0 と置くことで，連成の角振動数は

$$\omega_{1,2}^2 = \frac{1}{2}\left[\omega_{11}^2 + \omega_{55}^2 \mp \sqrt{(\omega_{11}^2 + \omega_{55}^2)^2 - 4\frac{K_{15}}{m\,I_y}}\right] \quad (8.56)$$

ここで

$$\omega_{11}^2 = \frac{K_{11}}{m}, \quad \omega_{55}^2 = \frac{K_{55}}{I_y}$$

となる．

振動による重心の水平変位および y 軸回りの回転角は

$$\begin{aligned}x_0 &= \frac{1}{\Delta}\left[\frac{F_x}{m}(-\omega^2 + \omega_{55}^2) - \frac{N_y}{I_y}\frac{K_{15}}{m}\right] \\ \theta_0 &= \frac{1}{\Delta}\left[\frac{N_y}{I_y}(-\omega^2 + \omega_{11}^2) - \frac{F_x}{m}\frac{K_{15}}{I_y}\right]\end{aligned} \quad (8.57)$$

となる．

したがって，この弾性支持された剛体の端部（a_s：弾性中心 E から最も離れた防振ゴムまでの距離）での回転による上下方向の振幅（z_θ）は

$$z_\theta = \theta_0 \cdot a_s \quad (8.58)$$

であり，これに上下振動（z_1）が加わる．

弾性支持された機械の総合的な振幅は

$$Z_{\text{machine}} = z_1 + z_\theta \quad (8.59)$$

となる．

我々は，床の振動がどのようになるかに興味がある．上記の機械本体の振幅 Z_{machine} は，機械支持の弾性体（K_v）と床の動剛性（Z_f）が直列に結合した，総合ばね（K_p）の振幅であるから，床の総合振幅（$_{\text{disp}}Z_f$）は

$$_{\text{disp}}Z_f = Z_{\text{machine}}\frac{K_v}{K_v + Z_f} \quad (8.60)$$

として求めることができる[注]．

なお，減衰を考慮した上下振動系については，第 3 章，**3.3** で記述している．それらの計算式を用いた連成を考慮した計算例は，第 **16** 章の **16.5** で示してある．

[注] 式 (8.51b′) を省略したのは，加振力を発生する機器の加力点が，X 軸上にあるとしていることによる．

(3) 傾斜支持法

前項 (**2**) で示したように重心が，ばね支持面より h の高さにある場合には連成項が生じる．h が大きい場合には，連成項の値を小さくすることができない．

図 8.16 は，傾斜支持法と呼ばれるもので，ばね支持面の施工が厄介であるが，α を適当に選ぶと y–θ 系の連成をなくすことができる．

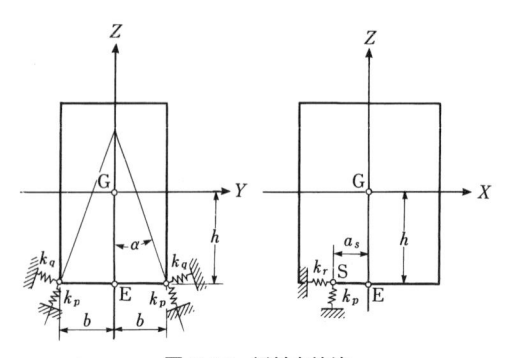

図 8.16 傾斜支持法

図 8.16 は，ばねの弾性主軸軸 p, q を Z, Y 軸に対して α だけ傾け，r 軸は X 軸に平行な例を示している．

このように配置すると

$$k_{11} = k_r, \qquad k_{22} = k_p \sin^2 \alpha + k_q \cos^2 \alpha$$
$$k_{33} = k_p \cos^2 \alpha + k_q \sin^2 \alpha$$

となるので復元係数は，ばねの数を n とし，XZ 面に対して対称に配置したとすれば

$$\begin{aligned}
K_{11} &= nk_r \\
K_{22} &= n(k_p \sin^2 \alpha + k_q \cos^2 \alpha) \\
K_{33} &= n(k_p \cos^2 \alpha + k_q \sin^2 \alpha) \\
K_{44} &= n[(k_p \sin^2 \alpha + k_q \cos^2 \alpha)h^2 + (k_p \cos^2 \alpha + k_q \sin^2 \alpha)b^2 \\
&\quad - 2(k_p - k_q)bh \sin \alpha \cos \alpha] \\
K_{55} &= (k_p \cos^2 \alpha + k_q \sin^2 \alpha) \sum_{s=1}^{n} a_s^2 + nk_r h^2 \\
K_{66} &= nk_r b^2 + (k_p \sin^2 \alpha + k_q \cos^2 \alpha) \sum_{s=1}^{n} a_s^2 \\
K_{15} &= nk_r h \\
K_{24} &= -n[(k_p \sin^2 \alpha + k_q \cos^2 \alpha)h - (k_p - k_q)b \sin \alpha \cos \alpha]
\end{aligned} \tag{8.68}$$

となり，式 (8.68) に示した以外の K_{ij} はすべて 0 である．

K_{24} は $h \neq 0$ でも，上記 K_{24} の式を展開して

$$\frac{\left(1 - \dfrac{k_q}{k_p}\right)\tan\alpha}{\tan^2\alpha + \dfrac{k_q}{k_p}} = \frac{h}{b} \tag{8.69}$$

の条件を満足すれば，$K_{24} = 0$ となる．$h \neq 0$ であっても α と k_q/k_p の値を適当に選べば，y–ϕ の連成をなくすことができ，完全に 0 とはできなくてもかなり小さくできる．

このように $K_{24} = 0$ の場合を，$K_{15} \neq 0$ であるにもかかわらず，非連成化のための傾斜支持法といっている．それは一般の機械では，回転軸方向にはほとんど加振力がない場合が多く，X 軸を回転軸方向にとれば，実務上連成による振動上の悪さを除去できるという考えからである．

実際の設計にあたっては，α の種々の値，$\alpha = 0° \sim 90°$ に対して各固有振動数（Z 方向，Z 軸回り，X–θ，Y–ϕ 系の連成）を求め，それらが最もまとまった値となる α の値を選ぶようにする．ただし設備機械の主要な加振力振動数に対して 1/3 以下になるように選定する（図 8.17）．

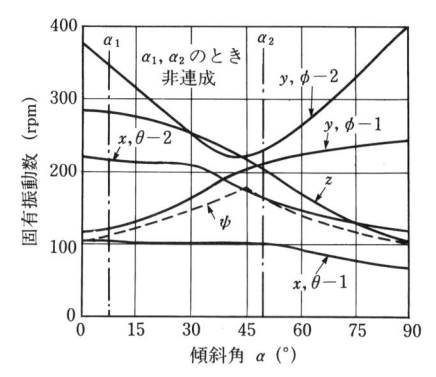

図 8.17 傾斜角と適正固有振動数の算定例

第9章

防振支持設計法の実際

　建築設備としての機械類は，主振動の振動数が10 Hz以上の場合がほとんどであり，振動絶縁の目的として防振ゴムの利用も可能である．しかし実態は，スプリングとゴムを併用した防振支持例が多く見られる．これは，加振振動数と防振支持する系の固有振動数の比を大きくし，力の伝達率を小さくして，建物側の床振動を少なくしようと意図しているためである．

　しかしこの設計方法では，加振力が不明なことから結果として床振動が，どの程度の振幅になるのか予測ができない．したがって，室の用途に応じた許容床振動値に収めることなどは望めない．本来の防振設計は，機械の加振力とその加振振動数を入手し，機械本体およびその設置床の振動振幅値を予測し，その設置環境に見合う許容振動振幅値との整合性を図り，さらに床振動による発生騒音レベルなどに対する防振効果を考慮した防振支持設計を実施すべきである．

9.1 加振力を有する機械の防振設計の手順

9.1.1 予備設計

　防振設計の手順（表9.1参照）は，まず予備設計として加振力を有する機械が，設置予定の床版もしくは梁に直接設置された場合の振動振幅を算定することからスタートする．
　(1) 対象とする機械・架台等を剛体と見なし，その質量を調査する．また加振力を有する機械の主方向（上下）の加振基本振動数を確認する．
　(2) 加振基本振動数での上下方向加振力をはじめとして，騒音領域（500 Hz

程度）までの 1/3 オクターブバンド幅での上下方向加振力を調査する．対象とする機械のデータが入手できない場合には，類似仕様の機械データから推定するか，第 12 章の測定法に習って，実測することを原則とする．
(3) 機械設置予定の床版・梁の加振力周波数に対応した動剛性を算定する（第 11 章 **11.5** 節，**11.6** 節参照）．
(4) 対象機械が，直接床版・梁に設置された場合の振動振幅を算定する．第 3 章式（3.78）を参照して

$$|x_2| = \frac{F}{\sqrt{(Z_f - M\omega^2)^2}} \cong \frac{F}{Z_f} \qquad (9.1)$$

ここで，F：加振力，Z_f：床の動剛性，ω：加振角速度（$2\pi f_d$）

(5) 機械が設置される場所の周辺環境から，機械の加振基本振動数に対応する推奨される許容振動振幅を定める．機械室に居室等が隣接する場合には，特に注意する（第 2 章，第 15 章参照）．
(6) (4)，(5) を比較して，(4) が小さければ，騒音領域のみ検討をする．(4) が大きければ，許容振幅/振動振幅の所要対策量（伝達率）を算定する．これは，力の伝達率に相当する．
(7) (6) で算定された力の伝達率を満足する加振基本振動数/固有振動数の比を，図 3.4 を参照して求める．これより機械を防振支持する上下方向の固有振動数を算定する．
(8) 防振後の床振幅，伝達加振力を算定する．ここでは減衰を無視した第 3 章式（3.78）を用いる．床振幅は

$$|x_2| = \frac{F}{\sqrt{\left[Z_f\left(1 - \frac{f_d^2}{f_n^2}\right) - M(2\pi f_d)^2\right]^2}} \qquad (9.2)$$

伝達された加振力は

$$F_T = x_2 \times Z_f \qquad (9.3)$$

で算定される．

(9) (8) と (6)，(5) を比較して効果を検討する．不満足の場合は，防振系の固有振動数の低減，床版の動剛性の補強が望まれる．また，加振力の少ない機器の再選定あるいは，機械設置振動環境的に緩い場所への移動なども検討の対象となる．

以上の予備設計計算により，完全非連成での上下方向防振の可能性が算定される．

9.1.2 詳細設計
詳細設計は，ほとんどの防振支持の重心位置が弾性支持面より上方にあることから，連成振動をすることを考慮して検討する．
(10) 対象とする機械の加振力，加振偶力の大きさおよび方向，振動数を調べる．(2)に準じて調査する．
(11) 防振支持する機械装置系の固有振動数 f_n (Hz) を定める．
予備設計にて上下方向の固有振動数を定めたが，再度確認をしておく．
　(a) 機械の主要な加振振動数 f_d に対して
$$f_n \leq \frac{1}{3} f_d \quad (\text{Hz}) \tag{9.4}$$
程度になるように選ぶ．f_d は通常，機械の最低軸回転数 (rpm)/60 とする（第3章参照）．
ここで弾性支持された系の固有振動数 f_n (Hz) は，非連成にした場合6個あり（第8章式 (8.31) 参照），式 (9.4) の f_n は，この中で最大のものとする．
　(b) 主要な加振力のない方向の固有振動数は
$$f_n \leq 0.71 f_d \quad (\text{Hz}) \tag{9.5}$$
程度を目標にする．
　(c) さらに，あまり重要でない加振力については
$$f_n \leq 0.9 f_d \quad \text{または} \quad f_n \geq 1.1 f_d \quad (\text{Hz}) \tag{9.6}$$
の条件は満たすようにようにする．これは共振を絶対に避ける目的からである．
(12) 振動を発する送風機，ポンプ，圧縮機などと電動機は同一架台に固定し，一体として防振支持をするようにする．
(13) 重心面が極力下がるような架台上の機械の配置と架台の設計を行う（第5章参照）．
(14) 機械および架台などを剛体と仮定する．
　(a) 防振支持される系個々の機械および主要部材の質量，重心位置を求める．
　(b) 防振支持される系全体としての質量と重心位置を求める．

(c) 全体の重心を通る垂直軸を Z 軸とし，これと直交する 2 軸を X (架台長手)，Y (短手) 軸とする．
(15) 機械および架台など防振支持される系個々の重心 3 軸回りの慣性モーメントを求める (第 5 章，第 16 章 16.3 節の計算例参照)．
(16) 系全体としての重心，3 軸回りの慣性モーメントを求める (第 5 章，第 16 章 16.3 節の計算例参照)．
(17) 系全体の重心での慣性主軸の傾斜角を求め，これが 10 度以内に収まる (水平軸の一つと) ことを確認する．(収まらないときは，系全体の質量配分を再検討する．)
(18) 防振材の配置計画をする．
配置のポイントは，連成作用が少なくなるようにすることである．このため，弾性中心の鉛直軸が，全体の重心を通るように設計する．重心に対して XY 平面で X 方向，Y 方向とも下記の距離総和条件を満足するようにする．(ただし防振材個々のばね定数は同一とする．)

X 方向については (ZY 面に関して)
$$x_{11} + x_{12} + \cdots\cdots + x_{1n} = x_{21} + x_{22} + \cdots\cdots + x_{2n}$$
Y 方向についても (ZX 面に関して)
$$y_{11} + y_{12} + \cdots\cdots + y_{1n} = y_{21} + y_{22} + \cdots\cdots + y_{2n}$$
(9.7)

もし，ばね定数が異なるものを採用するときは，ばね定数と距離の積の総和が，それぞれ上記の条件を満足することが要求される (第 16 章 **16.3** 節，**16.5** 節の計算例参照)．
(19) 防振材のばねと床の動剛性を直列結合として，垂直 (圧縮) 総合ばね定数を求める．水平ばねは，防振材の水平ばねで定まるとする．
(20) 機械の加振力および加振偶力による機械架台および床の振幅 (速度振幅，加速度振幅) を求める．
機械の加振力 F_0 および加振偶力 N_0 による機械台の振幅を計算する．完全に非連成の場合には加振力 F_0 については式 (9.2) と同じ

$$|x_2| = \frac{F}{\sqrt{\left[Z_f\left(1 - \dfrac{f_d^2}{f_n^2}\right) - M(2\pi f_d)^2\right]^2}} \quad (9.8)$$

で求める．

9.1 加振力を有する機械の防振設計の手順 / 103

加振偶力 N_0 に関しては

$$\phi = \frac{N_0}{(2\pi f_d)^2 mi^2} \frac{1}{1-\left(\dfrac{f'_n}{f_d}\right)^2} \quad (\text{rad}) \tag{9.9}$$

ただし，m：弾性支持された系（機械，架台など）の質量，
　　　　i：回転半径
　　　　f'_n：m と弾性材のばね定数 K および Z_f の直列結合ばね定
　　　　　　数で定まる固有振動数

で求められる．
重心と機械を載せた架台の下端との上下距離を h（m），最端部弾性支持点との水平距離を l（m）とすると，上下振幅 a_z，水平振幅 a_h はそれぞれ

$$a_z = l\phi, \quad a_h = h\phi \tag{9.10}$$

で与えられる．
ここで回転に伴う振幅 a_z は，機械架台の振幅であり，この成分による床の振幅は

$$a_{zf} = a_z \times \frac{K}{K+Z_f} \tag{9.11}$$

となる．
したがって総合の床振幅は

$$x_f = x_2 + a_{zf} \quad (\text{m}) \tag{9.12}$$

となる．
2連成の場合，例えば x–ϕ 系については前出の式（8.49）のように

$$\begin{aligned}
x_0 &= \frac{1}{\Delta}\left[\frac{F_y}{m}(-\omega^2+\omega_{55}^2) - \frac{N_y}{m\,i_y^2}\frac{K_{15}}{m}\right] \text{(m)} \\
\phi_0 &= \frac{1}{\Delta}\left[\frac{N_y}{m\,i_y^2}(-\omega^2+\omega_{11}^2) - \frac{F_x}{m}\frac{K_{15}}{m\,i_y^2}\right] \text{(rad)} \\
\Delta &= (-\omega^2+\omega_{11}^2)(-\omega^2+\omega_{55}^2) - \frac{K_{15}^2}{mi_y^2}
\end{aligned} \tag{9.13}$$

で求められる．
重心と機械を載せた架台の下端との上下距離を h（m），最端部弾性支持点との水平距離を l（m）とすると，水平および垂直振幅はそれぞれ

$$a_y = x_0 + h\phi_0 \quad (\text{m})$$
$$a_{z\phi} = l\,\phi_0 \quad (\text{m}) \tag{9.14}$$

となり，総合上下床振幅は
$$x_f = x_2 (\text{式 } 9.8) + a_{z\phi}\frac{K}{K+Z_f} \quad (\text{m}) \tag{9.15}$$

となる．
ここで機械の振幅 x_1 は，第 8 章式 (8.53) に示したように床の振幅 x_2 から

$$x_1 = \left(1 + \frac{Z_f}{K}\right) x_2 \quad (\text{m}) \tag{9.16}$$

となるので，総合の機械振幅は
$$x_m = x_1 + a_{z\phi} \quad (\text{m}) \tag{9.17}$$

となる．

(21) 機械架台および機械設置床の許容変位振幅（速度振幅，加速度振幅）との整合性を判断する（第 **2** 章，第 **15** 章参照）．

(22) 機械架台の振幅が許容値を越えるときは，防振される系の質量 (m) または慣性モーメント $(m\,i^2)$ を増すようにする．

(23) 予備設計で検討はしたが，機械設置床・梁の振動が許容値を越えるときは，さらに床・梁の剛性の増加，防振支持固有振動数の低減を検討する．また，予備設計の (9) で述べたことであるが，経済的には機械設置予定場所の移動による許容振動の緩和，あるいは振動の少ない別タイプの機器を選定し直すなども検討すべきである．

9.1　加振力を有する機械の防振設計の手順 / 105

表 9.1　実務的防振設計手順フロー

予備設計
- 防振対象機械・架台等の質量確認
  上下方向加振動数の確認
- 加振力の算定
- 機械設置予定の床版・梁等の動剛性の算定
- 機械設置予定の床版・梁等の振動振幅の算定
- 所要対策量の算定
  （所要伝達加振力の算定）　← 機械設置予定床版・梁等の許容振幅
- 加振主方向（上下）防振の固有振動数の算定
- 防振後の伝達加振力の算定
  （機械振幅×ばね力）
- 防振後の伝達加振力と所要伝達加振力の比較
  No → （ループして動剛性の算定へ戻る）
  Yes ↓

詳細設計
- 機械の重心位置慣性モーメント等の算定
- 防振材の配置設計
- 防振材と床・梁等の総合動剛性の算定 → 機械設置予定の床版・梁の振動振幅の算定 → 振動振幅の詳細算定結果と許容振幅の比較
  No → （機械の重心位置の算定へ戻る）
  Yes → 終了

9.2 機械の許容振動

(1) 変位振幅での評価

変位振幅と回転機械の振動の評価については，例えば図 9.1 のような判定図がある．

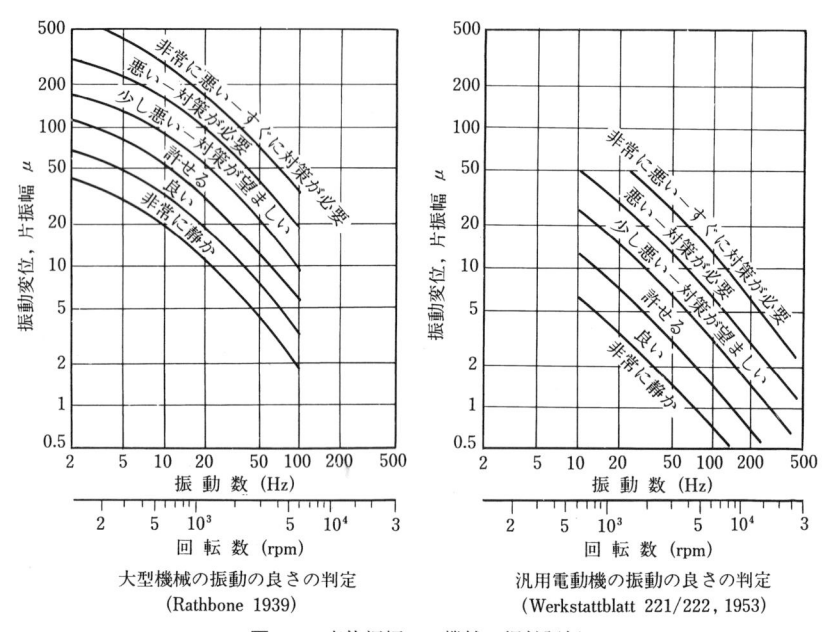

大型機械の振動の良さの判定
(Rathbone 1939)

汎用電動機の振動の良さの判定
(Werkstattblatt 221/222, 1953)

図 9.1 変位振幅での機械の据付評価

(2) 振動シビアリティでの評価

ISO 2373-1974 では，中小形電動機（軸中心高さが $80 \sim 400\,\mathrm{mm}$ の 3 相交流機および直流機）の振動シビアリティ（振動速度の実効値）による評価について，また ISO 3945-1977 では，大型回転機械（回転速度 $10 \sim 200\,\mathrm{rev/s}$）の振動シビアリティについてまとめている．

両規格とも，回転機械の軸受けにおいて軸線方向を含む直角座標軸の 3 方向で測定した振動シビアリティに対して，表 9.2 のような限界値を提案している．

防振設計に当たっては，これらの表を参考に機械の許容振幅を定めればよいと考える．

表 9.2 振動シビアリティによる機械の据付評価

(a) 推奨限界

等価等級	回転速度	機械の大きさ（軸中心高さ mm）		
		80〜132	132〜225	225〜400
	rev/min	mm/s (rms)	mm/s (rms)	mm/s (rms)
N (normal)	600〜3 600	1.8	2.8	4.5
R (reduced)	600〜1 800	0.71	1.12	1.8
	1 800〜3 600	1.12	1.8	2.8
S (special)	600〜1 800	0.45	0.71	1.12
	1 800〜3 600	0.71	1.12	1.8

(b) 品質判定（ISO 3945）

振動シビアリティ mm/s (rms)	機械の設置条件	
	剛性基礎	弾性基礎
0.46	good （よい）	good
0.71		
1.12		
1.8	satisfactory （満足）	
2.8		
4.6		satisfactory
7.1	unsatisfactory （不満足）	
11.2		unsatisfactory
18.0	impermissible （受け入れにくい）	
28.0		impermissible
71.0		

第10章

防振材料とばね定数計算法

10.1 防振ゴム

10.1.1 防振ゴムのばね定数計算法（1）

防振ゴムのばね定数は，簡単な形状のものについては計算で大体の値を求めることができる．ゴムは圧縮弾性率 (E) とせん断弾性率 (G) の間に $E = 3G$ の関係がある．また応力に対して時間的遅れがある．したがって，静的弾性率 E_{st} と動的弾性率 E_d とが，同一とならない原因となる．すなわち

$$\mu_d = \frac{E_d}{E_{st}} > 1.0 \tag{10.1}$$

となる．μ_d を動的係数と称し，ゴムの配合で変化する．

ゴムの弾性率は，負荷面の変形が拘束されるなど測定が難しいので，ゴム硬度 (°) で表す．図 10.1 にゴム硬度と弾性率の関係を示す．また図 10.2 に動的係数と硬度の関係を示す．

防振ゴムは，両面に金具を接着して使用している．そのため自由な変形が拘束された面と自由な面とを有する．そのため見かけの剛性率 E_{ap} が負荷面となる拘束面 A_L と自由面 A_F との割合を変えることにより，同一硬度すなわち同一の弾性率 E を有するゴムでも，見かけの弾性率 E_{ap} を変えることができる．

図 10.3 は，形状係数 $f = E_{ap}/E$ を形状率 $S = A_L/A_F$ との関係で示したものである．同様に図 10.4 は，$f = G_{ap}/G$ と $S = A_L/A_F$ との関係を示す．

ゴムの静的ばね定数は，上下に金具をもつ円形または長方形断面をもつような形の場合，拘束面積を A_L (cm^2)，ゴムの高さを h (cm) とすると

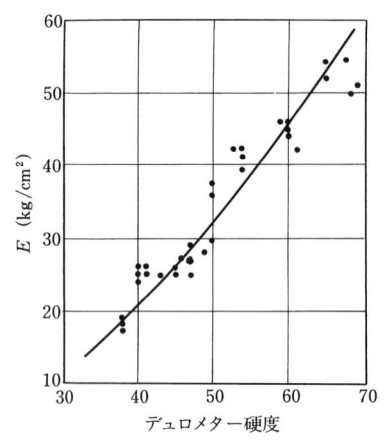

図 10.1 ゴム硬度と弾性率の関係

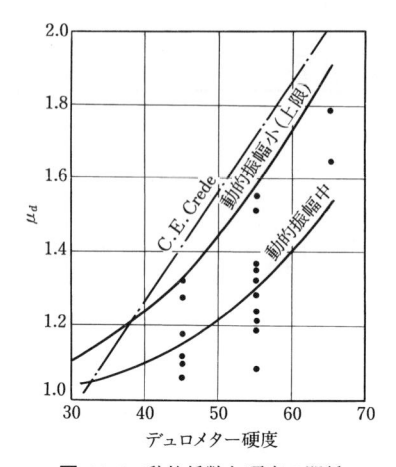

図 10.2 動的係数と硬度の関係

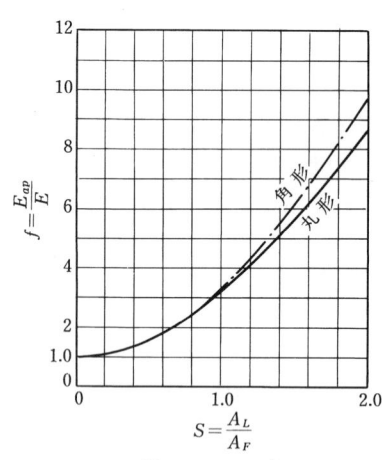

図 10.3 $f = \dfrac{E_{ap}}{E}$ と $S = \dfrac{A_L}{A_F}$ との関係

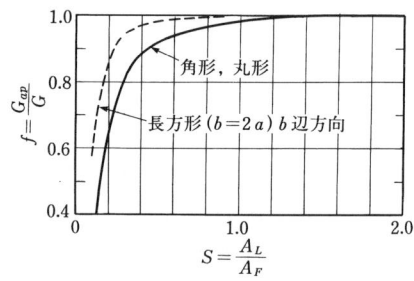

図 10.4 $f = \dfrac{G_{ap}}{G}$ と $S = \dfrac{A_L}{A_F}$ との関係

$$k_{pst} = \frac{E_{ap} A_L}{h} \ (\text{kg/cm}) \tag{10.2}$$

$$k_{qst} = \frac{G_{ap} A_L}{h} \ (\text{kg/cm}) \tag{10.3}$$

また動的ばね定数は

$$k_p = \mu_d \, k_{pst} \tag{10.4}$$

$$k_q = \mu_d \, k_{qst} \tag{10.5}$$

で表すことができる．

防振ゴムの設計には，ゴムの応力より，そのひずみ度を制限することが重要とされている．その標準は表 10.1 のようである．

表 10.1 標準的なひずみ度の制限値

荷重条件	圧縮たわみ	せん断たわみ
静荷重	< 15 %	< 25 %
動荷重	< 5 %	< 8 %

(ゴム片の設計法)

所要のばね定数の範囲が防振の目的から定まれば，それをゴム片の数で割って各ゴム片の所要ばね定数を求める．ただし，そこで得られたばね定数は，動的ばね定数であることに注意する必要がある．

ゴムの製作しやすい範囲は，硬度にして 40°〜60° とされている．

$k_{st} \cong 0.7k$ 程度に仮定して，1 個当たりの負荷に対して静的たわみが表 10.1 の範囲内に入るように，拘束面積 A_L と厚さ h を仮定する．

仮定したゴムの形状から A_F を計算し，形状係数 f を求めて，前に仮定した k_{st} から $E_{ap} = \dfrac{k_{st} h}{A_L}$ として求めた E_{ap} から E を計算し，その値がゴムの製作しやすい範囲の硬度 40°〜60° に収まるか調べる．

このように計算した E が小さく出すぎれば，ゴム片の高さを増すか，あるいは断面積を減らすか，あるいは弾性片の数を変えてやる．

ゴムの形状としては，ゴムの高さがその短辺（または直径）の 1.1 倍を越すと安定が悪くなるから，このような場合にはゴムの形状を工夫する．場合によっては，金属ばねに変更する．

10.1.2 防振ゴムのばね定数計算法 (2)

丸形防振ゴムなど簡単な形状については，計算で求めることが可能である．ここで

A_L：受圧面積 (m^2)　　A_F：自由面積 (m^2)

S：形状率　　H：ゴム高さ (m)

r：丸形ゴムの半径 (m)

μ：形状倍率

k_{pst}：圧縮ばね定数 (N/m)

k_{qst}：せん断ばね定数 (N/m)

E：圧縮弾性率（Pa $(=\mathrm{N/m^2})$）
G：せん断弾性率（Pa $(=\mathrm{N/m^2})$）
k_p：動的圧縮ばね定数（Z 方向）（N/m）
k_q：動的せん断ばね定数（Y 方向）（N/m）
k_r：動的せん断ばね定数（X 方向）（N/m）

とすれば圧縮ばね定数 k_{pst} およびせん断ばね定数 k_{qst} はそれぞれ

$$k_{pst} = \frac{A_L \mu E}{H} \tag{10.6}$$

$$k_{qst} = \frac{A_L G}{\left[1 + \dfrac{4}{9}\left(\dfrac{H}{2r}\right)^2\right] H} \tag{10.7}$$

ただし

$$A_L = \pi r^2, \quad A_F = 2\pi r H, \quad S = \frac{A_L}{A_F}, \quad \mu = 1.2 \times (1 + 1.65 S^2)$$

これより動的ばね定数は

$$k_p = k_{pst}\, d, \quad k_q = k_r = k_{qst}\, d \tag{10.8}$$

として求められる．

ここで，E および G はゴムの硬度により変わり，同じ硬度でも配合による差異があるので，硬度との正確な関連性を知ることは困難とされている．天然ゴムの場合のゴム硬度と E, G, d の関係を図 10.5 に示す．

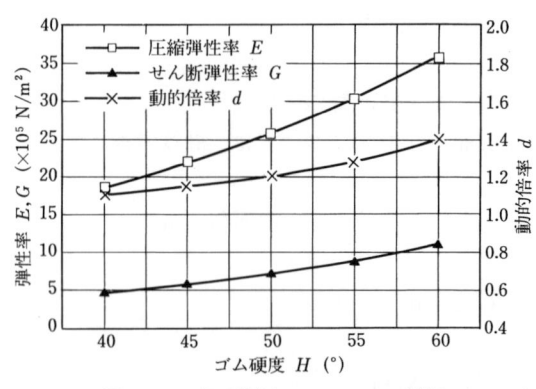

図 10.5 ゴム硬度と E, G, d の関係

防振ゴムの設計には，ゴムの応力より，そのひずみ度を制限することが重要とされている．その標準は表 10.1（再掲）に示すようである．

表 10.1 標準的なひずみ度の制限値

荷重条件	圧縮たわみ	せん断たわみ
静荷重	< 15 %	< 25 %
動荷重	< 5 %	< 8 %

なお，動荷重に対するたわみが静的たわみを超える場合は，防振ゴムに引張りが働き，耐久性に影響する．

10.2 金属ばね

10.2.1 金属ばねのばね定数設計法

金属ばねとしては，建築設備では図 10.6 のようなコイルばねが主体となる．記号を

D：コイル直径（mm）
d：線径（mm）
n：有効巻数
n'：全巻数
h_f：自由長（mm）
h_s：使用状態の長さ（mm）
P：荷重（kg）
δ_s：静的たわみ
G：コイル材料のせん断剛性率（kg/mm^2）

のように定める．

図 10.6 金属コイルばね

静的たわみは

$$\delta_s = h_f - h_s = \frac{8nD^3}{Gd^4}P \qquad (10.9)$$

したがって，圧縮ばね定数は

$$k_p = \frac{P}{\delta_s} = \frac{Dd^4}{3nD^3} \quad (\text{kg/mm})$$
$$= \frac{1\,000\,Dd^4}{8nD^3} \quad (\text{kg/m}) \qquad (10.10)$$

で与えられる．

横方向の剛性 $k_p = k_r$ に関しては，C. E. Crede によれば

$$\frac{k_q}{k_p} = \frac{2 \times 10^4 (1 - 0.6\alpha\beta^{1.5})}{G(1 + 0.8\beta^2)} \tag{10.11}$$

ここに，$\alpha = \dfrac{\delta_s}{h_s}$，$\beta = \dfrac{h_s}{D}$

ところで，コイルばねの高さがコイル直径の割に高くなると，座屈的な変形をして不安定になる．この限度は

$$\frac{k_q}{k_p} = 1.20 \frac{\delta_s}{h_s} \tag{10.12}$$

とされている．しかし，一般に安定のためには次の条件を満足するほうが良いとされている．

$$h_f < 4D \tag{10.13}$$

ばね用鋼のせん断剛性率 G および許容応力度 τ_a の値は，表 10.2，表 10.3 のように示されている．

表 10.2

線 径 d (mm)	せん断剛性率 G (kg/mm^2)
$d \geq 13$	7 500
$5.5 < d < 13$	8 000
$2 < d < 5.5$	8 400

表 10.3

線 径 d (mm)	許容応力度 τ_a (kg/mm^2)
$d \geq 13$	35〜50
$d < 13$	45〜60
特殊鋼は 20 % 増し	

10.2.2 コイルばねのサージング

建築設備機器の防振に多用される金属コイルばねには，サージング現象という共振現象を有する欠点がある．金属ばねは，材料の特性から質量が大きく，かつ内部摩擦による減衰が小さいので，ばね自身の固有振動が生ずるとされている．これはばねの共振現象であるから，この領域で振動伝達率が大きくなる．

ばね自身の固有振動数（縦振動），サージング振動数は

$$\begin{aligned} f_s &= \frac{n}{2}\sqrt{\frac{k}{m_s}} \quad \text{(Hz)} \\ n &= 1, 2, 3 \ldots \end{aligned} \tag{10.14}$$

ただし，m_s：ばねの質量（kg）
　　　　k：ばねのばね定数（N/m）

で与えられる．nはいくらでも大きくできるので，高い振動数領域で共振点がたくさん存在することになる．

文献によれば，サージング周波数について下記の式が報告されている．

$$f_s = 356\,n\,\frac{d}{N D^2} \quad (\text{Hz}) \tag{10.15}$$

ただし，d：コイルばねの線径（m）
　　　　N：コイルばねの有効巻数
　　　　D：コイルばねの中心径（m）
　　　　n：任意の正の整数

なお，上記式による計算値と実測値には，10％ほどの偏差があるとされている．

一方，実用的にはこのサージングの影響を避けるために，コイルばねの下に防振パッド等のゴムの弾性材を挿入している．

第11章

床および梁の振動特性とその推定法

　設備機器は，建築の床版あるいは梁に設置される例が多い．設備機器が，可動部分を何も持たなければ，騒音・振動が発生することはまずない．そうであれば床は，静的な荷重だけを考慮した設計で足りる．しかし通常の設備機器は，その機能上から加振力を発生する．そのため設備機器の設置に当たっては，周辺の室環境に整合した騒音・振動に納まるよう，床振動を制御する技術が要求される．

　床振動を少なくするためには
① 加振力の小さい機器の採用，
② 床への伝達力を少なくする，
③ 振動を増幅しない床構造
などの防振設計技術が要求される．

　一般に建築の床および梁構造は，伝達された力特性によっては振動を増大したり，固体音を遠方まで伝搬させたりするので，その動的な特性を実用的な手法で予測することが望まれる．

11.1　床の振動特性を見る

　図11.1に示すようなシステムで床を振動させると，図11.2のような記録が得られる．この振動を分析することによって，まず，極度に大きな振動が生じていないかどうかが評価でき，さらに，その床が振動しやすい振動数，すなわち床の固有振動数の推測ができる．この例（図11.2 c）では，10，30，75，85 Hz付近にあると考えられる．しかしこれは，外力に対する床の応答結果で

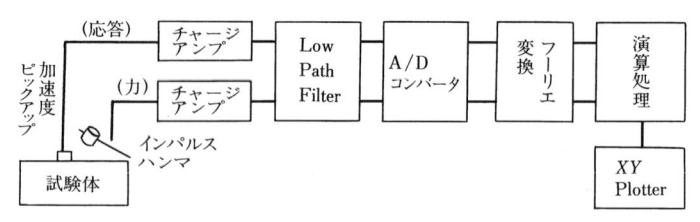

図 11.1 床の振動特性測定システム

あり,外力の特性(図11.2 a)によっては異なったものとなる.したがって,床振動の動特性を把握するためには,図11.2 (b) の床の特性(床に加えられる外力とそれに対する応答を同時に測定する…伝達関数)を測定(推定)するのがよい.

11.2 床要素の振動特性

検出器によって測定される信号(変位,速度,加速度)と加振力の関係から,伝達関数は種々の変形が考えられ,それぞれ名称をもっている.

　　変位/力 = コンプライアンス,
　　力/変位 = 動剛性
　　速度/力 = モビリティ,　　　力/速度 = 機械インピーダンス
　　加速度/力 = イナータンス,　力/加速度 = 動的質量

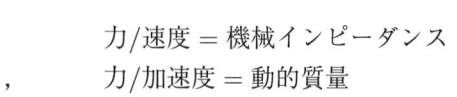

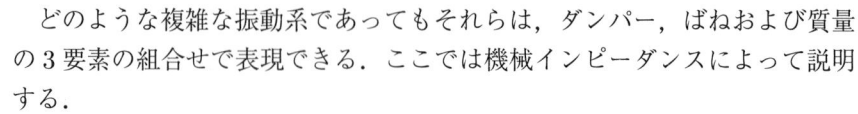

図 11.2 床の振動と伝達関数

どのような複雑な振動系であってもそれらは,ダンパー,ばねおよび質量の3要素の組合せで表現できる.ここでは機械インピーダンスによって説明する.

11.2.1 ダンパー(抵抗)

図11.3 (a) に示すダンパーの両端,A と B の間の相対速度を $V = V_A - V_B$ とする.AB間に作用する圧縮力を F,粘性減衰係数を C とすれば,$C = F/V$ の関係があるからダンパーのインピーダンスは

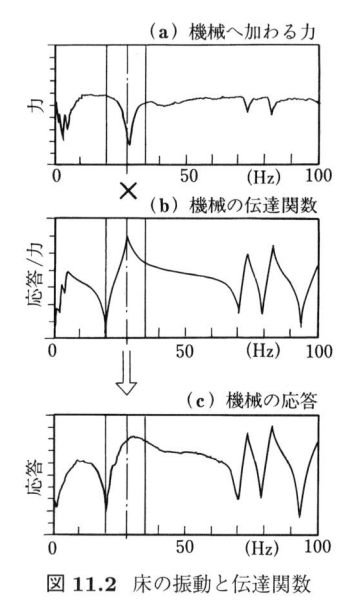

$$Z_r = C \quad (11.1)$$

である.

11.2.2 ばね

図 11.3 (b) のばねのこわさを k, 相対変位を $X = X_A - X_B$ とすれば $X = F/k$ の関係があるから, $F = F_0 e^{j\omega t}$ とすれば

$$\nu = \frac{dX}{dt} = \frac{1}{k}\frac{dF}{dt} = \frac{j\omega}{k}F_0$$

したがってばねのインピーダンスは

$$Z_k = \frac{k}{j\omega} \quad (11.2)$$

となる.

11.2.3 質量

図 11.3 (c) において, A 点の速度 V_A は質量 m の速度に等しく, また B 点は静止していると考えればよい ($V_B = 0$).

$mdV/dt = F$ の関係から

$$\nu = \frac{1}{m}\int F dt = \frac{1}{j\omega m}F_0$$

よって質量のインピーダンス Z_m は

$$Z_m = j\omega m \quad (11.3)$$

となる. ここで, $j = \sqrt{-1}$, $\omega = 2\pi f$, f は周波数である. これら 3 要素について図示すると図 11.4, 図 11.5 となり, ばねの速度は外力より 90° 進み, 質量の速度は外力より 90° 遅れとなる. さらに図 11.5 より, $|Z_r|$ は平坦, $|Z_k|$ は $-6\,\mathrm{dB/oct}$, $|Z_m|$ は $6\,\mathrm{dB/oct}$ の周波数特性をもつこともわかる.

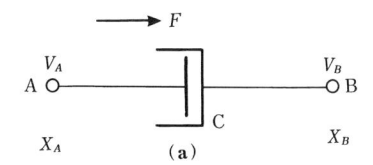

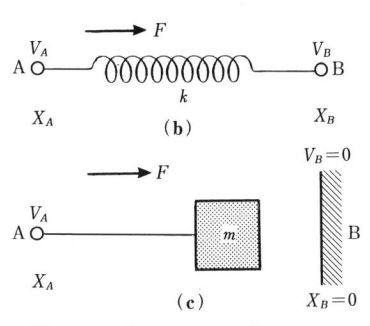

図 11.3 床要素のインピーダンス

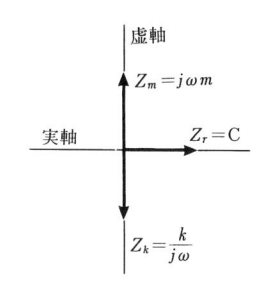

図 11.4 3 要素のインピーダンスのベクトル

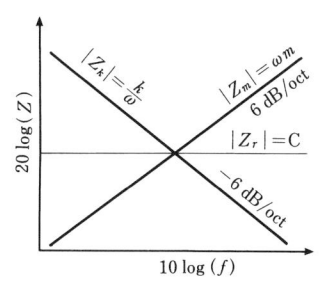

図 11.5 インピーダンス対数軸表示

11.2.4 複合系のインピーダンス

複合系のインピーダンスとして，3要素が並列に結合している場合（図 11.6）と，直列に結合している場合（図 11.7）の例を示す．

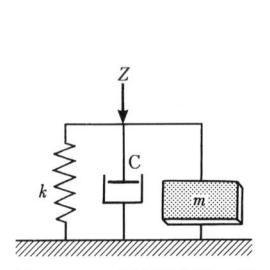

図 11.6 3要素が並列の系

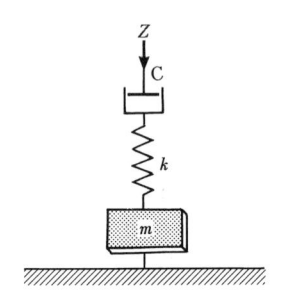

図 11.7 3要素が直列の系

図 11.6 におけるインピーダンス Z は，

$$Z = c + j\omega m + \frac{k}{j\omega}$$

$$|Z| = \sqrt{c^2 + \left(\omega m - \frac{k}{\omega}\right)^2}, \quad \phi = A\tan\left(\frac{\omega m - \dfrac{k}{\omega}}{c}\right) \tag{11.4}$$

で表され，並列共振と呼ばれる．図 11.8 にその周波数特性の傾向を示す．

図 11.7 のインピーダンスは

$$Z = \frac{1}{\dfrac{1}{c} + j\left(\dfrac{\omega}{k} - \dfrac{1}{\omega m}\right)}$$

$$|Z| = \sqrt{\frac{1}{\dfrac{1}{c^2} + \left(\dfrac{\omega}{k} - \dfrac{1}{\omega m}\right)^2}}, \quad \phi = A\tan\left(\frac{\dfrac{\omega}{k} - \dfrac{1}{\omega m}}{\dfrac{1}{c}}\right) \tag{11.5}$$

で表され，直列共振と呼ばれる．図 11.9 にその周波数特性の傾向を示す．

以上をまとめてみると

① インピーダンス曲線の傾きが $+6\,\mathrm{dB/oct}$ を示す周波数領域では，質量主体で働いている．

② $-6\,\mathrm{dB/oct}$ の範囲では，ばね主体である．

③ インピーダンスが極大となる周波数で，その振動系は直列共振しており，速度は極小となる．

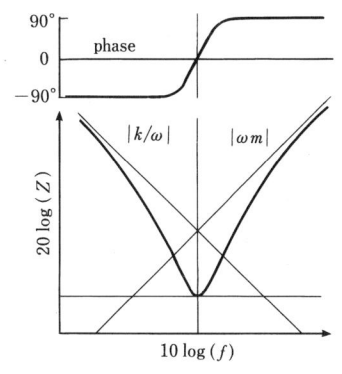

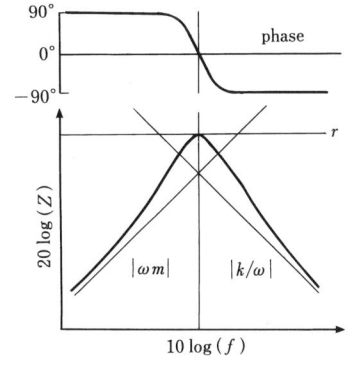

図 11.8 図 11.6 のインピーダンスと位相   **図 11.9** 図 11.7 のインピーダンスと位相

④ 極小となる点では並列共振しており，速度は極大となる．
⑤ 共振周波数を通過すると力と速度の位相は逆転する．

11.3 床振動予測と動剛性，機械インピーダンス，動質量の関係

　加振力特性の明確な振源が，床に直置きされた場合，床振動の大きさは，機器設置複数点の駆動点インピーダンスと，その各点から評価点までの伝達インピーダンスが得られれば，予測することができる．しかし実務的には面倒である．そこで，機器周辺の評価測定点での駆動点インピーダンスと，複数点に作用する加振力を合成し一点加振と見なし，評価点に直接作用するとした簡易法が，実測値と対応性がよければ実務家向きである．
　図 11.10 は，実測した加振力と床の実測駆動点インピーダンスを用いて，床振動を予測した結果を示す．
　予測式は

$$L_A = L_F - 10 \log_{10} \left(\frac{Z_{fv}}{\omega} \right)^2 \tag{11.6}$$

ここに，L_A：床の振動加速度レベル（dB）（$0\,\mathrm{dB} = 10^{-5}\,\mathrm{m/s^2}$）
　　　　L_F：加振力レベル（dB）（$1\,\mathrm{N} = 100\,\mathrm{dB}$）
　　　　Z_{fv}：床の駆動点インピーダンス（N·s/m）
　　　　$\omega = 2\pi f$：角速度（rad/s）

加振力の評価が妥当で，かつ，床の駆動点インピーダンスが得られれば，実用性の高い床振動予測が可能であることを示している．

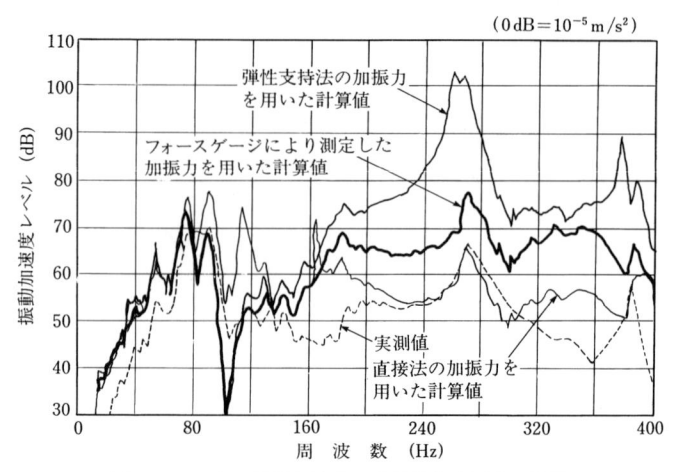

図 11.10 床の振動加速度の計算値と実測値の比較
(床の駆動点インピーダンスは実測)

式 (11.6) は，周波数応答関数である 力/加速度 = 動的質量 の関係から得られる．ただし，床の機械インピーダンス (Z_f) に比べ，一般に建築設備機械の質量の機械インピーダンス ($m\omega$) は小さいので，省略されている．

式 (11.4) では，質量 (m)・ダンパー (c)・ばね (k) の並列インピーダンス値を示しているが，質量・ダンパー・ばねの並列素子についての動剛性・機械インピーダンス・動的質量の相互関係については，角振動数 ω の関数として

動剛性は
$$\frac{F}{x} = |Z_d| = \sqrt{(c\omega)^2 + (k - m\omega^2)^2} \tag{11.7}$$

機械インピーダンスは
$$\frac{F}{v} = |Z_v| = \sqrt{c^2 + \left(\frac{k}{\omega} - m\omega\right)^2} \tag{11.8}$$

動的質量は
$$\frac{F}{a} = |Z_a| = \sqrt{\left(\frac{c}{\omega}\right)^2 + \left(\frac{k}{\omega^2} - m\right)^2} \tag{11.9}$$

のように表せる．ここに，F：力，x：変位，v：速度，a：加速度．

したがって床振動の予測は，床に加わる力 (F) と床の動剛性・機械インピーダンス・動的質量などが推定できれば可能であることが示唆される．

11.4 床の駆動点インピーダンスの推定法

床の駆動点インピーダンスの推定手法について，実用法（簡便法，略算法）を示す．

11.4.1 無限大スラブの駆動点インピーダンスと 1 次固有振動数による法（簡便法）

有限床スラブの駆動点インピーダンスを測定すると，図 11.11 に示すような共振点および反共振点が存在する．特に 1 次固有振動数付近では，共振によってインピーダンスが大きく低下し振動しやすくなる．長方形スラブの 1 次固有振動数は，スラブの境界条件が周辺固定であると式 (11.10)，単純支持であると式 (11.11) で表される．

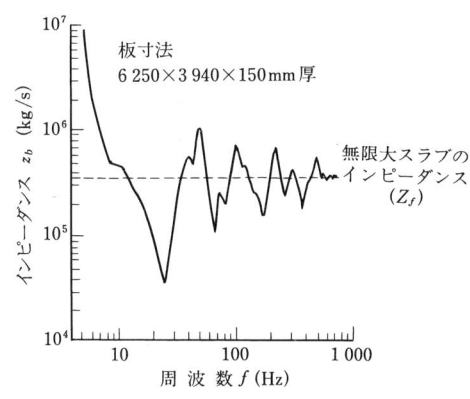

図 11.11 床のインピーダンス測定例

$$f_0 = \frac{3}{4\sqrt{3}}\left(\frac{2.25}{a^2} + \frac{1.4}{b^2}\right)c_L \cdot h \tag{11.10}$$

$$f_0 = \frac{3}{4\sqrt{3}}\left(\frac{1}{a^2} + \frac{1}{b^2}\right)c_L \cdot h \tag{11.11}$$

ここに，a：スラブの短辺方向の長さ (m)，b：スラブの長辺方向の長さ (m)．

図 11.11 において，共振・反共振を繰り返したインピーダンス特性は，周波数の増大に伴い無限大スラブのインピーダンス Z_f に収束することが示されている．

均質無限大スラブの曲げ波に対する駆動点インピーダンスは

$$Z_{fv} = 8\sqrt{BM} \approx 2.3\rho C_L h^2 \tag{11.12}$$

ここに，B：スラブの曲げ剛性 (N·m)，$B = Eh^3/12$
E：ヤング率 (N/m^2)
M：スラブの面密度 (kg/m^2)

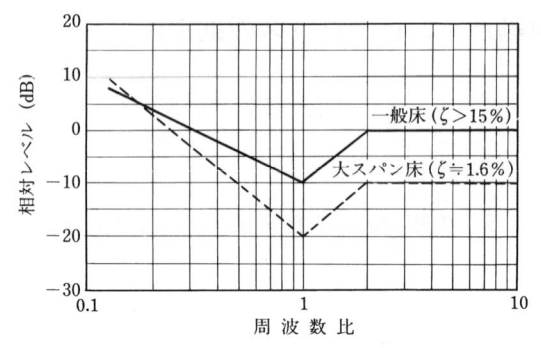

図 11.12 床版のインピーダンス特性の補正

ρ：スラブ材の密度（kg/m³）
C_L：スラブ材中の縦波速度（m/s）, $C_L = \sqrt{E/\rho}$
h：スラブ厚さ（m）

で表される．ここで，Z_{fv} を dB 表現したものをインピーダンスレベルといい，基準インピーダンスを 1（N·s/m）としたときのインピーダンスレベルは，

$$L_z = 20\log_{10}\rho C_L + 40\log_{10} h + 7 \tag{11.13}$$

で表される．これに1次固有振動数を基にしたインピーダンス補正（図11.12）を行うことによって，対象スラブのインピーダンスレベルを求めることができる．この方法は，日本建築学会発行図書や一部の防振コンサルタントが活用している簡易手法である．

11.4.2 スラブの固有角振動数とその等価質量，等価ばねから計算する法（略算法）

この計算法を用いると，スラブの高次の固有振動数の影響が，推定機械インピーダンス特性として表現できる．11.4.1項の簡易法では，図11.11に示すような1次の固有振動数以外の高次固有振動数の影響が，十分に反映されず，結果として高次の振動影響を過小評価する傾向になる．

(1) スラブの固有角振動数

長方形スラブの固有角振動数は

$$\omega_{mn} = \frac{\lambda_{mn}}{a^2}\sqrt{\frac{Et^2}{12(1-\nu^2)\rho}} \tag{11.14}$$

ここに，λ_{mn}：スラブの支持条件，辺長比で決まる係数，
   a：短辺長 (m)，
   E：スラブ材のヤング率 (N/m^2)，
   t：スラブ厚 (m)，
   ν：スラブ材のポアソン比，
   β：スラブの密度 (kg/m^3)

(2) mn 次の固有角振動数に対する等価質量，等価ばね定数

mn 次の固有角振動数に対応するスラブのモードは，図 11.13 の節線で分割された各部分が，その基本モードで振動しているものと見ることができる．

この仮定からスラブの mn 次の等価質量 (M_e)，等価ばね定数 (K_e) は

$$M_e = q\rho t a' b'$$
$$K_e = \frac{E t^3}{12(1-\nu^2)ka'^2}$$
(11.15)

ここで，a', b'：mn 分割部分の辺の長さ (m)，q：スラブの境界条件，辺長比により図 11.14 から求める．k：長方形スラブの辺長比 b'/a' で定まる係数．図 11.15 から求める

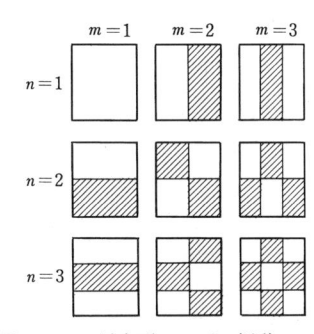

図 **11.13** 長方形スラブの振動モード

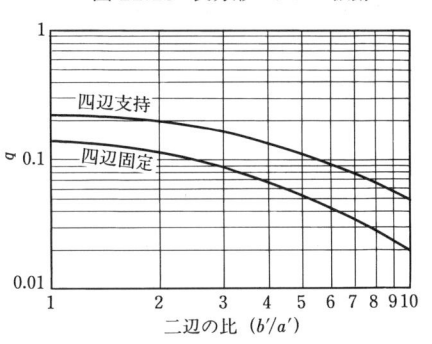

図 **11.14** 等価質量を求める補正値 (q)

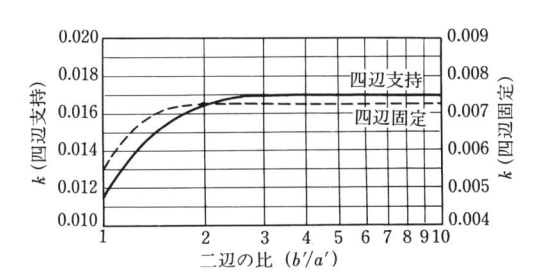

図 **11.15** 等価ばねを求める補正値 (k)

したがって，式 (11.14) は

$$\omega_{mn} = \sqrt{\frac{K_e}{M_e}} \tag{11.16}$$

と等価となる．

スラブ全体の等価質量 (M_0)，等価ばね定数 (K_0) は，mn 次の M_e, K_e の値を並列に作用すると仮定して，mn 倍して求める．

(3) スラブの駆動点インピーダンスの算定

スラブの等価質量 (M_0)，等価ばね定数 (K_0)，推定減衰比 (ζ) を用いて，スラブの駆動点インピーダンス (Z_f) については，3要素が並列に結合しているとして下記の式で推定する．

$$|Z_{fv}| = \sqrt{\left[\left(\frac{K_0}{\omega}\right) - \omega M_0\right]^2 + 4\zeta^2 M_0 K_0} \tag{11.17}$$

ここで，$4\zeta^2 M_0 K_0 = C^2$

11.3 節で述べた動剛性，動的質量についても同様に求められる．

図 11.16 は，実測値と簡易法および略算法での床のインピーダンス値について比較したもので，略算法が 1 次固有振動数以上の高次についても，相対的に実測値に即したインピーダンス値を示していることがわかる．

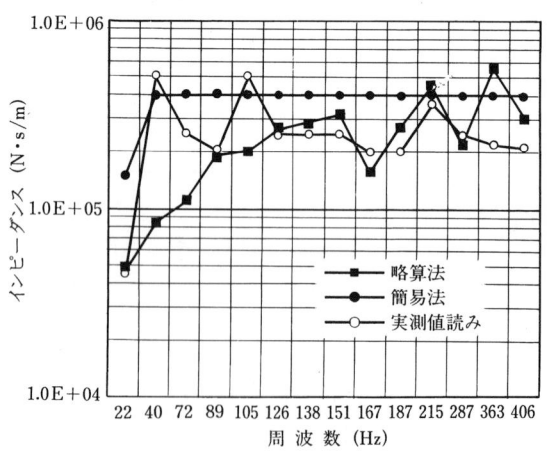

図 11.16 床版のインピーダンス実測値と推定値の比較

11.5 床の駆動点動剛性の推定法

振動計算では，変位を主体とした振動方程式の表現が多い．すなわち変位を x で表現すれば
　質量の慣性力：$F_m = -m\ddot{x}$,
　ばねの復元力：$F_k = -kx$,
　粘性抵抗力：$F_c = -c\dot{x}$
などである．

先に無限大床版の機械インピーダンスが，式 (11.12) で表現できることを示した．また，有限大床版の機械インピーダンスの推定法については，**11.4.1**，**11.4.2** 項で説明した．動剛性の推定法もそれに沿っている．

11.5.1 無限大床版の機械インピーダンスから換算する法（簡便法）

無限大床版の機械インピーダンスを計算し，動剛性評価へと換算する手法である．

(1) 無限大床版の機械インピーダンス (Z_{fv}) を求める．
(2) 与えられた有限大床版の固有振動数 (f_0) を求める．
(3) (1) で求めた Z_{fv} に床版の固有振動数 (f_0) の角振動数 ($\omega = 2\pi f_0$) を乗じ，床版の固有振動数での無補正動剛性値を求める．
(4) (3) で得た値に，一般床は 0.316，大スパン床は 0.1 を乗じ，基準化周波数 $f/f_0 = 1$（f：加振振動数，f_0：床版の固有振動数）での推定動剛性値を得る．
(5) 床版の固有振動数以外の動剛性値は，図 11.17 の基準化周波数に対応する補正値を (4) で得た値に乗ずることで求める．

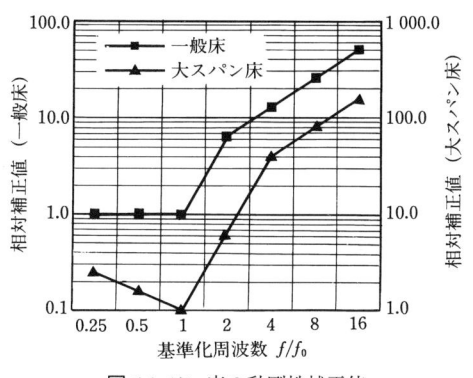

図 11.17 床の動剛性補正値

11.5.2 等価質量・等価ばねの推定法から床の動剛性を評価する法 (略算法)

(1) 機械インピーダンスの値から計算する法

式 (11.17) で求めた角振動数 ω での機械インピーダンスの値を，動剛性評価値へと変換するためには，角振動数 ω での機械インピーダンスの値にさらに角振動数 ω を乗ずることによって得られる．

$$|Z_{fd}| = \sqrt{\left[\left(\frac{K_0}{\omega}\right) - \omega M_0\right]^2 + 4\zeta^2 M_0 K_0} \times \omega \quad (11.18)$$
$$= \sqrt{4\zeta^2 M_0 K_0 \omega^2 + (K_0 - M_0 \omega^2)^2}$$

として求められる．

(2) 直接動剛性を計算する法

動剛性，機械インピーダンス，動質量の間には角振動数 ω を介して相互に関連がある．したがって等価質量 (M_0)，等価ばね (K_0) を用いて直接計算できる．すなわち，直接，式 (11.18) を計算すればよい．

$$|Z_{fd}| = \sqrt{4\zeta^2 M_0 K_0 \omega^2 + (K_0 - M_0 \omega^2)^2}$$

ここで，$4\zeta^2 M_0 K_0 = C^2$，$\zeta = C/C_c$，C_c：臨界減衰係数．

11.6 梁の動剛性の推定

建築設備は，一般に床に設置される．しかし屋上階では，梁に設置される例がある．また，小型送風機や配管・ダクト類は，上階スラブあるいは大梁に架け渡した小梁等から吊り下げ設置される．梁は，床に比べ曲げ剛性が小さいので，機械・ダクト類の加振力で振動しやすい傾向にある．そのため，梁の動的な振動特性を予測し，防振支持部材として支障ないことを確認する必要がある．

11.6.1 梁のたわみ振動の式と動剛性

梁のたわみ式等については，専門書に記述されている．一般にある点 (x_0) に加振力 $Fe^{j\omega t}$ が作用する場合，その点の変位は次式で示される．

$$y = Fe^{j\omega t} \sum_{i=1}^{\infty} \frac{u_i(x)}{k_i} \frac{1}{1 - \dfrac{\omega^2}{\omega_{0i}^2}} \quad (11.19)$$

したがって動剛性は

$$\frac{1}{Z_b} = \frac{y}{Fe^{j\omega t}} = \sum_{i=1}^{\infty} \frac{u_i(x)}{k_i} \frac{1}{1 - \frac{\omega^2}{\omega_{0i}^2}} = \sum_{i=1}^{\infty} \frac{u_i(x)}{m_i \omega_{0i}^2} \frac{1}{1 - \frac{\omega^2}{\omega_{0i}^2}} \quad (11.20)$$

で与えられる．ここで，$u_i(x)$ は，梁の曲げ振動の第 i 次基準振動のモードの形，ω_{0i} は i 次の固有角振動数，k_i および m_i はその基準ばね定数と質量である．

上記式に示される ω_{0i}, k_i, m_i は，$ui(x)$ を与えることにより次式で求められる．

$$\omega_{0i}^2 = \frac{k_i}{m_i}$$
$$k_i = EI \int_0^l \left(\frac{d^2 u_i}{dx^2}\right)^2 dx \quad (11.21)$$
$$m_i = m \int_0^l u_i^2 dx$$

ここで，EI は梁の曲げ剛性，m は梁の単位長さの質量である．

11.6.2 両端単純支持梁の動剛性の推定

長さ l の両端単純支持梁上の $x = l_1$ の点に，$F_0 \cos \omega t$ の加振力が作用した場合，x 点の変位は

$$y = 2F_0 \cos \omega t \sum_{i=1}^{\infty} \frac{1}{m_i \omega_{0i}^2} \frac{1}{1 - \frac{\omega^2}{\omega_{0i}^2}} \sin \frac{i\pi l_1}{l} \sin \frac{i\pi x}{l} \quad (11.22)$$

で表される．したがって動剛性 (Z_b) は

$$\begin{aligned}\frac{1}{Z_b} &= 2 \sum_{i=1}^{\infty} \frac{1}{k_i} \frac{1}{1 - \frac{\omega^2}{\omega_{0i}^2}} \sin \frac{i\pi l_1}{l} \sin \frac{i\pi x}{l} \\ &= 2 \sum_{i=1}^{\infty} \frac{1}{m_i \omega_{0i}^2} \frac{1}{1 - \frac{\omega^2}{\omega_{0i}^2}} \sin \frac{i\pi l_1}{l} \sin \frac{i\pi x}{l} \\ &= \frac{2}{\frac{\pi^4}{l^3} EI} \sum_{i=1}^{\infty} \frac{1}{i^4} \frac{1}{1 - \frac{\omega^2}{\omega_{0i}^2}} \sin \frac{i\pi l_1}{l} \sin \frac{i\pi x}{l}\end{aligned} \quad (11.23)$$

として求められる．

ここで，基準質量とばね定数を求めてみる．
長さ l の両端単純支持梁の基準振動の振動形は

$$X_v = \sin\left(v\pi \frac{x}{l}\right) \tag{11.24}$$

で表されるので

$$m_i = m \int_0^l \left(\sin\frac{v\pi x}{l}\right)^2 dx = \frac{m}{2}\left[\int_0^l dx - \int_0^l \cos\left(\frac{2v\pi x}{l}\right)dx\right]$$

$$= \frac{m}{2}\left[x - \frac{\sin\left(\frac{2v\pi x}{l}\right)}{\frac{2v\pi}{l}}\right]_0^l = \frac{m}{2}\left[(l-0)-\left(\frac{0}{\frac{2v\pi}{l}}-\frac{0}{\frac{2v\pi}{l}}\right)\right]$$

$$= \frac{ml}{2}$$

ここに，

$$\sin\left(\frac{\pi x}{l}\right)^2 = \frac{1}{2}\left[1 - \cos\left(\frac{2\pi x}{l}\right)\right] \tag{11.25}$$

したがって，基準質量としては，梁の全質量の 50 % であり，これは振動形の次数（v）に関係ないことになる．

ばね定数については

$$k_i = EI \int_0^l \left(\frac{d^2 u_i}{dx^2}\right)^2 dx \tag{11.26}$$

から

$$\frac{du_i}{dx} = \frac{d\left(\sin\frac{v\pi x}{l}\right)}{dx} = \frac{v\pi}{l}\cos\left(\frac{v\pi x}{l}\right)$$

$$\frac{d^2 u_i}{dx^2} = \frac{\frac{v\pi}{l}\cos\left(\frac{v\pi x}{l}\right)}{dx} = -\left(\frac{v\pi}{l}\right)^2 \sin\left(\frac{v\pi x}{l}\right) \tag{11.27}$$

となるので

$$k_i = EI \int_0^l \left[-\left(\frac{v\pi}{l}\right)^2 \sin\left(\frac{v\pi x}{l}\right)\right]^2 dx = EI\left(\frac{v\pi}{l}\right)^4 \int_0^l \sin^2\left(\frac{v\pi x}{l}\right)dx$$

$$= EI\left(\frac{v\pi}{l}\right)^4 \frac{1}{2}\left[\int_0^l dx - \int_0^l \cos\left(\frac{2v\pi x}{l}\right)dx\right]$$

$$= EI\left(\frac{v\pi}{l}\right)^4 \frac{1}{2}\left[x - \frac{\sin\left(\frac{2v\pi x}{l}\right)}{\frac{2v\pi}{l}}\right]_0^l$$

$$= EI\left(\frac{v\pi}{l}\right)^4 \frac{1}{2}\left[(l-0) - \left(\frac{0}{\frac{2v\pi}{l}} - \frac{0}{\frac{2v\pi}{l}}\right)\right] = \frac{48.7\,EI \times v^4}{l^3} \quad (11.28)$$

となる．したがって，i の次数とばね定数の関係は，1 次のばね定数に対して v^4 倍となる．すなわち

$$1\,次：\quad \frac{48.7\,EI\,1^4}{l^3} = \frac{48.7\,EI}{l^3} \quad (11.29)$$

$$2\,次：\quad \frac{48.7\,EI\,2^4}{l^3} = 16 \times \frac{48.7\,EI}{l^3} \quad (11.30)$$

$$3\,次：\quad \frac{48.7\,EI\,3^4}{l^3} = 81 \times \frac{48.7\,EI}{l^3} \quad (11.31)$$

となる．
　以上のことから両端単純支持梁の固有角振動数は

$$1\,次：\quad \omega_{01} = \sqrt{\frac{\frac{48.7\,EI}{l^3}}{\frac{ml}{2}}} = \sqrt{\frac{97.4\,EI}{ml^4}} = \left(\frac{\pi}{l}\right)^2\sqrt{\frac{EI}{m}} \quad (11.32)$$

$$2\,次：\quad \omega_{02} = \sqrt{\frac{\frac{48.7\,EI \times 2^4}{l^3}}{\frac{ml}{2}}} = 4\sqrt{\frac{97.4\,EI}{ml^4}} = 4\left(\frac{\pi}{l}\right)^2\sqrt{\frac{EI}{m}} \quad (11.33)$$

$$3\,次：\quad \omega_{03} = \sqrt{\frac{\frac{48.7\,EI \times 3^4}{l^3}}{\frac{ml}{2}}} = 9\sqrt{\frac{97.4\,EI}{ml^4}} = 9\left(\frac{\pi}{l}\right)^2\sqrt{\frac{EI}{m}} \quad (11.34)$$

となる．
　ここで具体的な梁のデータを与え，動剛性を求めてみる．
　　I 形鋼：$(H)\ 100\,\text{mm} \times (B)\ 75\,\text{mm}$

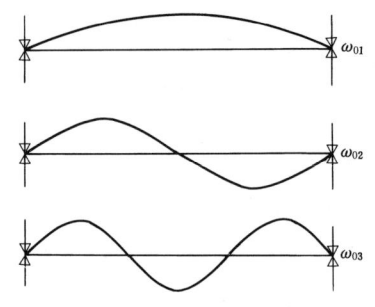

図 11.18 梁の曲げ振動,両端支持の場合

単位質量：12.9 kg/m, 長さ：$l = 3$ m
断面二次モーメント：$I = 281 \times 10^{-8}$ m^4
ヤング率：$E = 2.1 \times 10^{11}$ N/m^2

加振点および動剛性の評価点は梁の中央とする．また加振周波数は 15 Hz とする．

$$k_1 = \frac{48.7 \times 2.1 \times 10^{11} \times 281 \times 10^{-8}}{3^3} = 1.06 \times 10^6 \text{ N/m}$$

$$m = \frac{12.9 \times 3}{2} = 19.35 \text{ kg}$$

$$\omega_{01}^2 = \frac{1.06 \times 10^6}{19.35} = 5.47 \times 10^4 \text{ rad}^2 \qquad \therefore f_{01} = 37.3 \text{ Hz}$$

このことから

$$\frac{1}{Z_b} = \frac{2}{\frac{\pi^4}{3^3} \times 2.1 \times 10^{11} \times 281 \times 10^{-8}} \left[\frac{1}{1 - \frac{(2\pi \times 15)^2}{5.47 \times 10^4}} \sin\left(\frac{\pi}{2}\right) \right.$$
$$+ \frac{1}{2^4} \frac{1}{1 - \frac{(2\pi \times 15)^2}{5.47 \times 10^4 \times 16}} \sin \pi$$
$$\left. + \frac{1}{3^4} \frac{1}{1 - \frac{(2\pi \times 15)^2}{5.47 \times 10^4 \times 81}} \sin\left(\frac{3\pi}{2}\right) + \cdots \cdots \right]$$

$$= \frac{1}{1.06 \times 10^6} \times \frac{1}{0.84}$$

$$\therefore Z_b = 8.9 \times 10^5 \,\mathrm{N/m}$$

上記計算式から，両端単純支持の梁の動剛性は，[　]内の第1項で定まる．このことから梁の第1次の固有振動数は，加振振動数より十分高い値となるように配慮することが必要である．

以上の経過を踏まえて，長さlの両端支持梁の中央を角速度ωで加振，中央点の動剛性は，より簡便な推定方法として，第1次のばね定数(k_1)と梁の有効質量(m_1)を求めれば

$$Z_b = k_1 - m_1 \omega^2 = \frac{48.7\,EI}{l^3} - \frac{m_1 l \omega^2}{2}$$

となり，前記例の数値を代入して

$$Z_b = \frac{48.7 \times 2.1 \times 10^{11} \times 281 \times 10^{-8}}{3^3} - \frac{12.9 \times 3 \times (2\pi \times 15)^2}{2}$$
$$= 1.06 \times 10^6 - 0.17 \times 10^6 = 8.9 \times 10^5 \,\mathrm{N/m}$$

と推定できる．

（補足）
　ここで，梁の1次固有振動数と加振振動数が一致した場合は共振となるが，それを過ぎると上記値は負となる．これは位相が反転することであり，動剛性としてはその絶対値を採用すればよい．
　加振振動数が，梁の高次固有振動数の領域になった場合には，上記略算式のばね定数をその次数の値に変更する．

第12章

建築設備機器の加振力測定法

　設備機械は，運転機構に応じて加振力を発生する．この加振力は，本体，設置床，配管等を振動させ，周辺施設の嫌振機器などで振動障害を起こすばかりでなく，構造物に伝達された振動は，いわゆる固体音として，しばしば居住性を損なう騒音問題の原因となっている．

　一般に騒音対策では，音源のエネルギーの大きさと周波数特性を知る音響パワーの測定が，対象とする部屋の許容騒音量に見合う定量的対策を施すための基本となる．振動対策においても，定量的な予測と合理的な防振設計を行うためには，騒音対策と同じように設備機械の加振力の大きさと周波数特性を知る必要がある．

　しかし設備機器の発生する加振力の大きさについての資料は，現在のところほとんど公表されていない．それは測定法が，標準化されていないことも理由の1つと考えられる．また，加振力データの測定は，直交3軸方向の成分と3軸回りのモーメント成分など，音響パワーの測定に比べて難しいこともある．しかし最近は，音響的に厳しい建築物や微振動を嫌う精密工場の建設など，定量的防振計算を必要とする機会が増大している．そのため，設備機器の加振力データ入手のニーズと，測定法標準化の要請の度合いが非常に高まっている．

　この章では，このような背景を踏まえ，日本建築学会環境工学委員会の提案（1997.3）の概要を主体に，筆者らが行った送風機での実験研究例を加味して，「建築設備機器の加振力測定法」について述べる．

12.1 直接法による加振力の測定法

直接法は，図 12.1 に示すように，機器の支持部に力変換器を設置して加振力を直接測定し，各支持点で得られた値を合成することにより機器加振力を求める方法である．

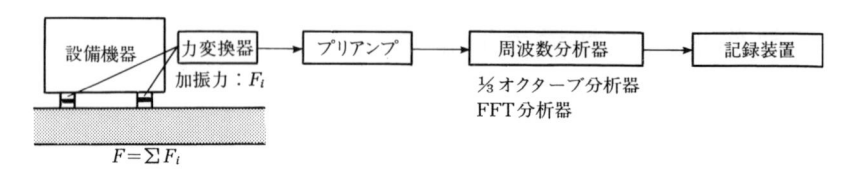

図 12.1 直接法の測定概念図

12.1.1 測定条件
(1) 機器設置床および剛性

機器設置床は，本来完全に剛な床が要求される（筆者の基礎実験では，床厚 1 m の実大構造実験棟の反力床を用いた）．しかし，力変換器の支持点での機器質量から計算されるインピーダンス $|j\omega M|$（ω：角振動数，M：力変換器支持点での機器の質量）よりも 3.3 倍（10 dB）以上大きければ支障はない．

なお各測定法に共通するが，機器を運転しないときの測定値は，機器を運転したときの測定値よりも 10 dB 以上小さいこと（S/N 比）が望ましい．

(2) 機器の設置方法

原則として機器は，すべての支持点に力変換器を介してボルト等で床に剛設置する．力変換器には均等に荷重が掛かるように配置する（偏荷重になると個々の力変換器の共振周波数が異なり，測定誤差の原因となる）．

(3) 配管およびダクトの接続

機器にはダクトおよび配管を接続することを原則とし，その接続条件を明記する．ただし，機器本体とは別に，配管やダクト部分で発生する加振力が影響しないように，フレキシブルジョイントやキャンバス等を用いて絶縁を考慮する．

12.1.2 運転状態

測定は原則として定格運転状態で行う．

12.1.3 測定器

通常は，図 12.1 に示すような力変換器，プリアンプ，周波数分析器，記録装置等で構成する．

（1）力変換器

力変換器は，測定対象周波数範囲外に共振周波数を有するものを選定する．また，力変換器自体のスティフネスと，その負荷となる機器の質量とによる共振周波数は，測定対象周波数の上限の 2 倍以上になるよう力変換器を選定する（これは共振を避け，力変換器の平坦感度特性の領域で，精度よく加振力を測定するためである）．

12.1.4 測定方法

（1）測定周波数

測定周波数範囲は，原則として 1/3 オクターブバンド中心周波数で 3.15 Hz から 630 Hz とする．

（2）レベルの読みとり

変動状況にもよるが少なくとも 30 秒間のエネルギー平均値 (L_j) を求める．

12.1.5 加振力レベルの算出方法

機器の加振力レベル (L_F) は，各測定点の測定値のエネルギー合成として，次式によって求める．

$$L_F = 10 \log_{10} \left(\sum 10^{L_j/10} \right) \tag{12.1}$$

ここに，L_j：j 番目の測定点における加振力エネルギー平均レベル（dB）．

12.2 置換法による設備機器の加振力測定法

図 12.2 に示すように，既知の加振力 F' を生じる加振源により設置部で発生する振動速度 V' と，測定対象とする設備機器稼働時の設置部での振動速度 V の関係を置換して，測定対象の加振力 F を求める方法である．

12.2.1 測定条件

（1）測定場所

現場における測定の場合，測定場所は原則として規定できないが，場所の

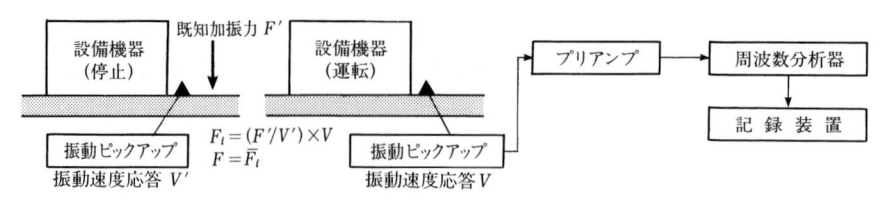

図 **12.2** 置換法の測定概念図

仕様（設置床，設置位置など）は明記する．

実験室における測定の場合，機器の重心と設置床の中心は一致させず，機器設置床の長辺，短辺方向ともに 500 mm 以上ずらして機器を設置するなどの配慮をする（これは床の振動モードの影響を避ける等，特異点の測定としないためである）．

(2) 機器の設置方法

現場における測定の場合，設置の方法は原則として規定できないので，設置条件を明記する．実験室における測定の場合には，現場の実状に見合う代表例として

① ベタ置き―― 機器設置床に石膏を塗布して機器を設置し，機器と設置床との間にすき間をなくした条件で測定する．

② 点支持―― 防振支持を仮定した場合に相当し，支持部位にナット，ワッシャ等を挿入して，点支持として測定する．

(3) 配管およびダクト等の接続

直接法に準ずる．

(4) 運転条件

原則として定格運転で実施する．

12.2.2 測定器

原則として測定系は図 12.3 に示すように，加振器，力変換器，振動ピックアップ，チャージ増幅器周波数分析器等で構成する．

12.2.3 振動加速度レベル，駆動点インピーダンスの測定

(1) 測定点

測定点は，次に示す数とする．

① ベタ置き―― 機器設置床上の機器周囲の 4 点以上とし，機器の大きさ，

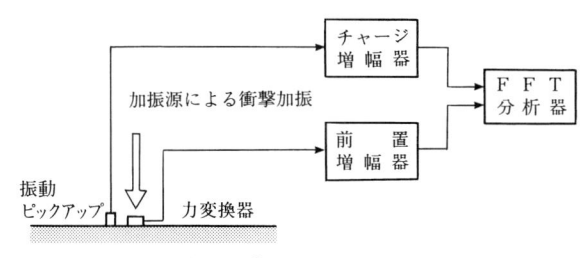

図 12.3　駆動点インピーダンスの測定系ブロックの例

振動発生箇所の分布状況等により適宜追加する．
② 点 支 持——機器設置床上の機器点支持近傍とする．
③ 防振支持——機器架台上の防振支持位置とする．

(2) 測定方法

機器設置床あるいは機器架台上の振動速度レベル，および機器設置床あるいは機器架台上の駆動点インピーダンス（単振動する機械系として，同一点の力 F と速度 V との複素数比，F/V で定義される値 Z と基準のインピーダンス Z_0 の $20\log_{10}(Z/Z_0)$ の値，単位は dB）の測定方法は次による．

① 測定周波数

測定周波数は，原則として 1/3 オクターブバンド中心周波数で 25～630 Hz の範囲とする．

② 標準加振源

駆動点インピーダンスレベルを測定するための標準加振源としては，機械式加振器，電動型加振器等の定常加振源，力変換機付きハンマ等の衝撃加振源がある（これらの加振源は，大きさ，加振力，周波数特性，有効周波数範囲が異なるので，選定は総合的に判断して行う．標準加振源は，測定対象周波数範囲で十分な加振力を有するものを選定する）．

③ レベルの読みとり

機器運転時の機器設置床，あるいは機器架台上の振動速度レベルの測定では，少なくとも 30 秒間のエネルギー平均値を求める．また，機器設置床あるいは機器架台上の駆動点インピーダンスレベルの測定では，定常加振源の場合少なくとも 30 秒間のエネルギー平均値を求め，また衝撃加振源の場合は 5 回以上の衝撃加振エネルギー加算平均値を求める．

④ 駆動点インピーダンスレベルの測定可能周波数範囲の確認

機器設置床，あるいは機器架台上の駆動点インピーダンスレベルの測定では，標準加振源の加振力と機器設置床，あるいは機器架台上の応答速度とのコヒーレンス（2つの信号の相関の度合）も併せて測定し，測定可能な周波数範囲を確認する．

12.2.4 加振力レベルの算出方法

機器設置床あるいは機器架台上の駆動点インピーダンスレベルと，機器運転時の機器設置床あるいは機器架台上の振動速度レベルから，次式によって機器の加振力レベルを算出する．

$$L_F = L_Z + L_V \ (\mathrm{dB}) \tag{12.2}$$

ここに，L_F：機器の加振力レベル（dB），$0\,\mathrm{dB} = 1\,\mathrm{N}$
L_Z：機器設置床，あるいは機器架台上の駆動点インピーダンスレベル（dB），$0\,\mathrm{dB} = 1\,\mathrm{N}\cdot\mathrm{s/m}$
L_V：機器運転時の機器設置床，あるいは機器架台上の振動速度レベル（dB），$0\,\mathrm{dB} = 1\,\mathrm{m/s}$

（補足）
異なった加振源がそれぞれ設置床の同じ位置に設置された場合，加振力 F と床に発生する振動 V の比が一定であると仮定すれば，式（12.3）が成立する．

$$\frac{F}{V} = \frac{F'}{V'} \tag{12.3}$$

よって

$$F = \left(\frac{F'}{V'}\right) V \tag{12.4}$$

となる．式（12.4）で加振力 F は求めることができるが，F'/V' は駆動点インピーダンス Z であり，かつ，2つの測定量の信頼性（コヒーレンス）がわかる Z を採用する．

12.2.5 測定結果の平均化の方法

各測定点位置の加振力レベル L_{Fj} から次式によりエネルギー平均値を求め，機器の加振力レベルとする．

$$L_F = \frac{10\log_{10}\left(\sum 10^{L_{Fj}/10}\right)}{N} \tag{12.5}$$

ここに，N：測定点数．

12.2.6 測定結果の有効範囲

標準加振源による加振力と応答速度とのコヒーレンスが，ほぼ1となる周波数範囲内にある1/3オクターブバンドの加振力レベル測定結果を，有効な置換法加振力レベルとみなす．

12.3 弾性支持法による設備機器の加振力測定法

図12.4に示すように，設備機器を防振架台等の防振装置上に設置し，機械稼動時に防振装置上で発生する振動から加振力を求める方法である．

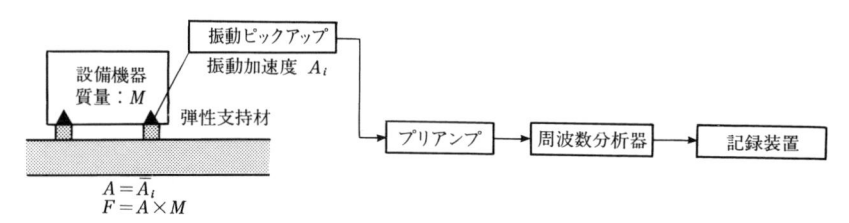

図 12.4 弾性支持法の測定概念図

12.3.1 測定条件

(1) 測定場所

原則として床は十分質量の大きい剛な床とするが，通常の機械室程度の床であれば問題はない．

(2) 暗振動レベル

他の測定法に準ずる．

(3) 機器の設置方法

機器脚部（アンカー部）を弾性材（防振ゴム，スプリング，空気ばね等）によって支持する．機器脚部を直接弾性支持できない場合は，十分な剛性を有し損失の少ない架台上に機器を設置し，それ全体を弾性支持する．

① 支持点

実際に支持される点数および配置とする．

② 支持条件

機器は水平に，各支持点に均等に荷重が掛かるように支持する．弾性材は，機器脚部に比べて十分柔らかいもの（インピーダンス比で1/10

以下) とする．支持系の鉛直方向の基本固有振動数は，通常の機器回転数の 1/3 以下とすることが望ましい（共振による振動振幅の増大の影響を避けるためである）．
③ 配管およびダクトの接続
　　他の測定法に準ずる．
(4) 運転状態
測定は原則として定格運転状態で実施する．

12.3.2　測定器
測定系は原則として，図 12.4 のような構成となる．

12.3.3　振動加速度レベルの測定
(1) 測定点
弾性支持した機器脚部（アンカー部）を持つものはすべての支持点，補強架台を用いて機器を支持した場合は，その架台を支持する弾性材の上部に当たる架台部を最低 4 点以上選択し測定点とする．
(2) 測定方法
① 測定方向および振動ピックアップの設置方法
　　測定方向は鉛直方向とする（実際の機器の振動は，各測定点で 3 次元空間軸に関してそれぞれ並進・回転の 6 自由度を有するが，測定の実現性を考慮して鉛直方向に限定する）．設置された振動ピックアップの固有周波数は，次に示す測定対象周波数範囲より十分に高くする．
② 測定周波数範囲
　　測定周波数範囲は 1/3 オクターブバンドで弾性支持系の鉛直方向基本固有周波数の $\sqrt{2}$ 倍の周波数帯域から 630 Hz 帯域とする．ただし，加振力レベルの算出は鉛直方向基本周波数の $\sqrt{2}$ 倍から 80 Hz 帯域までとする．

　　それ以外の周波数帯域の測定値は参考値とする．高い周波数領域になると，弾性支持された機器の分割振動の影響が出て，他の測定法に比べて大きな値になる．図 12.5 は，筆者らによる弾性支持された 3 番手送風機のダイナミックマス（動的質量）の測定例を示す．高周波数域になるとマスが明らかに低下していく様子が見てとれる．したがって，以下に示す加振力レベル算出式の M の値は，一定ではないことが推察さ

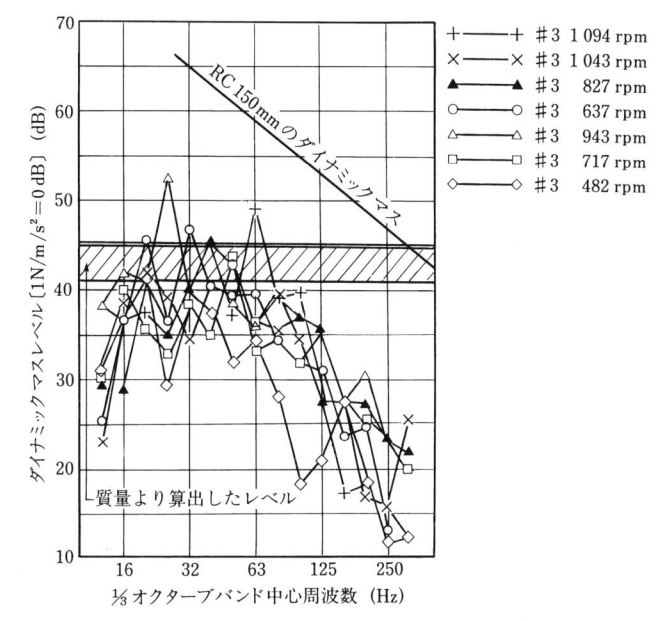

図 12.5 3番手送風機の機械側ダイナミックマス測定結果

れる．

12.3.4 加振力レベルの算出
(1) 平均加速度レベルの算出

各周波数帯域ごとの平均振動加速度レベル L_A を各測定点の測定値のエネルギー平均とし，次式によって求める．

$$L_A = \frac{10 \log_{10} \left(\sum 10^{L_{Aj}/10} \right)}{N} \tag{12.6}$$

ここで，L_{Aj}：j 番目の測定点での振動加速度レベル (dB)，$0\,\mathrm{dB} = 10^{-5}\,\mathrm{m/s^2}$
N：測定点の数

(2) 加振力レベルの算出

(1) で求めた周波数帯域ごとの平均振動加速度レベル (L_A) を用いて次式により加振力レベルを算出する．

$$L_F = 20 \log_{10} M + L_A + 20 \log_{10} C - 100 \;(\mathrm{dB}) \tag{12.7}$$

ここで，L_F：加振力レベル（dB），0 dB=1 N
　　　　M：機器および補強架台を含むばね上質量（kg）
　　　　L_A：振動加速度レベル（dB）
　　　　C：修正係数

修正係数 C は，系の損失係数および周波数により決まる数値である．すなわち 1 自由度と考えられる弾性支持法の加振力 F は次式で与えられる．

$$F = M\alpha C \tag{12.8}$$

$$C = \sqrt{\left[1 - \left(\frac{f_n}{f}\right)^2\right] + \left(\gamma \frac{f_n}{f}\right)^2} \tag{12.9}$$

ここで，F：弾性支持法による加振力（N）
　　　　C：修正係数
　　　　α：各周波数帯域における振動加速度（m/s²）
　　　　M：ばね上質量（kg）
　　　　γ：支持系の損失係数，式（3.72）参照
　　　　f_n：支持系の固有振動数（Hz）
　　　　f：バンド中心周波数（Hz）

（補足）
　C の値は，系の共振の影響を補正するもので，周波数比（f/f_n）が 3 を超えると損失係数 γ にかかわらず C を 1 としてよい．

12.4　3 方法による測定事例と比較

12.4.1　供試加振源とその設置床

　実験に用いられた加振源を表 12.1 に示す．供試加振源を設置した床は，ハーフ PC 版（床総厚 150 mm，65 mm PC 板上部に高強度コンクリート 420 kg/cm²，85 mm 打増し）と土間コンクリート（350 mm）である．
　4 番手送風機を設置した場合の設置点における床の駆動点インピーダンス測定結果は図 12.6 に示す．
　ハーフ PC 版では，床の基本固有振動数を含む 31.5 Hz 帯域に顕著な落ち込み（F/V の比が小さいので，振動しやすいことを示す）が見られる．

表 12.1 測定した送風機の諸元

	番手	モーター出力	軸回転数	機器重量
1	#3	1.5 kW	605 rpm	91 kg
2	#4	3.7 kW	550 rpm	172 kg

送風機架台の重量
　#3 鉄骨フレーム架台：21 kg
　#4 鉄骨フレーム架台：23 kg，補強架台：118 kg

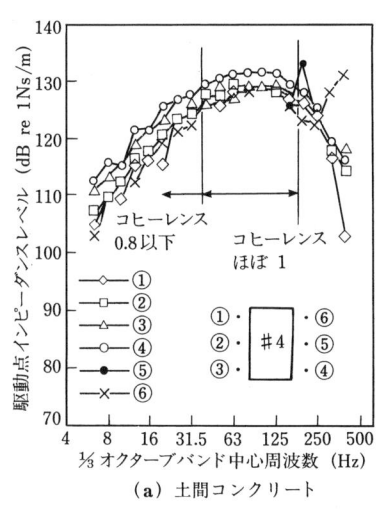

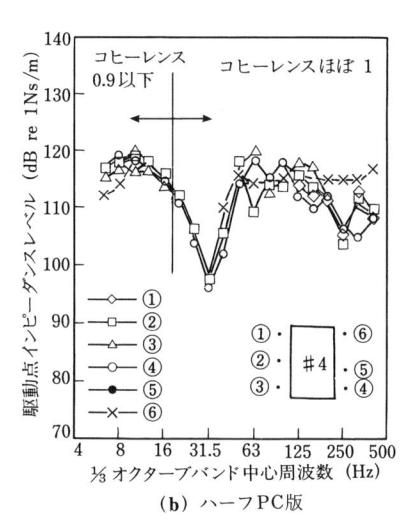

図 12.6 設置床の駆動点インピーダンス測定結果

図 12.6 には，駆動点インピーダンス測定時の加振力と加振点振動との，コヒーレンス測定結果も示す．ハーフ PC 版では 20 Hz 以上，土間コンクリートでは 50〜300 Hz においてコヒーレンスがほぼ 1 となっている．

12.4.2　実験結果
(1) 各測定法による加振力の比較

4 番手送風機をハーフ PC 版，および土間コンクリートにそれぞれ設置した場合の各測定法による加振力測定結果を比較して図 12.7 に示す．置換法の測定結果は，直接法と設置条件が同じになるように，力変換器で点支持した場合の結果である．また，弾性支持法は，コイルばね支持の測定結果で，防振支持系の固有振動数 f_n（4.0 Hz）の $\sqrt{2}$〜3 倍の範囲で修正係数 C を乗じ

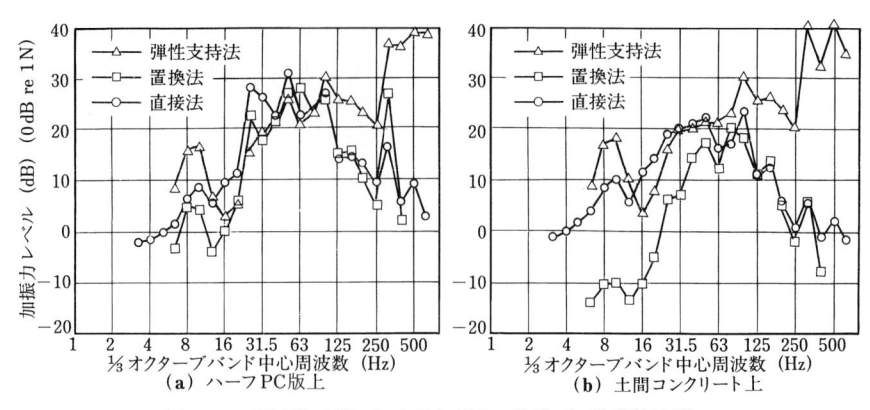

図 12.7 測定法の違いによる加振力の比較（4番手送風機）

て補正している．
① 置換法

設置床の駆動点インピーダンスがほぼ確実に測定（コヒーレンスが1）できている周波数範囲，土間コンクリートでは 50〜31.5 Hz，ハーフ PC 版では 31.5 Hz 以上において，直接法による結果とよく一致している．

② 弾性支持法

80 Hz 以上では直接法の結果と大きく異なるが，それ以下では一部の周波数帯域を除けばほぼ同様な傾向を示している．

③ 直接法

ほぼ真値が得られると仮定した場合，置換法，弾性支持法は，限定した周波数範囲では有用な方法であることがわかる．

(2) 設置床の相違による加振力の比較

結果を比較して図 12.8 に示す．

① 直接法

一部の周波数帯域を除き，設置床によらず比較的同様な傾向を示している．

② 置換法

設置床の駆動点インピーダンスが確実に測定できている周波数領域では，設置床によらずほぼ同様の値が得られている．

③ 弾性支持法

(a) 直 接 法

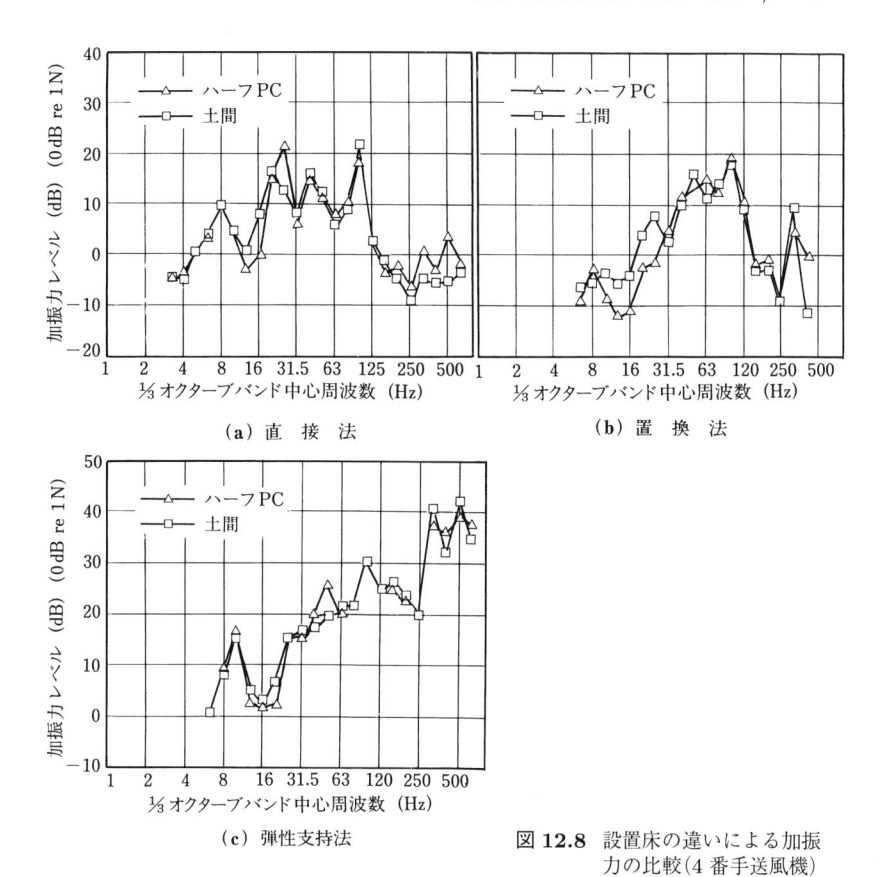

(b) 置 換 法

(c) 弾性支持法

図 12.8 設置床の違いによる加振力の比較(4番手送風機)

　一部の周波数を除けば，設置床によらずほぼ同様の値を示している．
したがって試験に用いた設置床の剛性の範囲では，結果に大きな差異は生じないことを示している．

12.5　各加振力測定方法の長所・短所

　表 12.2 に 3 種類の測定法の長所・短所をまとめて示す．直接法は，測定のための段取りがやや面倒であるが，機器および架台を含めた加振力が信頼性高く測定できる．一方，弾性法は，高域に制限があるが，比較的簡便に加振力が測定できる点で実用的手法といえる．

表 12.2 各測定法の長所と短所

	直 接 法	置 換 法	弾 性 支 持 法
長所	・機器および架台の影響を含んだ支持点での加振力を直接設定することができる. ・加振力を直接測定するため,他の方法に比べ誤差が少ない.	・設置点の駆動点インピーダンスなどの伝達関数が測定できれば,回転機器,管路,ダクトなど多くの機器,管路系の測定に適用できる. ・設置面内の伝達関数が測定できれば,水平方向の加振力も測定できる. ・ベタ置きの条件を含む実際の機器設置状態で測定することができる. ・剛性の大きな床を必要としない. ・床構造や寸法,機器設置位置,他の機器の設置状況など,設置床の剛性が様々となる実際の建物においても適用が可能である.	・測定が他の方法に比べ簡便である. ・同型,同タイプの機器の相対比較ができ,釣合い不良などの異常診断に使える. ・弾性支持された機器の脚部加振力は,支持系の固有振動数の 2~3 倍以上の周波数領域では,通常支持部材の影響を無視することができる.
短所	・設置床が十分剛である必要があり,現場での測定には制約を受ける. ・設備機器の設置方法は,力変換器で点支持する方法に限られ,ベタ置きの場合は測定できない. ・力変換器の取付け方法により測定値が異なる場合がある.各力変換器は,バランス良く静的荷重が分布するように配置する必要があり,実際の支持方法とは異なる場合がある. ・支持点数および各点の加振力値の合成方法により測定結果が異なる場合がある.	・低周波数領域まで測定するには,大型の加振器が必要となる. ・実験室では,現場での設置条件を再現する必要がある. ・防振された機器の場合,防振架台上の伝達関数が測定できない場合があり,加振力も測定不可となる. ・測定点数や平均化の方法により,測定結果が若干異なる場合がある. ・空気励振(音響加振)の影響が含まれる.	・弾性支持された機器しか測定できない. ・弾性支持しない場合の加振力と異なる場合がある. ・弾性支持されることから,配管された機器を対象とする場合には,配管の影響を受けやすい

第13章

設備機器の加振力推定法と実測例

13.1 設備機器の種類と発生振動

代表的設備機器と発生振動の特徴を表13.1に示す．表から，設備機器による振動の発生機構に特徴があることがわかる．

表 13.1 設備機器と発生振動

種別	振動源機器	振動の特徴
暖房	ポンプ ヒートポンプ ボイラー バーナー	回転振動（軸回転数，羽根数） 超低周波振動
空調 換気	送風機 ポンプ 冷却塔 冷凍機 パッケージ型空調機	回転振動（軸回転数，羽根数） ピストン往復動振動 圧縮機（軸回転数，高次）
電気	変圧器 発電機	電源周波数の2倍 軸回転数
輸送	エレベーター エスカレーター	回転振動（軸回転数）

13.2 加振力推定法

設備機器が振動を発するのは，機器のどこかに動く部分があるからである．その動き方の代表例は，往復運動と回転運動とに分けられる．

例えば，回転部分のみを有する送風機や電動機のようなものでは，その回転部分に不釣合いがあって，不釣合い慣性力があるのが主原因である．

13.2.1 往復質量による慣性力

図 13.1 に示すような機構を有するピストンの往復運動による慣性力は，一般に式 (13.1) で表される．

$$F_X = m_p\, r\, \omega^2 (\cos \omega t + A_2 \cos 2\omega t + A_4 \cos 4\omega t + \cdots\cdots) \qquad (13.1)$$

ただし，$A_2 = \rho + \frac{1}{2}\rho^3 + \cdots\cdots$
$A_4 = -\frac{1}{4}\rho^3 + \cdots\cdots$
$\rho = r/l$
$m_p = m_2 + m' \dfrac{l_1}{l}$
m_2：ピストンおよびピストンの質量，
m'：連結棒質量，
l_1：連結棒重心から C 端までの長さ，
l：連結棒の長さ，
r：クランク半径，
L：ストローク．

この第 1 項で表されるものを第 1 次不平衡力（不釣合い慣性力），第 2 項はクランク回転数の 2 倍の振動数を有するものでこれを第 2 次不平衡力，第 3 項を第 4 次不平衡力と言う．単シリンダーの場合には，第 2 次項以下は消すことはできない．通常のピストン機関では，ρ の値は 1/3〜1/4 程度なので第 2 次不平衡力の大きさは，第 1 次不平衡力の 30 % 程度の大きさと見込まれる．なお，クランクの回転部分にも不平衡慣性力が生ずる．

多シリンダー機関のように，シリンダーの数が増してゆくと，互いのシリンダーのクランク角度を適当に選ぶことによって，次第に各シリンダーごとの不平衡力が消し合って，釣合いが取れてくる場合がある．

ところで，図 13.2 に示すように，吸入，圧縮，点火，排気の 4 サイクル機関では，この間クランクが 2 回転する．そしてクランクの受けるトルクは，2 回転に 1 回だけ正のガス圧トルクが発生する．したがって，必ず回転数の 1/2 の振動数をもつトルク振動が起こる．もしシリンダー数が C だけあって，着火間隔が斉一であれば，回転数 n の $C/2$ 倍の振動数のものが，主トルク振動として存在することになる．

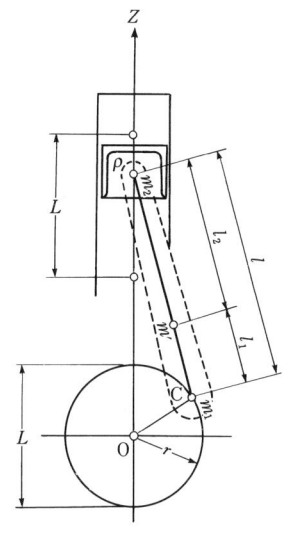

図 13.1 ピストンの機構

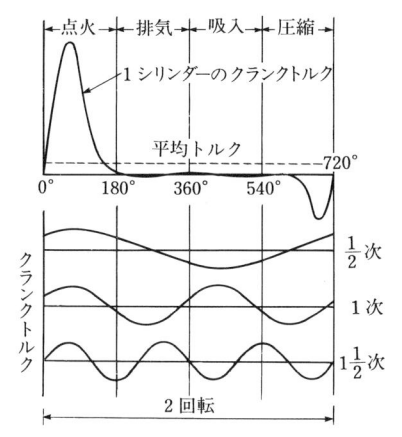

図 13.2 4サイクル機関のトルク変動と調和分析

13.2.2 回転質量による慣性力

図 13.3 に示すような1個の質量 m が、偏心半径 e で回転軸 X の回りを、角速度 ω で回転しているとする。このときの慣性力はいわゆる遠心力で、X 軸に垂直、かつ外向きで、その大きさは、

$$F = me\omega^2 \quad (13.2)$$

で与えられる。また、その振動数は機械の軸回転数に等しい。

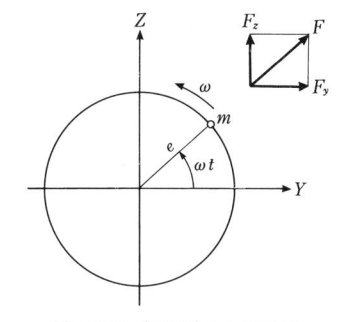

図 13.3 偏心質量と慣性力

この種の不釣合いは、静的不釣合い試験でバランスを取ることができる。しかし、重心は回転軸上にあるが、軸が傾いている場合は、動的不釣合いとなり、静的試験では発見されない。

ところで、ローター上で適当に選ばれた1修正面上の残留不釣合いの大きさ $(mr)_s$ をローター質量 M で除した値を修正面偏心という。

$$e = \frac{(mr)_s}{M} \quad (13.3)$$

機械の使用目的に応じて，剛性ローターをどの程度の修正面偏心にするかは，従来の経験から一応の基準が JIS 等に定められている．
すなわち，ローターの修正面偏心 e（μm）と使用最高角速度 ω（rad/s）の積を 1000 で除し，mm/s の単位で表した釣合い良さ（Q）で示される．

$$Q = \frac{e\omega}{1\,000} \approx \frac{eN}{9.55}\frac{1}{1\,000} \tag{13.4}$$

ここに，N は，rpm で表した回転数である．

代表的なローターの種類と釣合い良さの等級を表 13.2 に示す．この釣合い良さを利用すれば，軸回転数での機器加振力は

$$F = MQ\omega \tag{13.5}$$

で予測される．

このような加振力の性質から，機械メーカーの協力が得られれば，基本振動数でのおおよその値は推定可能である．実務的防振設計では，加振力周波数特性が未知でも基本振動数（例えば軸回転数）での加振力を基本として，高次の加振力成分はその値を超えないと見なし，防振効果量が相殺すると仮定して進める場合もある．

釣合い良さを利用した回転機器の加振力推定は，式 (13.5) で推定可能であることを示したが，これを dB 表示すれば，

$$L_{F0} = 20\log_{10} M + 20\log_{10} Q + 20\log_{10} N + 18 \tag{13.6}$$

$$L_{F0} = 20\log_{10} M + 20\log_{10} Q + 20\log_{10} \omega + 37 \tag{13.7}$$

ここに，L_{F0}：加振力レベル（実効値）(dB)，$0\,\text{dB}=10^{-5}\text{N}$
M：回転部質量（kg）

表 13.2 ローターの種類と釣合い良さの等級

ローターの種類	釣合い良さの等　級	釣合い良さの上限値 Q (mm/s)
ターボ圧縮機，小型電機子 特別の要求のある中型，大型の電機子 タービン駆動ポンプ	G 2.5	2.5
ファン，ポンプ羽根車 工作機械および一般機械の部品 特別要求のない中型，大型の電機子	G 6.3	6.3
特別要求のある 6 シリンダー以上のクランク軸系	G 16	16

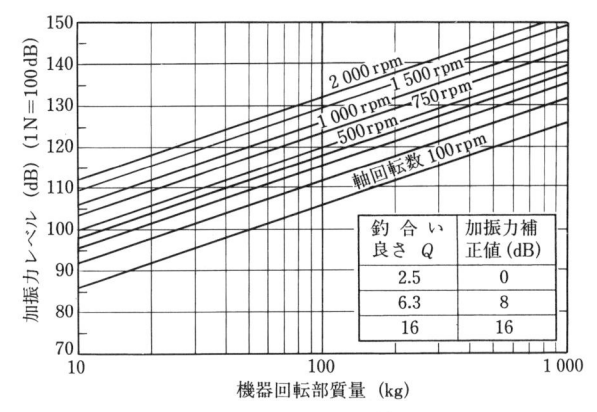

図 **13.4** 加振力レベル算定図

釣合い 良さ Q	加振力補 正値 (dB)
2.5	0
6.3	8
16	16

Q：釣合い良さ (mm/s)
N：機器の軸回転数 (rpm)
ω：ローターの角速度 (rad/s)

　図 13.4 に $Q = 2.5$ の場合の機器回転部質量から加振力を算定するためのノモグラフを示す．なおこの算定式は，機器として組み上がったときの流体や温度の影響などは含まれていない．

　しかし，筆者が経験した発電機電機子の例では，負荷の上昇に伴いコイルが発熱し，結果として偏心量が徐々に増大し，最終的な加振力はコイル温度が一定となった時点で定まるなど，変動するものがある．したがって加振力の大きさは，機械メーカーと十分な打ち合わせを経て決定することが望ましい (この件については例題 16.4 で一部触れる)．

13.2.3　電磁現象による加振力

　設備機器の中でも，変圧器・電動機のような電流と磁界の相互作用を応用した電気機械では，鉄心やフレームに，コイルに流れる交流周波数の 2 倍を基本周波数とする振動が発生する．そのため変圧器においては，磁気ひずみの小さい珪素鋼板の利用，共振を避けた鉄心寸法の採用などの技術が用いられている．変圧器においては，JEM 1117, 1118 規格で騒音レベル測定法および基準値が定められている．しかし振動については，その種の規格はない．

また，一般の電動機，発電機では，固定子と回転子との間に磁力が存在し，毎秒固定子をよぎる回転子の極の数に等しい振動数でその強さが変化する．この交番力が，固定子のフレームを振動させることになる．

ところで，この種の回転機械が，電気的原因で振動障害を発生しているかどうかの判定は，定格回転をさせておいて電源を遮断することによって確認できる．遮断したと同時に振動が減少すれば，電気的な振動である．遮断しても振動が下がらず，回転数の減少とともに振動が低下してくれば，機械的な振動（回転子の不平衡力）と断定できる．

電気的な振動は，機械構造上心配は少ない．しかし可聴領域振動は，建築構造躯体を媒体として，いわゆる固体音として遠方まで伝搬する．居住域に伝達した波動は，建築内装壁材の曲げ振動を生じ，しばしば騒音問題を引き起こす．

13.2.4 流体による加振力

ポンプ，送風機などの回転機器では，流体を扱っており，基本的には羽根車の回転数に応じた脈動流を生ずる．

遠心ポンプによるラジアル加振力については，

$$F = K_r r H D B' \tag{13.8}$$

ここで，K_r：実験的に求めるラジアル荷重係数，r：流体の比重，H：揚程，D：羽根車直径，B'：シュラウドを含む羽根車の直径，である．

K_r はケーシングの形式，羽根車の設計や流量率に大幅に依存し，特に低流量域で大きな加振力が発生すると言われている．また流体機器では，カルマン渦による振動がよく知られている．

例えば，流速 V の一様流体中に置かれた直径 d の円柱形の物体の後方には，周期的に規則正しく正・負の渦が配列し，流れに直角方向に加振力を発生する．その周波数 f は

$$f = St \frac{V}{d} \tag{13.9}$$

ここで，St：ストローハル数である．

この種の振動は，円柱の場合だけでなく，流体機械の羽根のように流体中に置かれた板の後縁からも発生する．

13.3 加振力測定例

13.3.1 建築設備用多翼型送風機

本節に示す推定法は，筆者らが#$1\frac{1}{2}$〜4の多翼型送風機25台（メーカー3社を含む）について，加振力を直接法によって測定し，実験式としてまとめたものである．

この推定法では，加振力の実測結果から残留不釣合いと本体質量を用いて予測する（残留不釣合い量は，基本的には加振力の主な発生源である回転部質量で予測することが望ましいが，回転部質量はカタログに通常掲載されていないこと，本体質量との相関が図13.5に示すように0.92と高いことによる）．

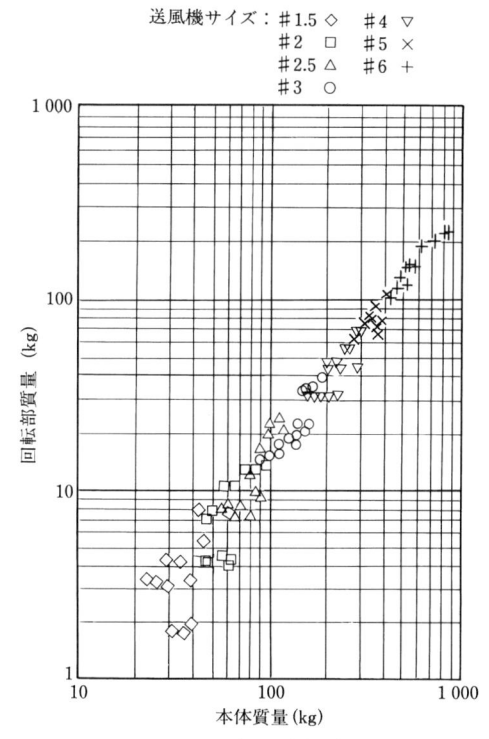

図 **13.5** 回転部質量と本体質量の関係

(1) 軸回転数を含む 1/3 オクターブバンド加振力レベルの推定

$$L_F = 24.4 \log_{10} M + 40 \log_{10} N - 49 \quad \text{(dB)} \quad (13.10)$$

ここで，L_F：加振力レベル（dB），1N=100 dB，M：送風機質量（kg），N：軸回転数（rpm）である．

図 13.6 に算定ノモグラフを示す．

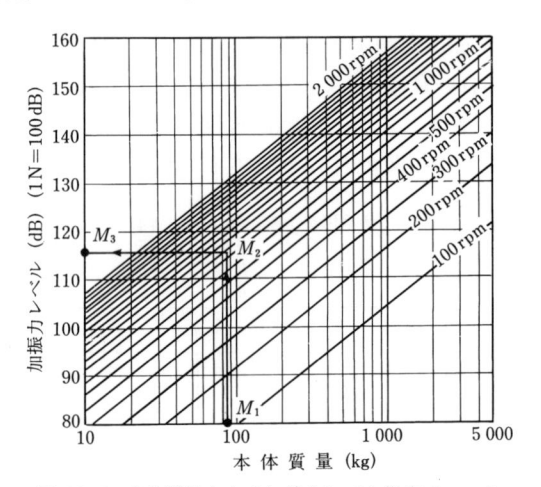

図 13.6 本体質量からの加振力レベル推定チャート

(2) 加振力の 1/3 オクターブバンド周波数特性

加振力特性は，3 つの領域に分けて推定する．

第 1 領域（軸回転数まで）

$$\Delta L_1 = -11 \log_2 \left(\frac{f_0}{f}\right) = 37 \log_{10} \left(\frac{f}{f_0}\right) \quad (13.11)$$

第 2 領域（軸回転数から 100 Hz まで）

$$\Delta L_2 = 1.6 \log_2 \left(\frac{f}{f_0}\right) = 5.3 \log_{10} \left(\frac{f}{f_0}\right) \quad (13.12)$$

第 3 領域（100 Hz 以上）

$$\Delta L_3 = 1.6 \log_2 \left(\frac{100}{f_0}\right) - 13 \log_2 \left(\frac{f}{f_0}\right) \quad (13.13)$$

$$= 5.3 \log_{10} \left(\frac{100}{f_0}\right) - 44 \log_{10} \left(\frac{f}{f_0}\right) \quad (13.14)$$

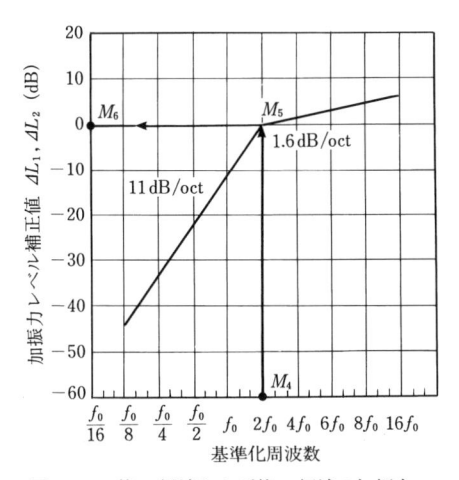

図 13.7　第1領域および第2領域の加振力レベル補正値（dB）

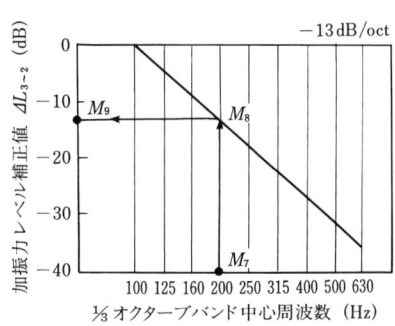

図 13.8　第3領域の加振力レベル補正値（dB）

ここで，f_0：軸回転数を含む1/3オクターブバンド中心周波数．各領域の補正値の勾配は，第1領域：11 dB/oct，第2領域：1.6 dB/oct，第3領域：−13 dB/oct となる．

図 13.7，13.8 に軸回転数の加振力に対する他の1/3オクターブバンド中心周波数での補正値を求めるノモグラフを示す．

13.3.2　空調用ポンプ

図 13.9 は，2.2〜15 kW の片吸込み渦巻ポンプと多段タービンポンプの総数12台（軸回転数25 Hz）について現場測定した結果である．測定方法は，弾性支持法による．ポンプ，モーター，ベース，コンクリート架台は一体であり，コンクリートベース上端四隅で，稼働時の上下方向の振動加速度スペクトルを測定している．

図 13.10 は他の調査例（架台法，インピーダンス法）で，回転部質量（ポンプとモーター回転部）

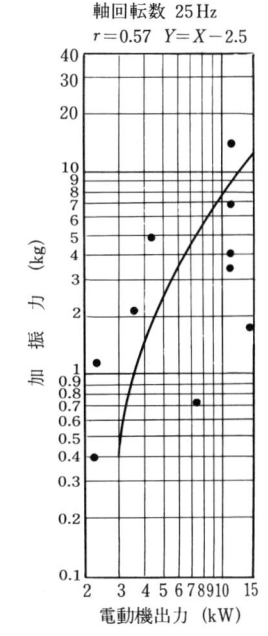

図 13.9　電動機出力と加振力

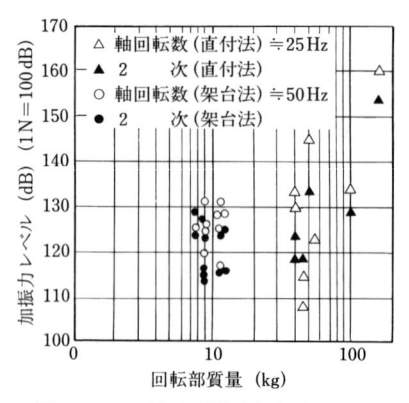

図 13.10 回転部質量と加振力レベル

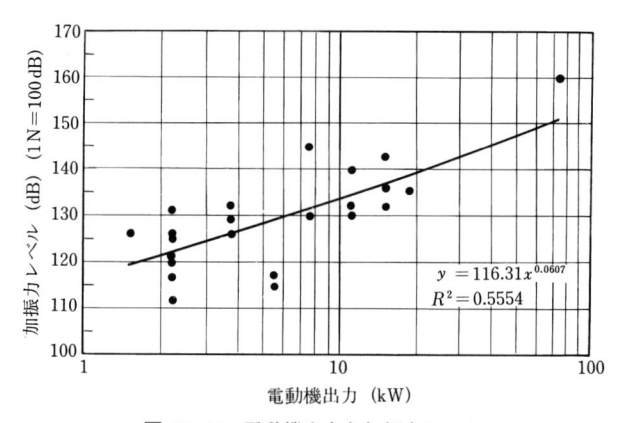

図 13.11 電動機出力と加振力レベル

式：$y = 116.31 x^{0.0607}$、$R^2 = 0.5554$

との関係でまとめてある．回転部質量 10 kg（モーター出力 1.5〜3.7 kW）周辺のデータは，渦巻単段ポンプ軸回転数 50 Hz（32〜48 Hz）である．回転部質量 50 kg（モーター出力 5.5〜15 kW）周辺のデータは，多段ポンプ軸回転数 25 Hz のものである．調査者は，送風機のように残留不釣合い量と回転部質量との関係では，うまくまとまらないと報告している．

また，渦巻ポンプの加振力周波数特性は，1，2 次の軸回転数と羽根枚数に関連した周波数で，加振力が大きい傾向が報告されている．

図 13.11 は，電動機出力と加振力（軸回転数）の関係で図 13.9，13.10 をまとめたものである．この図には，上記 2 つの文献の異なるタイプのポンプも

含まれている．電動機出力と加振力の関係の傾向はわかるが，実用にはデータの数と解析が不足している．

13.3.3 ダクト・配管系

設備機器本体の防振がされても，ダクトや配管の防振が不十分で，固体音による障害が発生している例が多い．ダクトや配管における加振力の測定例としては，図 3.12 に示すようなチャンバー部分の加振力測定例（置換法）や図 3.13 に示すような配管における弁開度 100 ％時におけるポンプ回転数により流量を変化させた場合の音響出力，加振力測定例（置換法）などがある．

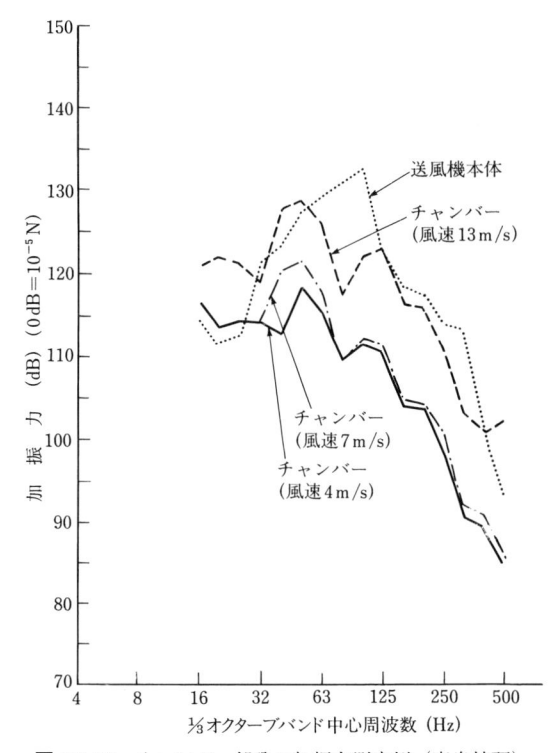

図 **13.12** チャンバー部分の加振力測定例（鹿島技研）

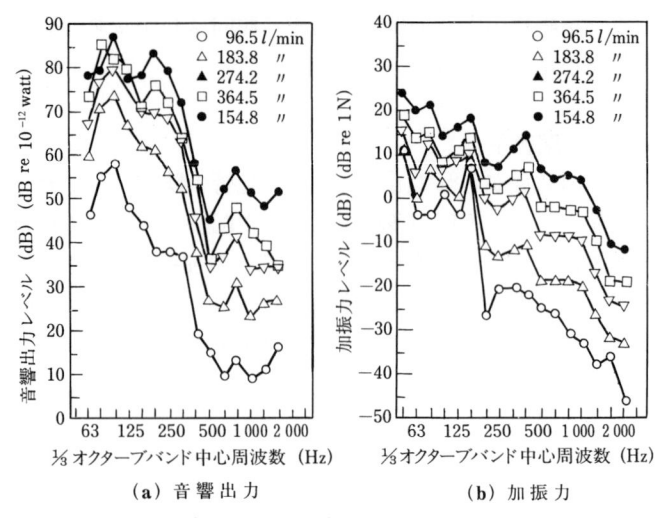

図 13.13 流水時における音響出力，加振力レベルの測定例

(a) 音響出力　(b) 加振力

13.3.4 弾性支持法による加振力実測例

防振機器メーカーなどでは，設計ニーズ上から弾性支持された各種設備機器について現場測定を行い，統計的に加振力を推定することを行っている．

図 13.14, 13.15 は, ポンプおよび送風機の加振力実測値と回帰曲線を示す.

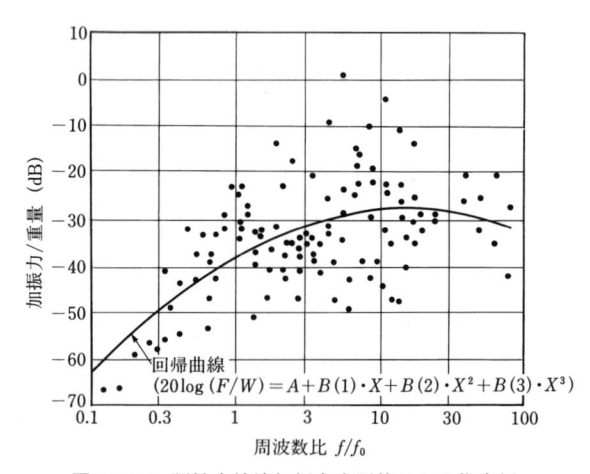

回帰曲線
$(20\log(F/W) = A + B(1)\cdot X + B(2)\cdot X^2 + B(3)\cdot X^3)$

周波数比 f/f_0

図 13.14 弾性支持法加振力実測値による推定例．
ポンプの場合（特許機器(株)）

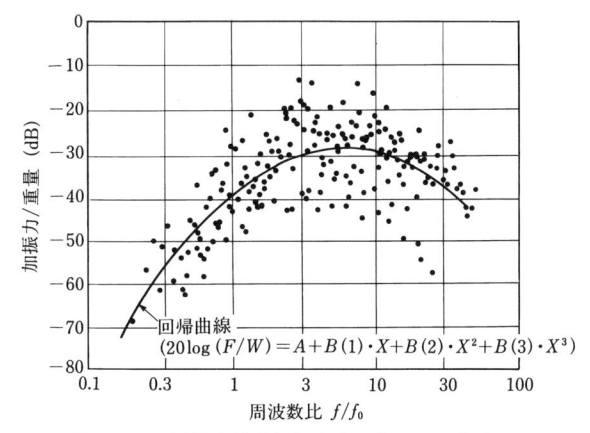

図 **13.15** 弾性支持法加振力実測値による推定例．
送風機の場合（特許機器(株)）

回帰曲線
$(20\log(F/W) = A + B(1)\cdot X + B(2)\cdot X^2 + B(3)\cdot X^3)$

また，各種設備機器の諸元から図 3.16 に示すような計算図表により，軸回転数に対する加振力レベルを求め，表 13.3 に示す補正値を用いて周波数特性を推定する方法も提案されている．

表 **13.3** 軸回転数に対する補正値

$f_{nm}/8$	$f_{nm}/4$	$f_{nm}/2$	f_{nm}	$2f_{nm}$	$4f_{nm}$	$8f_{nm}$	$16f_{nm}$	$32f_{nm}$
無	視		0	−3	0	+3	+6	+9

（注）機器の 1 次加振周波数より低い周波数では，人体に影響する振動は無視できる．
　　　ただし，音響的に NC–20 以下を要求された場合は，固体音の放射を検討する．
　　　固体音による騒音のチェックは文献参照のこと．文献：「実務的騒音対策指針・応用編」
　　　第 6 章（日本建築学会編）

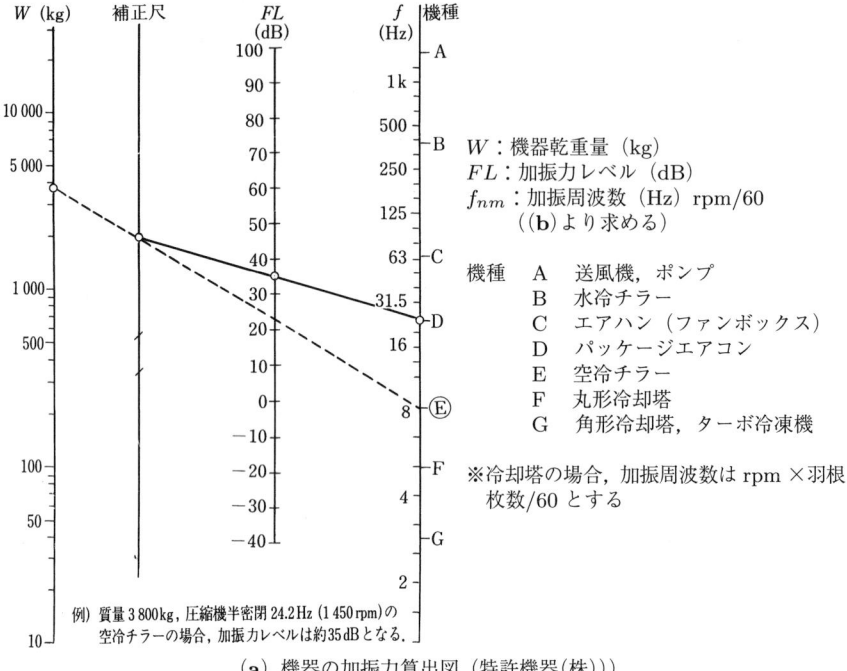

162 / 第 13 章　設備機器の加振力推定法と実測例

W (kg)　補正尺　FL (dB)　f (Hz)　機種

A　1k

B　500, 250, 125
W：機器乾重量 (kg)
FL：加振力レベル (dB)
f_{nm}：加振周波数 (Hz) rpm/60
　((b) より求める)

C　63, 31.5

機種　A　送風機, ポンプ
　　　B　水冷チラー
D　16　　　C　エアハン（ファンボックス）
　　　D　パッケージエアコン
　　　E　空冷チラー
E　8　　　F　丸形冷却塔
　　　G　角形冷却塔, ターボ冷凍機

F　4　※冷却塔の場合, 加振周波数は rpm × 羽根枚数/60 とする

G　2

例）質量 3 800 kg, 圧縮機半密閉 24.2 Hz (1 450 rpm) の空冷チラーの場合, 加振力レベルは約 35 dB となる.

(a) 機器の加振力算出図（特許機器(株)）

機構	振動数
送風機 ポンプ	①軸回転数 ②軸回転数 × 羽根枚数
電動機	①軸回転数　②軸回転数 × 極数
歯車列	①軸回転数 × 歯数　②歯の弾性振動(非常に大きい振動数)
ボールベアリング	①軸回転数 × ボール数/2
交流変圧器	①交流の周波数 × 2
圧縮機 内燃機	①軸回転数 ②2 次以上の振動の周波数 （気筒の組合せによって異なる）
冷却塔	①軸回転数…（無視する） ②軸回転数 × 羽根枚数

注 1) 複数の加振周波数がある場合, 一番低い周波数により加振力レベルを求める（ただし, 冷却塔は上記のとおり）.
　2) インバータ使用機器の場合, 最大負荷時の回転数を使用する.

[例題]
共通架台上に送風機と電動機がある場合で,
　送風機回転数　750 rpm, 羽根数 20 枚
　電動機回転数 1 450 rpm, 極数 4
であれば, 発生振動数は 4 種類となる.
　送風機　①　　750 cpm (12.5 Hz)
　　　　　②15 000 cpm (250 Hz)(750 × 20)
　電動機　①　1 450 cpm (24 Hz)
　　　　　②　5 800 cpm (97 Hz)(1 450 × 4)
防振対策は一番低い周波数 12.5 Hz を目標として計画する.

(b) 機器の 1 次加振周波数 (f_{nm})(Hz)

図 13.16　機器諸元から加振力を求める計算図表

第14章

振動障害と実務的発生源探査法

振動障害問題は
① 精密機器など嫌振機器での操作不能や居住領域での不快振動問題
② 居住領域での内装部材等の屈曲振動に伴う騒音（固体音）問題
の2つに大別される．

　振動・騒音問題が発生すると，すぐ振動レベル計・騒音計による現場測定が行われる．そして必ずしも振動障害の実態を的確にとらえた測定およびデータと思えない解析が，主体になりがちである．障害が体感振動，騒音という人の生活環境（居住性）にかかわる主観的問題を伴う場合には，測定者はその障害苦情と生じている現象との関連を念頭に，測定器を操作し現象データを正しく測定する配慮が必要である．これは精密施設における微振動障害問題にも共通することである．
　そこで実務的な発生源探査法を以下に示す．

14.1 実務的な発生源探査法

（1）体感・聴感を活用した振動障害の実態を調査する
　はじめから測定機器による探査を行うのではなく，その前に，体感・聴感を活用して実状を認識することから始める．測定器による得られたデータが，的確に対象とする振動を捉えているかどうかは，体感・聴感等による現象の捕捉と，その現象を実証する物理的データの測定に基づくと考えられる．
　すなわち
　① の振動の直接影響か

② の騒音影響なのか
を判断する技術がまず要求される．

① の場合は，明らかに床振動が体感できるかどうかによる．障害を生じている場所で，まず体感することである．床振動は，スラブ中央で大きくなるので，剛性の大きくなる床と壁の結合する部屋隅や梁の上部とスラブ中央とを比較確認する必要がある．また精密施設に障害を及ぼしている場合は，体では感じない微小振動が原因となるので，どのような障害が生じているのかを対象施設を稼動させ目視確認をする．そして施設本体の設置状況（直接支持，防振支持など）や施工状況を確認する．

② の場合は，内装材等が振動し騒音を放射している．内装材にそっと耳をつけ，室内騒音と同様な固体音が，聴こえるかどうか確認をする．その場合，内装材下地（間柱の有無）との関係で，固体音の放射状況が異なるので，探査位置を変えて固体音を調査する．発生源が隣接する場合は，隔壁，天井・床等の固体音が大きい傾向にある．

以上の体感・聴感調査の後，障害を及ぼしている振動あるいは騒音の主たる振動数（周波数）は，どのようなものかを調査する．

体感，聴覚を働かして振動・騒音の変動性・周波数などに留意する．すなわち，衝撃音，回転音なのか定常音なのか，低い音か高い音かなどである．低い周波数でゴロゴロと騒音が聞こえる場合には，送風機などの回転音の影響が強い．また低いブーンと唸るような音が聞こえる場合には，変圧器などのコア振動が影響している場合が多い．

(2) 測定器による障害場所での測定

(1)での判断を基に，居室の内装各部位（天井・壁・床）について1/3オクターブバンド周波数ごとの振動加速度レベル等を測定する．また，室内の中央や壁面近傍あるいは居住者の位置などで同様に騒音の1/3オクターブバンド（あるいはオクターブバンド）周波数分析測定を行う．

このようにして，主観的データと客観的測定データの照合を十分に行う．

(3) 建物内等の振動発生源機器の配置を調査する

振動障害を生じている部屋周辺の設備機械の配置状況を建築設備図面等から調査する．特に障害室に隣接する機器，容量の大きい機器，加振周波数が障害周波数に類似する機器は，見逃さないようにする．すなわち回転機器であれば軸回転数および羽根数などである．

(4) 振動発生源機器の運転状況との関連性を調査する

　疑わしい振動発生源機器本体の振動および設置床振動の大きさおよび振動数を調査し，発生源と振動障害室の卓越振動周波数の類似性を調査する．

(5) 疑わしい発生源機器の運転・停止と振動障害室の相関を調査する

　疑わしい振動源機器の運転・停止が可能な場合は，その操作を行い振動障害室への影響の有無を調査する．

(6) 疑わしい発生源での人工加振調査をする

　(5)の操作が不可能な場合，加振装置（ハンマなど）で疑わしい設備機器架台の上下（防振装置の上下），関連配管などを励振し，障害室での明瞭受音性を判別する．

(7) 疑わしい発生源を絞る

　(4)(5)(6)の結果から関連性の大きい発生源機器の防振装置の点検調査をする．

　発生源機器が確定したら防振装置が，正規に装着されているか点検をする．
ⓐ 輸送用振れ止めは外されているか．
ⓑ 耐震金具は，正常に装着されているか．振れ止めが接触したり，締め付けられていないか（図14.1 および図14.2 参照）．

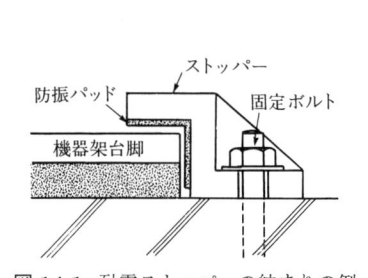

図 14.1　耐震ストッパーの納まりの例 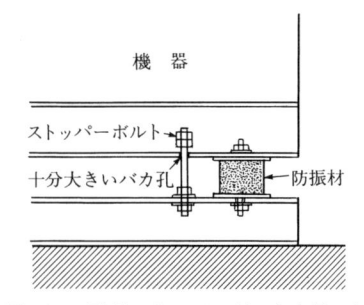　　図 14.2　耐震ストッパーボルトを用いた防振支持の例

ⓒ 防振装置は，正常なたわみに収まっているか．
　防振装置は，規定の荷重が載荷されることにより，規定の固有振動数を得ることができる．たわみが少ないことは，固有振動数が規定の値より高いことになり，設計より多くの振動が伝達されることを意味する．
ⓓ 防振装置がスプリングの場合，固体音伝搬防止のゴムパッドが併用されているか確認する．

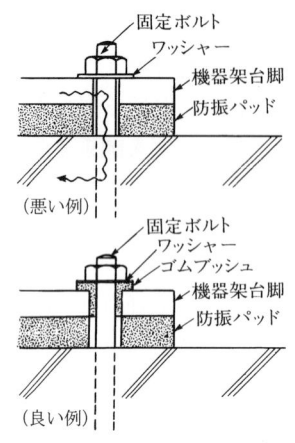

図 14.3 防振パッドを用いた場合の
機器固定方法の悪い例

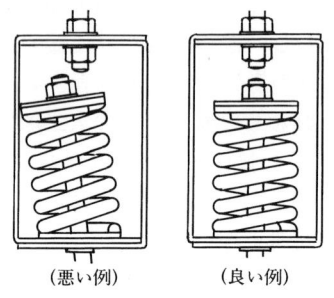

図 14.4 防振ハンガーの施工例

ⓔ 配管類は，防振吊りされているか．
発生源機器に関連した配管類の防振吊り状況を点検する．吊り金具が防振装置にあたっていないか．またその防振吊りは，剛性の強いスラブ梁等に装着されているか確認する．剛性の弱い，スパンの大きい鉄骨梁やスラブ中央部は，振動を増幅する場合がある．

14.2 防振施工と留意点（障害源探査に役立つ）

振動障害の発生する原因は，何らかの防振設計・施工上のミスがあるためと考えられる．もちろん不測の事態が生じて発生する場合もあるが，前者が主体である．
したがって障害源探査は，疑わしい発生源の防振施工状態を標準的な施工法と比較することも有効な判断法となる．

14.2.1 なぜ弾性材が使われているのか

通常，物の取付けにはガタツカないようにしっかりと固定するのが道理である．しかしながら，防振という工法はこの道理に逆らって弾性的な施工を行うところに特徴がある．その理由は前述したとおりであるが，このことが往々にして設計・施工上の誤りの原因を招くことが多い．弾性材を短絡する

ような施工がされていないか，注意深く観察することが必要である．

14.2.2 冷凍機など
ⓐ 機器を据え付ける基礎は水平であること．
ⓑ 防振された機器本体も水平であること．ターボ冷凍機等は回転数が高いので，防振パッドが用いられる場合が多い．図 14.5 に示すように防振パッドを用いた施工では，アンカーボルトと機器ベースとが接触しないように防振ゴム座を挿入し固体音伝搬の絶縁を図る．

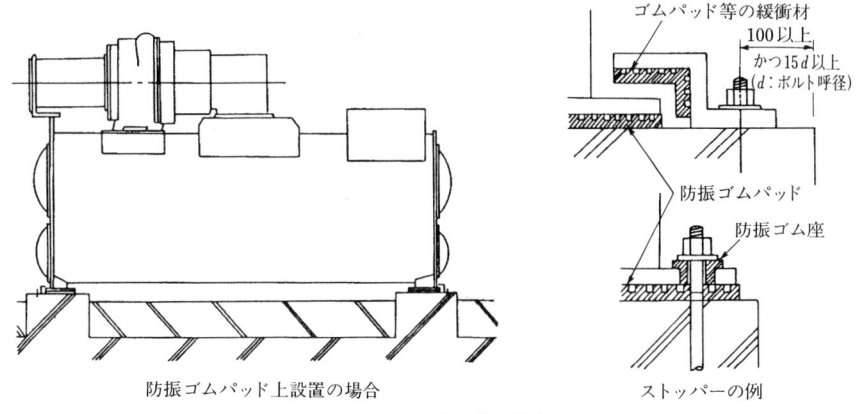

図 14.5 ターボ冷凍機の防振例

ⓒ 接続配管は（原則的に），防振継手を介して取り付け，冷凍機本体に荷重がかからないように配管を支持する．図 14.6 に冷凍機回りの配管例を示す．
ⓓ 機器類のアンカー法と耐震について施工指針を守る．

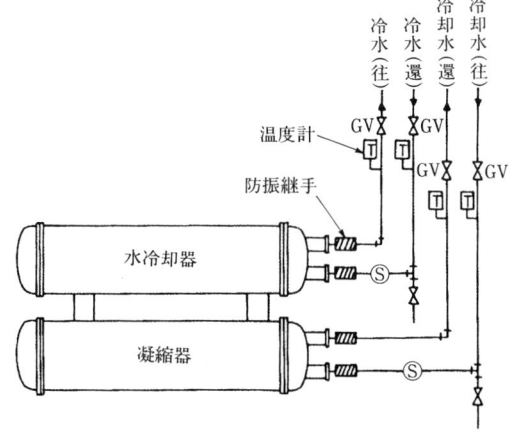

図 14.6 冷凍機回りの配管例

14.2.3 冷却塔

ⓐ 基礎が滑らないように据付け基礎は建物構造と一体にするか，定着を十分考慮した独立基礎とする．

ⓑ 機能上風通しの良い屋外に設置されることが多く，空気伝搬音としてのファン騒音が問題となる事例が多い．配置計画，障壁の設置など事前の検討をする．

ⓒ 直下階に居室などがある場合，固体音障害になる場合が多い．耐震を考慮した防振施工が要求される．図 14.7 に施工例を示す．

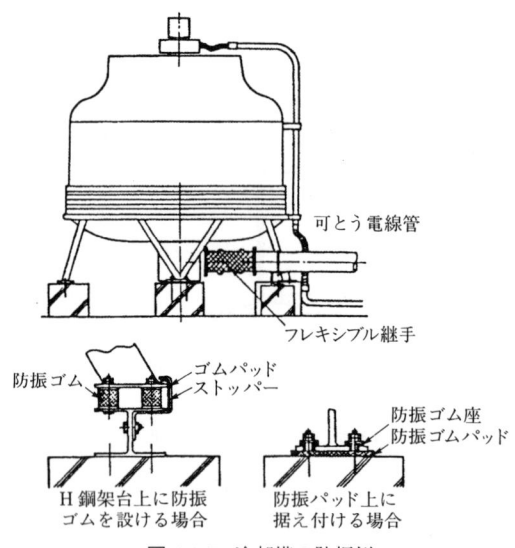

図 14.7 冷却塔の防振例

ⓓ 大型の場合，ファン自体を塔体と絶縁する例がある．この場合，塔躯体の剛性が弱いので防振の効果が低い．塔体基礎にも防振材を挿入し，固体音の絶縁を図ることが望ましい．

ⓔ 配管は建物躯体に固定する．冷却塔近傍の支持点では，防振パッドなどを配管に巻いて固定することで，固体音の絶縁を図る．弾性支持された冷却塔との接続は，相対変位を考慮して防振継手を介して接続する．

ⓕ 電線管については，可とう部は振動による障害を受けないよう十分な長さとたわみを取る．

14.2.4 ポンプ

ⓐ ポンプとモーターの軸が水平になるように据え付ける．
ⓑ 防振材に作用する荷重については，特に留意すること．ポンプ装置の重心位置の設定にあたり，ポンプとモーター，コンクリート架台でのみ行いがちであるが，配管あるいは弁などが荷重として作用する．
また吐出口，吸込み口の位置によっては水圧荷重も考慮しなければならない．防振材は水に注意．
ⓒ ポンプ配管にはフレキシブル継手を用いるが，ポンプ本体の振動が配管に伝わるのを軽減するためである．配管の重量がかからないように，縦パイプの上で必ず吊ること．
ⓓ 大型ポンプの防振据付けには，図 14.8 のように，コンクリートベースを振幅制御や機器据付けの一体化のために設ける例が多い．この場合，その重量は経験的にポンプ重量の 1.5〜2 倍程度になっている．
ⓔ 耐震ストッパーのクリアランスに注意し，固体音の伝搬を防止する．

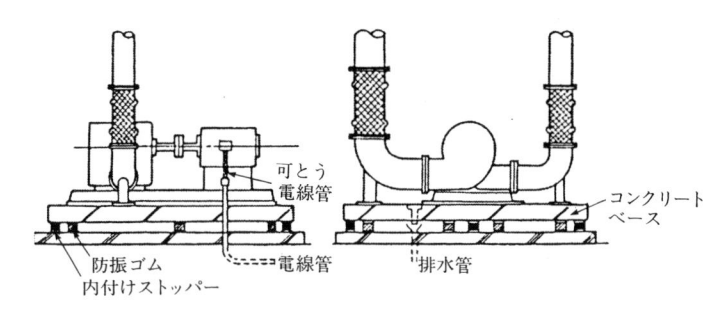

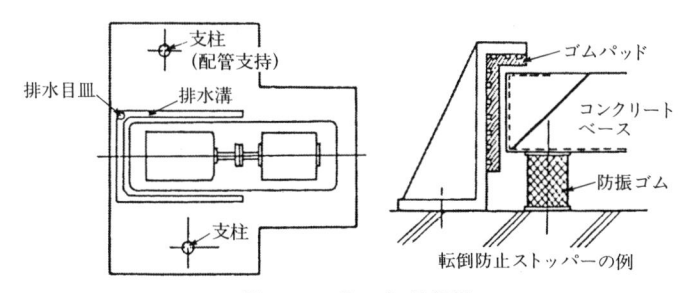

図 14.8 ポンプの防振例

14.2.5 送風機など

(1) 床置き送風機 （図 14.9 参照）

- ⓐ 基礎コンクリートの上端は水平に仕上げ，鉄骨チャンネル台はアンカーボルトによってコンクリート基礎に固定する．
- ⓑ 送風機・電動機は共通架台に据え付ける．
- ⓒ 吐出口，吸気口にキャンバス継手を使用する．
- ⓓ 運転時に吐出口側の防振ゴムが，風圧で過剰なたわみを生じている例がある．
- ⓔ 送風機は，騒音も大きいが振動も大きい．軸回転数以外の高次振動（固体音）にも留意する．

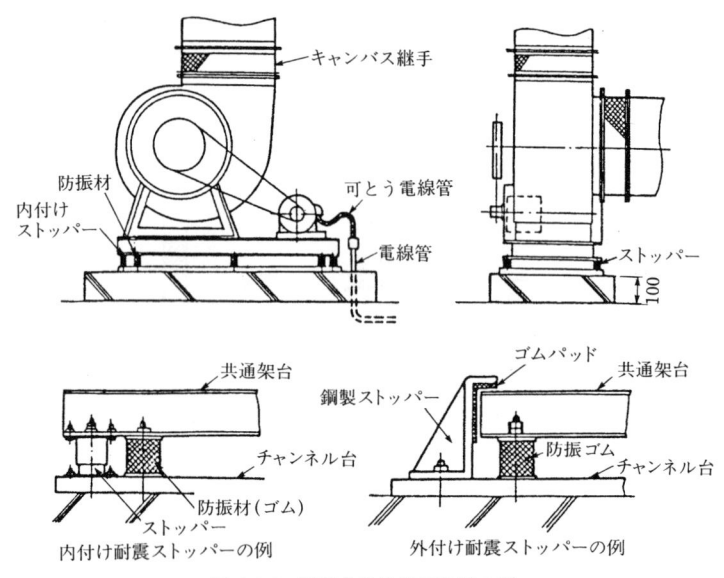

図 14.9 床置き送風機の防振の例

(2) 天井吊り送風機

- ⓐ 上部床に吊り付けるボルトのアンカー法に留意する．ホールインアンカーは，振動により脱落の恐れがある．
- ⓑ 防振吊りの方法は，図 14.10 に示す例がある．天井から吊り下げたことにより，全体が揺れやすい．耐震性に留意する．
- ⓒ 吊り位置の真上にハンガーを取り付ける．斜めに引張るような施工は，図 14.11 に示すように吊りボルトと金具が接触し，防振ハンガー本来の

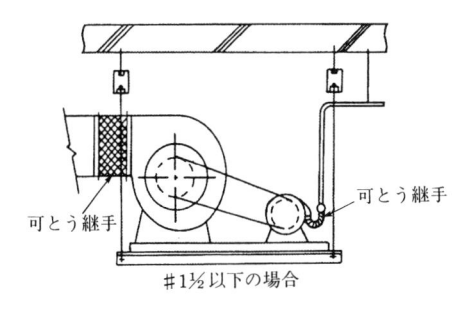

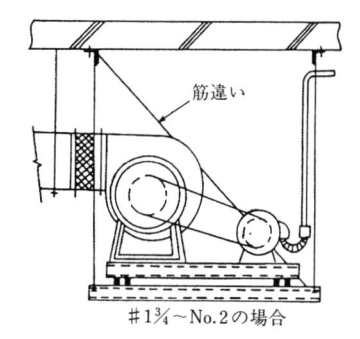

図 14.10 天井吊り送風機の防振例

性能を発揮できない．
ⓓ 防振ハンガーはなるべく上部床に近く設置する．支持系の剛性を上げるためである．

(3) 空気調和器
ⓐ ユニット型空調機の場合，振動源は送風機ユニットが主体となる．したがって防振設計上は，このユニットだけが対象となりがちであるが，実際はコイルユニット，サプライチャンバー側も内部通過気流で振動している．特に低騒音を要求する部屋が近くにある場合は，防振パッドなどをそれらのユニットにも設置し，固体音の伝搬防止を図る．

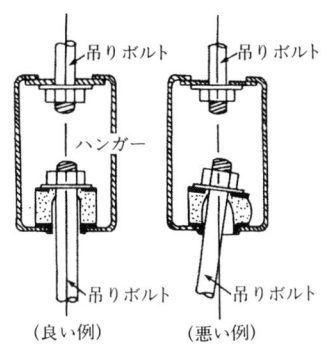

図 14.11 防振ハンガーの施工例

ⓑ 組み込まれた送風機，電動機を内部で防振支持しているものもあるが，強固なフレーム（剛性の強い）で支持していない場合は，効果が少ない．
ⓒ 送風機ユニット，コイルユニット，サプライチャンバー間には，キャンバス継手を設け本体の振動を低減させる（図 14.12 参照）．
ⓓ 非固定として機器を設置した場合，耐震的には図 14.13 のような配慮が要る．

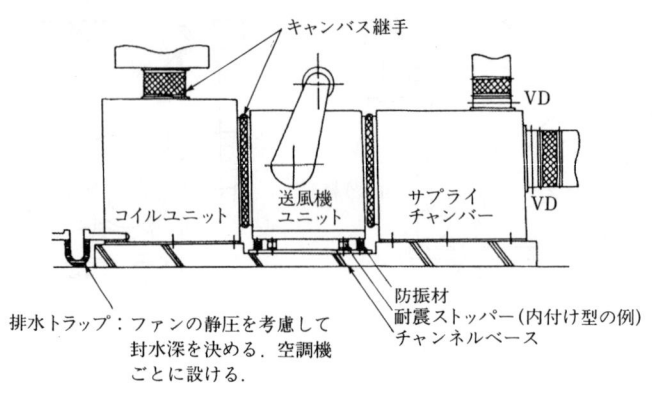

図 14.12 ユニット型空調機の防振例

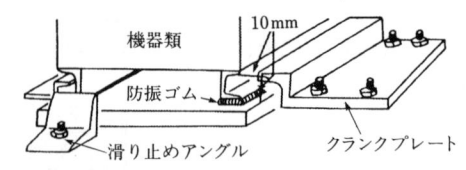

図 14.13 非固定機器類の移動防止ストッパー

14.2.6 配管，ダクト
(1) 防振継手 （図 14.14 参照）

ⓐ ポンプから配管への振動を低減する目的で用いる．管内流体中にも脈動流が生じているから，継手のみでの防振効果には限度がある．

ⓑ 継手のばね定数は軟らかい方がよく，なるべく長いほうが望ましい．したがって，直管型よりもベロー型，金属よりもゴム製のものがよいとされている．また，耐圧，耐候

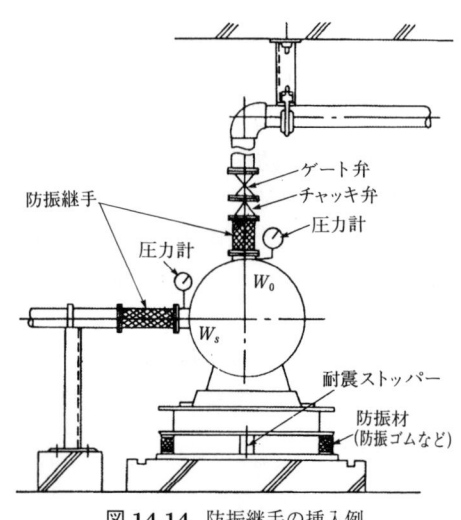

図 14.14 防振継手の挿入例

14.2 防振施工と留意点(障害源探査に役立つ) / 173

性なども考慮する.
ⓒ 継手の効果について,集中定数振動系で考えるのは妥当でないと思われる.しかし効果を高めるためには,継手両側の支持は剛性の高いことが望まれる.
ⓓ 圧縮,伸長,曲げ,偏心に対してある程度の融通性があるが,無理な加工は避ける.

(2) 配管

ⓐ 図 14.15 に示すような防振支持方法がある.機械室に近い口径の大きい横走り配管には,共通架台で支持するほうが荷重が安定し防振効果がよい.小口径管には保温材を防振材代りに巻いて支持する場合もある.
ⓑ 吊りボルトの設置位置に注意する.天井スラブ中央などの剛性の小さい位置は,原則として避ける.スラブの梁などに支持する.
ⓒ 立て配管については,図 14.15 に示すような支持で建物への振動伝達を防止する.また立て管の最下部については,チーズ下部に防振ゴムを挿入する.
ⓓ 立て配管の最下部には,荷重として水の重量と配管の重量がかかる.防振材の許容荷重に注意する.

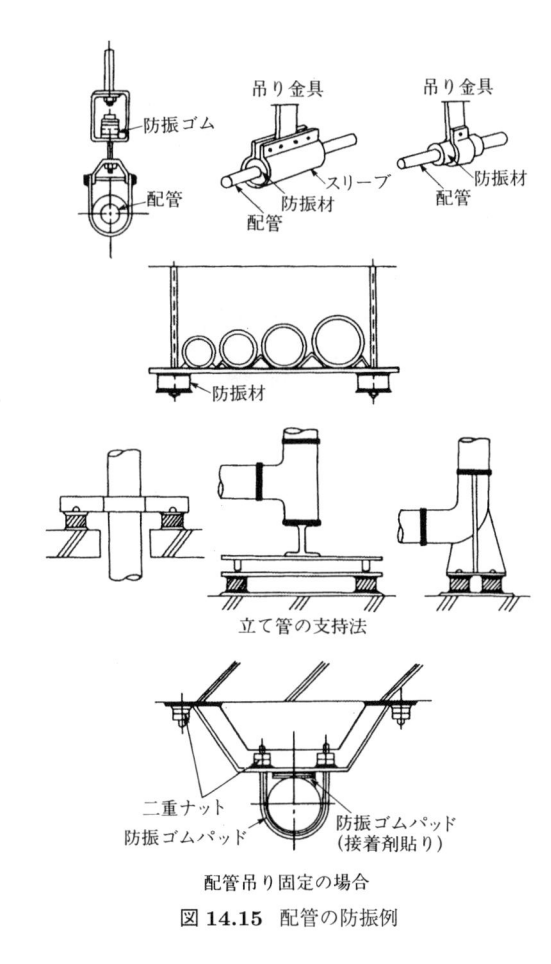

図 14.15 配管の防振例

(3) ダクト
  ⓐ 配管と同様に考える．
  ⓑ 角ダクトは，剛性が弱いために風圧で板振動をする例がある．機械室に近いチャンバー，分岐部のダクトは，剛性に注意する．
(4) 配管，ダクトの建物躯体貫通
  ⓐ 図 14.16 に例を示す．ダクト等と建物躯体，スリーブが接触しないように注意する．
  ⓑ 配管，ダクトの自重で絶縁材（防振目的）機能を失うなどの過剰なたわみとならないよう，壁貫通前後で吊り支持を考慮する．
  ⓒ 壁貫通部は，遮音性を要求されるときもある．

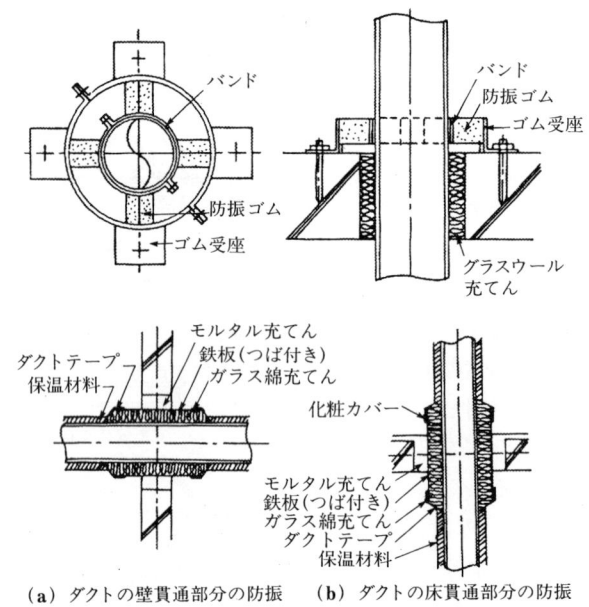

(a) ダクトの壁貫通部分の防振　(b) ダクトの床貫通部分の防振
図 14.16　配管，ダクトの躯体貫通部の防振例

14.2.7　電気設備

考え方としては熱源機器などと同じである．ただし，日常的に防音・防振が重要な機器と，震災時のように非常時にも支障なく稼動することが最大の使命機器もある．建物の重要度クラス別に一層の留意した対応が必要である．

(1) 発電設備

ⓐ 図 14.17 に例を示す．振動エネルギーも大きいので，固体音防止が重要である．

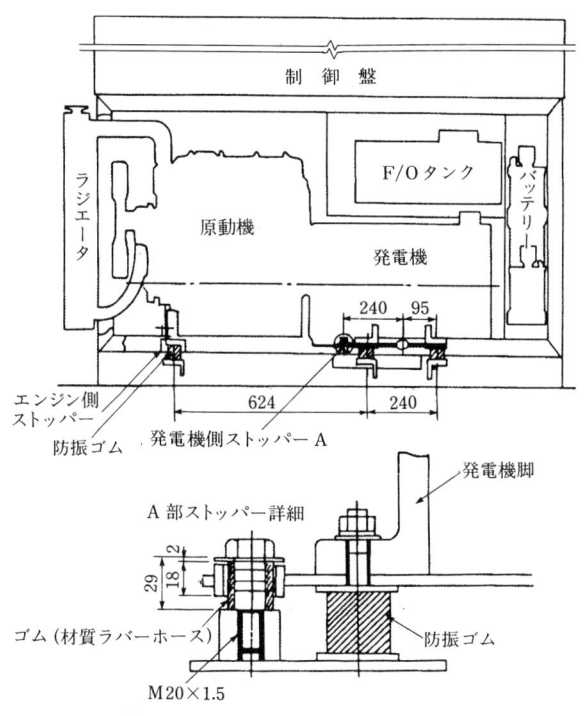

図 14.17 ディーゼル発電機の防振例

(2) エレベーター巻上げ機

ⓐ 図 14.18 に例を示す．固体音としての障害例が多い．

ⓑ エレベーターレールを介しての障害例も多い．

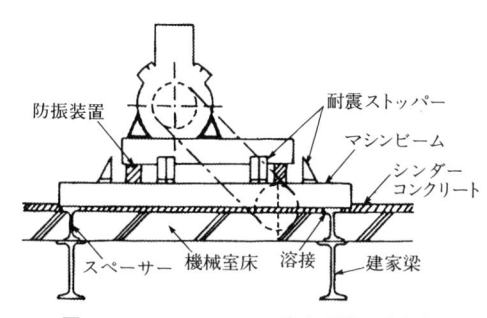

図 14.18 エレベーター巻上げ機の防振例

(3) 小型変圧器
ⓐ 図 14.19 に例を示す．電源周波数の 2 倍にコア振動のピークがあり，定在波が室内などに生じ，耳障りである．
ⓑ 固体音成分が多いので，慎重な防振が必要である．

集合住宅の電気室内部変圧器 – 10～100 kVA の場合
変圧器底にフランジが付いている場合の固定

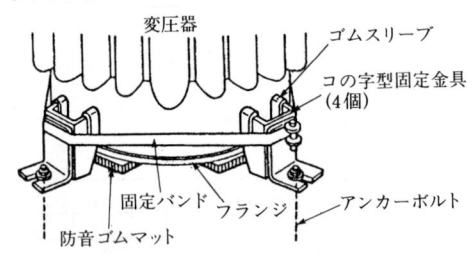

変圧器
ゴムスリーブ
コの字型固定金具 (4個)
固定バンド
フランジ
アンカーボルト
防音ゴムマット

図 14.19　小型変圧器の防振例

第15章

床振動と騒音の放射

　設備機器の防振支持をしても，据付け床の振動を完全に零にすることは不可能である．床に伝達された振動によって，周辺の嫌振機器などに障害が生じていないか，固体音による騒音の放射が，居室の環境を阻害していないか等の，検討をすることが必要である．居住性や嫌振機器に対する許容振動については，第2章で述べた．ここでは建築の壁面および床振動と音の放射，そして室内の許容騒音との関連について述べる．

15.1　平板からの音の放射係数

　振動体からの音の放射は，振動面の振動位相に関係する．実際の建築物の壁面および床の振動は，屈曲振動で振動面の位相関係は複雑なので，音の放射係数（σ）の概念を用いて関係づける．
　すなわち

$$\sigma = \frac{N}{N_0} \tag{15.1}$$

$$N_0 = \rho c v_{\text{eff}}^2 S \tag{15.2}$$

ここに，N：速度振幅実効値の平均値 v_{eff} で屈曲振動する面積 S の板の音響出力
　　　　N_0：速度振幅実効値 v_{eff} で同位相振動をする無限大板の面積 S の放射する音響出力
　　　　ρc：空気の固有音響インピーダンス $(400\,\text{N·s/m})$

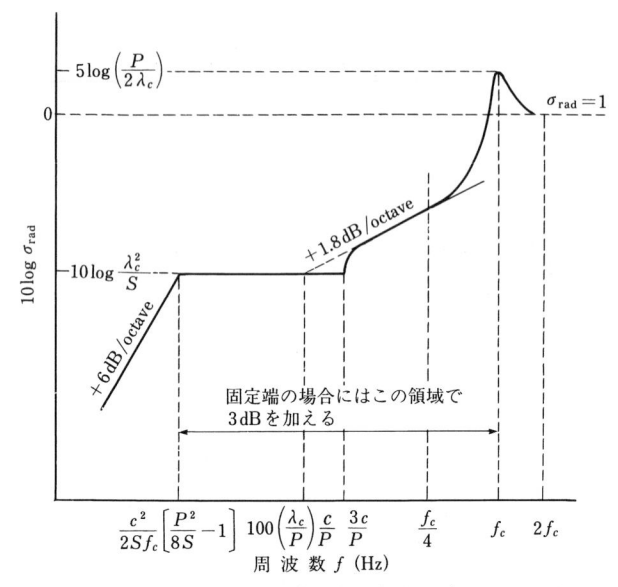

図 15.1 Beranek (Smith) の音響放射率算定図（P, S：振動する有限板の周長 (m) および面積 (m²), c：空気中の音の伝搬速度 (m/s), f_c, λ_c：コインシデンス限界周波数および波長）

単純もしくは固定支持された2辺の長さが L_x, L_y の長方形板に対する平均音響放射係数（σ）の推定については，図15.1の計算図が提案されている．ここに，$P = 2(L_x + L_y)$：平板の周長 (m)
 S：平板の面積 (m²)
 $f_c = \dfrac{c^2}{1.8\, c_l\, t}$：平板のコインシデンス周波数 (Hz)
 c_l：平板の縦波速度 (m/s)
 t：平板の厚さ (m)
 c：空気中の音速 (m/s)
 $\lambda_c = \dfrac{c}{f_c}$：コインシデンス周波数での波長 (m)

図に示すように放射係数は，コインシデンス周波数で1を越える．それより低い周波数では低下し，高い領域では1に収束する．音響放射係数は，振動する平板の材質，工法により変化するので，目安算定では $\sigma = 1$ とする例が多い．

15.2 平面板の振動と放射音圧レベルの関係

速度振幅実効値 v_eff で振動する床面（壁面）S からの音響出力を W とするとき，吸音力 A の室内での音響エネルギー密度 E は

$$E = \frac{4W}{cA} = \frac{4\rho c v_\text{eff}^2 S \sigma}{cA} \tag{15.3}$$

で表される．

ここで，床面（壁面）の速度振幅実効値の代わりに加速度振幅実効値 g_eff を用いれば

$$E = \frac{4\rho c g_\text{eff}^2 S \sigma}{\omega^2 cA} \tag{15.4}$$

となる．

また，音圧（P）と音響エネルギー密度（E）の間には

$$E = \frac{P^2}{\rho c^2} \tag{15.5}$$

の関係があるので，式 (15.5) に式 (15.4) を代入して整理する．

ここで音響の分野では，音の物理的な強弱を表す場合に dB 尺度を用いる．その理由としては，人間の感覚が刺激の強さの絶対量よりもむしろその対数に比例する傾向（Weber–Fechner の法則）があることなどによる．

$$L_p = L_a - 20\log_{10} f + 10\log_{10}\sigma + 10\log_{10}\frac{S}{A} + 36 \text{ (dB)} \tag{15.6}$$

ただし，L_p：室内の音圧レベル（dB），$0\,\text{dB} = 2\times 10^{-5}\,\text{N/m}^2$
L_a：振動する床面等の振動加速度レベル（dB），$0\,\text{dB} = 10^{-5}\,\text{m/s}^2$
f：振動数（Hz）
S：振動放射面積（m^2）
A：室内の吸音力（m^2）$= \sum S_i \alpha_i$
S_i：室内の i 部分の面積（m^2）
α_i：室内の i 部分の吸音率
σ：放射係数

また，振動加速度振幅の実効値 g_eff（m/s^2）を用いる場合には

$$\begin{aligned}L_p = {}& 20\log_{10} g_\text{eff} - 20\log_{10} f + 10\log_{10}\sigma \\ & + 10\log_{10}\frac{S}{A} + 136 \text{ (dB)}\end{aligned} \tag{15.7}$$

となる．

なお，防振計算では，床の振動変位振幅の実効値（x_{eff}）などを求める例が多いので

$$g_{\text{eff}} = \omega^2 x_{\text{eff}} = (2\pi f)^2 x_{\text{eff}} \tag{15.8}$$

から換算することで

$$\begin{aligned}L_p =\ & 20\log_{10} x_{\text{eff}} + 20\log_{10} f + 10\log_{10} \sigma \\ & +10\log_{10}\frac{S}{A} + 168\ (\text{dB})\end{aligned} \tag{15.9}$$

として求められる．ここに，x_{eff}：振動変位振幅の実効値（m）．

15.3 室内許容騒音と振動の許容値

室内の騒音には，各室の用途に応じて許容値が提案されている．その代表例が NC 曲線（noise criteria curve）によって評価する方法である．

NC 曲線は，表 15.1 および図 15.2 に示すように，オクターブバンド中心周波数ごとに定められた音圧レベルを結ぶ曲線群が用意されており，これらの曲線群の中から，表 15.2 に示した室の用途に応じて曲線を適用することが推奨されている．

表 15.1 NC 曲線の数値表

NC 曲線	中心周波数（Hz）							
	63	125	250	500	1 000	2 000	4 000	8 000
NC–15	47	36	29	22	17	14	12	11
NC–20	51	40	33	26	22	19	17	16
NC–25	54	44	37	31	27	24	22	21
NC–30	57	48	41	35	31	29	28	27
NC–35	60	52	45	40	36	34	33	32
NC–40	64	56	50	45	41	39	38	37
NC–45	67	60	54	49	46	44	43	42
NC–50	71	64	58	54	51	49	48	47
NC–55	74	67	62	58	56	54	53	52
NC–60	77	71	67	63	61	59	58	57
NC–65	80	75	71	68	66	64	63	62

（1）床振動を感じる場合

振動している周波数が 31.5 Hz 以下の場合には，聴覚作用が低下するので，

15.3 室内許容騒音と振動の許容値 / 181

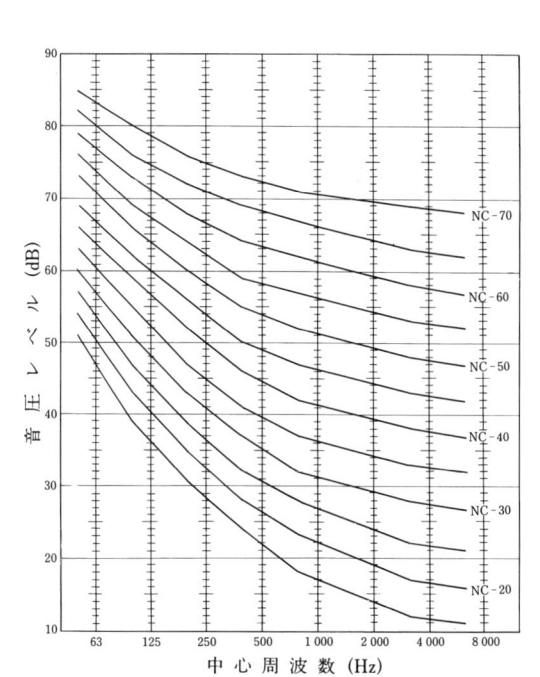

図 15.2 NC 曲線

表 15.2 室用途に適用する基準曲線

室の種類	適用する基準曲線	室の種類	適用する基準曲線
放送スタジオ	NC–15〜20	家庭（寝室）	NC–25〜30
音　楽　堂	NC–15〜20	映　画　館	NC–30
劇場（500 席，拡声装置なし）	NC–20〜25	病　　　院	NC–30
音　楽　室	NC–25	教　　　会	NC–30
教室（拡声装置なし）	NC–25	裁　判　所	NC–30
テレビスタジオ	NC–25	図　書　館	NC–30
アパート，ホテル	NC–25〜30	料　理　店	NC–45
会議場（拡声装置付）	NC–25〜30	運動競技場（拡声装置付）	NC–50

ごく特殊な低周波騒音障害を除き，体感振動での居室としての許容値が優先決定される．

室用途と許容振動加速度については，第2章で説明した日本建築学会の「建築物の振動に関する居住性能評価指針・同解説」に示す，性能評価基準および建築物の用途別性能評価区分を採用することを推奨する．そして，建築学会の改定指針およびISO TC108 SC/4の図2-7に示す評価基準曲線および室用途に応じた表2-2の倍率等も参考にして評価することを推奨する．

(2) 天井・壁などの内装材が振動し，騒音を感じている場合

騒音評価NC曲線（図15.2）と室用途（表15.2）との関係を用いて，騒音を放射する振動面の許容振動値を図15.3，表15.3のように定める．

この許容騒音と許容振動加速度との関連の算定は，前出の式（15.7）による．なお，この図は $S/A=1$, $\sigma=1$ として算定している．ここで，放射係数 $\sigma=1$ の採用は安全側の計算になるが，S/A の値は，対象とする室の放射面積と室内吸音力の比によって変動するので，補正する必要がある．

すなわち，S/A が2であれば，騒音を放射する振動面の加速度振幅が同じであっても，室内の音圧レベルは3dB上昇することになる（式（15.7）参照）．また騒音評価は，実効値振動加速度を用いるので，本来のNC値対応振動加速度値は，振動加速度ピーク値を $1/\sqrt{2}$ した値となる．

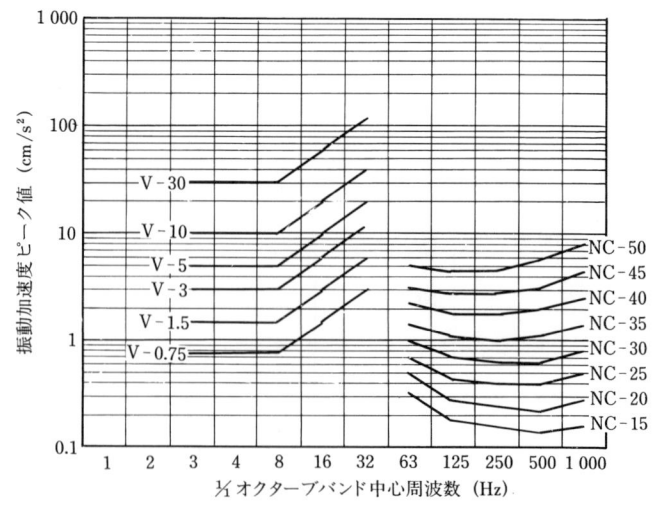

図15.3 床の許容振動加速度（注：1～32Hzは単独周波数評価，63～1000Hzは上記中心周波数でのオクターブバンドで評価をする．なお各曲線群の加速度ピーク値の数値は，表15.3の値である．）

表 15.3　各曲線群の加速度ピーク値

周波数（Hz）	振動加速度ピーク値（cm/s^2）				
	3	4	8	16	32
V–0.75	0.75	0.75	0.75	1.5	3
V–1.5	1.5	1.5	1.5	3	6
V–3	3	3	3	6	12
V–5	5	5	5	10	20
V–10	10	10	10	20	40
V–30	30	30	30	60	120

評価は，表記周波数での値

1/1 オクターブバンド中心周波数（Hz）	振動加速度ピーク値（cm/s^2）				
	63	125	250	500	1 000
NC-15	0.3	0.2	0.2	0.1	0.2
NC-20	0.5	0.3	0.3	0.2	0.3
NC-25	0.7	0.4	0.4	0.4	0.5
NC-30	1.0	0.7	0.6	0.6	0.8
NC-35	1.4	1.1	1.0	1.1	1.4
NC-40	2.2	1.8	1.8	2.0	2.5
NC-45	3.2	2.8	2.8	3.2	4.5
NC-50	5.0	4.4	4.5	5.6	8.0

評価は，表記 1/1 オクターブバンド中心周波数での，オクターブバンド幅での値
実効値は，表中値を $1/\sqrt{2}$ する．

以上に述べた（**1**），（**2**）を総括し，図 15.3 に示す振動評価曲線を用いて，床の許容振動加速度を室用途に応じてその妥当性の評価をする．

15.4　固体音の伝搬

空気中では，音波の疎密波（縦波）のみを扱えばよく，かつ媒質はほぼ一様であり音圧の変化もなだらかであるが，固体中ではむしろ一様であることがまれと考えられる．

建築の固体中では，柱や壁・床のように断面寸法が1方向あるいは2方向にのみ十分大きい媒質の中では，擬似縦波となり，さらにねじりやせん断の弾性に基づく横波，さらに板面を屈曲振動させる曲げ波など，多くの種類の波動が発生し，空気中のような単純な減衰特性にならない．

そのため固体音の減衰特性については，実物実験的な調査に基づく傾向の報告が先行している．その事例によると下記のような実験式が示されている．

$$L_x = P_0 - 20\log_{10} x - Mx \quad \text{(dB)} \tag{15.10}$$

ここに，P_0：加振の大きさを表す値，x：加振点から構造体に沿って測定点に至る無数の伝搬経路の中で幾何学的に最短な経路の長さ，M：定数，L_x：加振点から x の点の振動加速度レベル

そして M の値については，実験の結果から $\alpha\sqrt{f}$ とし，α の値については，0.02〜0.05 程度の値が報告されている．f は周波数である．

したがって，式 (15.10) を用いて機械室の床振動加速度レベル（P_0）から，目的とする階床の床振動加速度レベルを推定することが可能である．

ただし，式 (15.10) の右辺第2項の係数については，10〜20 の変動があり，10 を取る方が安全側となる．α の値についても同様である．

また，評価点の床スラブが機械室の床剛性と異なるときは，

$$\Delta L_z = 20\log_{10}\left(\frac{t_M}{t_T}\right) \quad \text{(dB)} \tag{15.11}$$

ただし，t_M：機械室の床スラブの厚み，
　　　　t_T：対象とする室の固体音放射対象の床，天井スラブ等の厚みとして式 (15.10) の補正をする．

たとえば，式 (15.10) の右辺第2項，第3項，そして式 (15.11) の合計計算結果が $-5\,\text{dB}$ であったとすれば $\Delta = 10^{-5/20} = 0.56$ の値を，機械室の床振動加速度値に乗ずることにより，評価対象とする場所の床振動加速度値を推定することが可能である．

第16章

防振設計計算例

前章までにおいて，防振設計・計算のための基本的な技術について述べた．本章においては，それらの技術を用いて具体的な防振設計計算例を示す．

16.1 回転機械の弾性支持例
（機械の振動方向は上下方向のみとし，完全非連成とする）

全質量 800 kg，回転数 900 rpm の機械の回転部分に 3 kg·cm の不釣合いがある．機械回転数の振動伝達率を 15 % にするためには，弾性体の動ばね定数はいくらにすればよいか．またこのときの機械の全振幅はいくらになるか．

16.1.1 基礎が剛体の場合
ここでは，従来の慣例的な計算手法で機械の振幅を算定する．

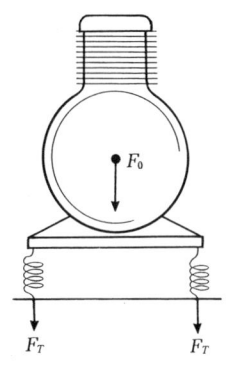

図 16.1 剛体基礎に弾性支持された機械

振動伝達率と振動系の固有振動数の関係式（3.6）から

$$T_F = \cfrac{1}{1-\left(\cfrac{\omega}{\omega_n}\right)^2}, \quad -15 = \cfrac{100}{1-\left(\cfrac{\omega}{\omega_n}\right)^2}$$

$$\therefore \omega_n^2 = \frac{15}{115}\omega^2 = 0.1304\,\omega^2, \quad \omega_n = 0.361\,\omega$$

ここに，$\omega = 2\pi f$：ただし f は，機械の振動数（機械の回転数）．

$$\omega = 2\pi\frac{900}{60} = 94.3, \quad \omega_n = 0.361 \times 94.3 = 34$$

この結果，この振動系の固有振動数は

$$f_n = \frac{34}{2\pi} = 5.4\,\text{Hz}$$

この振動系の固有振動数を満足するための弾性体の動的ばね定数は

$$\omega_n = \sqrt{\frac{Kg}{W}} \text{ の関係から}$$

$$K = \omega_n^2 \times M = 34^2 \times 800 \cong 925 \times 10^3\,\text{N/m} = 925\,\text{kN/m}$$

と求まる．ここで，加振力 F を遠心力とすれば

$$F = rm\omega^2 \quad \text{であるから} \quad F = 0.01 \times 3 \times 94.3^2 \cong 267\,\text{N}$$

弾性支持された機械の片振幅 x は，式（3.3）を変形して

$$x = \frac{F}{M\omega^2}\frac{1}{\left(\dfrac{\omega_n}{\omega}\right)^2 - 1}$$

$$= \frac{267}{800 \times (94.3)^2} \times \frac{1}{\dfrac{34^2}{94.3^2} - 1} \cong 4.3 \times 10^{-5}\,\text{m} = 43\,\mu\text{m}$$

したがって，両振幅は $86\,\mu\text{m}$ となる．

基礎に伝達される力 F_T は，

$$F_T = 0.15 \times 267 = 40\,\text{N}$$

他方，基礎には，ばねを介してのみ力が伝達されることから

$$F_T = Kx = 925 \times 43 \times 10^{-3} \cong 40\,\text{N}$$

としても求められる．

したがって床版の動剛性がわかれば，その振幅を算定することができる．

16.1.2 建物床版に設置された場合

ここでは第 9 章の弾性支持設計法の予備設計法に準じた手法で算定する．有限な剛性を持つ建物床版上に機械が設置された場合を想定する．

- 機械の質量：例題から質量 $800\,\text{kg}$

- 加振力：**16.1.1** 項の計算例から $267\,\text{N}$，振動数 $15\,\text{Hz}$

● 床版の動剛性の推定：床版は，図 16.2 のようなインピーダンス特性（実測）を持つものとする．

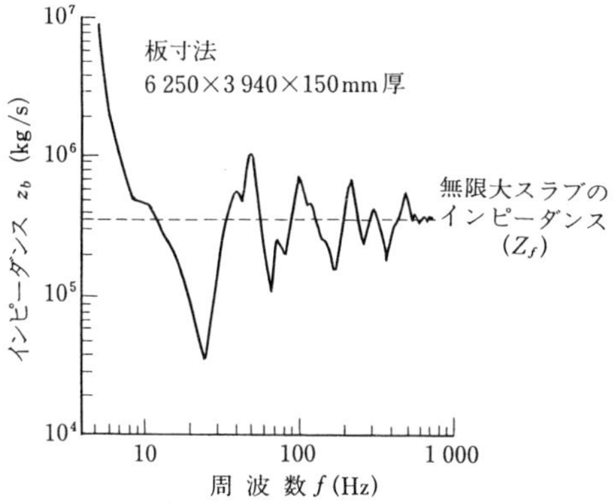

床版のインピーダンス特性は，図 16.2 のように実測されているが，ここでは，第 11 章に述べた簡易推定方法で求めると下記のようになる．

無限版のインピーダンスは

$$Z_f \cong 2.3\,\rho\,c_l\,h^2$$
$$= 2.3 \times 2\,300 \times 3\,400 \times 0.15^2 = 4 \times 10^5 \text{ kg/s}$$

図 16.2 床のインピーダンス特性

と求まる（図の実測例に近似している）．

床版は周辺を単純支持と仮定すると，1 次固有振動数は

$$f_0 = \frac{3}{4\sqrt{3}}\left(\frac{1}{a^2} + \frac{1}{b^2}\right) c_L\, h$$
$$= \frac{3}{4\sqrt{3}}\left(\frac{1}{6.25^2} + \frac{1}{3.94^2}\right) 3\,400 \times 0.15 \cong 20 \text{ Hz}$$

周辺固定とすると

$$f_0 = \frac{3}{4\sqrt{3}}\left(\frac{2.25}{a^2} + \frac{1.4}{b^2}\right) c_L\, h$$
$$= \frac{3}{4\sqrt{3}}\left(\frac{2.25}{3.94^2} + \frac{1.4}{6.25^2}\right) 3\,400 \times 0.15 \cong 40 \text{ Hz}$$

と求まる（ここでは，安全側の計算をするために加振振動数に近い単純支持の固有振動数を採用する）．

この固有振動数のとき，床のインピーダンスは，−10 dB 低下することになっているので

$$\frac{4 \times 10^5}{3.16} = 1.26 \times 10^5 \text{ kg/s}$$

と推定される（実測では 3.5×10^4 kg/s である）．

さらに加振振動数 15 Hz では，インピーダンスレベルが 2.5 dB 上昇することから

$$1.26 \times 10^5 \times 1.33 = 1.68 \times 10^5 \,\text{kg/s} \cdots\cdots 1.68 \times 10^5 \,\text{N} \cdot \text{s/m}$$

（実測値と整合性よい）

ここで，15 Hz でのこの床のインピーダンスを動剛性評価にすれば

$$1.68 \times 10^5 \times (2\pi f) = 1.68 \times 10^5 \times 94.2 = 1.58 \times 10^7 \,\text{N/m}$$

となる．

- 機械が直接床版に設置された場合の振幅の算定

第 8 章の式（8.54）の計算式からばね定数 k_{33} を無限大として，下記式から算定する．

$$x_2 = \frac{F}{Z_f} = \frac{267}{1.58 \times 10^7} \cong 17\,\mu\text{m}$$

- 機械回転数での振動伝達率を 15 %にする弾性支持の固有振動数を求める：

16.1.1 項の計算過程に示すように 5.4 Hz と求まる．もしくは第 3 章の図 3.4 を参照して，加振振動数/固有振動数 $= 2.8$ と求まり，これから

$$固有振動数（f_0） = \frac{加振振動数（15\,\text{Hz}）}{2.8} \cong 5.4\,\text{Hz}$$

と弾性支持固有振動数が求まる．

- 弾性支持後の床版の振幅の計算：

第 8 章の式（8.54）に数値を代入する．床版の振幅は

$$|x_2| = \frac{F}{\sqrt{\left[Z_f\left(1 - \frac{15^2}{5.4^2}\right) - M_1\omega^2\right]^2}}$$

$$= \frac{267}{\sqrt{\left[1.58 \times 10^7 \times \left(1 - \frac{15^2}{5.4^2}\right) - 800 \times 94.3^2\right]^2}}$$

$$\cong 2.4 \times 10^{-6}\,\text{m} = 2.4\,\mu\text{m}$$

となる．この振幅は，対策前に比べて明らかに，$\dfrac{2.4}{17} \cong 0.15$ となり，設計要求課題の 15 %を満足する．

- 弾性体のばね定数：

固有角振動数とばね定数および質量の関係から

$$\omega_0^2 = \frac{K}{M}, \quad \therefore\ K = (2\pi \times 5.4)^2 \times 800 \cong 924\,\text{kN/m}$$

と求まる．

- 弾性支持された機械の振幅は

第8章の式 (8.44) から

$$x_1 = \left(1 + \frac{Z_f}{K}\right) x_2 = \left(1 + \frac{1.58 \times 10^7}{924 \times 10^3}\right) \times 2.4 \times 10^{-6}$$
$$= 4.33 \times 10^{-5}\,\mathrm{m} \cong 43\,\mathrm{\mu m}$$

となり，全振幅は $86\,\mathrm{\mu m}$ となる．

この結果は，機械基礎（床版）を剛体として機械振幅を求めた **16.1.1** 項の計算例と同等の結果となっている．

また前例 **16.1.1** 項で基礎に伝達される力が，40 N と推定されている．床の動剛性を評価して床の振幅を計算すると

$$x_2 = \frac{F_T}{Z_f} = \frac{40}{1.58 \times 10^7} \cong 2.5 \times 10^{-6}\,\mathrm{m} = 2.5\,\mathrm{\mu m}$$

となり，2自由度での算定と同様な推定値になる．

16.2 送風機の弾性支持例
（力の方向は上下のみ，完全非連成とする）

機械室に多翼送風機（羽根車外径 600 mm，質量 120 kg，回転数 950 rpm）が設置されている．機械室の床版は，4.5 m×7.8 m，床厚 0.15 m である．軸回転数での機械室の許容振動振幅を建築学会提案（図 2.5 参照）の V-5 ($10\,\mathrm{\mu m}$) 以下としたい．弾性体のばね定数をいくらにしたらよいか．

(1) 予備設計計算

機械系の質量：120 kg，加振振動数：16 Hz
- 加振力の算定：

送風機の軸回転数における加振力を第13章，式 (13.10) から推定する．

$$L_f = 24.4 \log_{10} M + 40 \log_{10} n - 49$$
$$= 24.4 \log_{10} 120 + 40 \log_{10} 950 - 49 = 51 + 119 - 49 = 121\,\mathrm{dB}$$

よって加振力（ピーク値）は

$$F = 10^{121/20} \times \sqrt{2} \times 10^{-5} = \sqrt{2} \times 10^{1.05} = 15.8\,\mathrm{N}$$

- 床版の動剛性の算定：

無限大床版のインピーダンスを推定する．

$$Z = 2.31 \rho c_l h^2 = 2.31 \times 2\,300 \times 3\,400 \times 0.15^2 = 4 \times 10^5\,\mathrm{kg/s}$$

この床版の 1 次固有振動数は，周辺を壁に結合されているとして固定支持として

$$f_0 = \frac{3}{4\sqrt{3}} \left(\frac{2.25}{a^2} + \frac{1.4}{b^2} \right) c_L \cdot h$$

$$= \frac{3}{4\sqrt{3}} \left(\frac{2.25}{4.5^2} + \frac{1.4}{7.8^2} \right) \times 3\,400 \times 0.15 \cong 30\,\text{Hz}$$

を採用する．

30 Hz におけるインピーダンスは

$$\frac{4 \times 10^5}{3.16} = 1.26 \times 10^5\,\text{kg/s}$$

加振振動数 16 Hz での床のインピーダンスは，この領域 6 dB/oct 上昇の関係から

$$1.26 \times 10^5 \times 1.9 = 2.4 \times 10^5\,\text{kg/s} \cdots\cdots \text{N}\cdot\text{s/m}$$

動剛性評価すると

$$2.4 \times 10^5 \times 2\pi \times 16 = 2.41 \times 10^7\,\text{N/m}$$

と算定される．

- 床版に剛接した場合の振幅

$$x_2 = \frac{F}{\sqrt{(Z_f - M_1\omega^2)^2}}$$

$$= \frac{15.8}{\sqrt{\{2.41 \times 10^7 - 120 \times (2\pi \times 16)^2\}^2}} = \frac{15.8}{2.3 \times 10^7}$$

$$= 6.9 \times 10^{-7}\,\text{m} \cong 0.7\,\mu\text{m}$$

となり，この加振力では床振動は 10 μm に達しない．したがって，可聴領域での固体音問題を避ける目的から，少なくとも 固有振動数/加振振動数 ≤ 0.71 の条件から，10 Hz 程度の防振ゴムによる弾性支持をすることを推奨する．

したがって弾性体（防振ゴム）の総合動ばね定数は

$$K = (2\pi \times 10)^2 \times 120 \cong 4.7 \times 10^5\,\text{N/m}$$

となり，仮に同一の弾性体 6 個で機械を支持するとすれば，1 個の動ばね定数は

$$\frac{4.7 \times 10^5}{6} = 7.8 \times 10^4\,\text{N/m}$$

となる．この値は動ばね定数であり，静的ばね定数としては

$$\frac{7.8 \times 10^4}{1.5} \approx 5.2 \times 10^4 \, \text{N/m}$$

程度のばね定数のものを用意すればよい（**10.1** 節「防振ゴム」参照）．

(2) 直接満足する固有振動数を探索する方法

第 8 章の計算式（8.54）から

$$|x_2| = \frac{F}{\sqrt{\left[Z_f\left(1 - \dfrac{M_1\omega^2}{K}\right) - M_1\omega^2\right]^2}} = \frac{F}{\sqrt{\left[Z_f\left(1 - \dfrac{\omega^2}{\omega_n^2}\right) - M_1\omega^2\right]^2}}$$

床の許容振幅を満足する送風機を弾性支持する系の固有振動数 ω_n を確定し，それからばね定数は $K = \omega_n^2 M_1$ として求める．

はじめに上記式で，送風機の加振振動数 16 Hz の 1/3 の 5 Hz を常識的な弾性支持系固有振動数 f_n の一応の目安として，満足する $\omega_n = 2\pi f_n$ を探索する．

結果は図 16.3 に示すようで，機械弾性支持固有振動数 f_n が 5〜16 Hz の常識的な探索範囲では，床の許容振幅 10 μm に達しない．また機械の振幅も 10 μm 以内であり，支障はないと判断される．

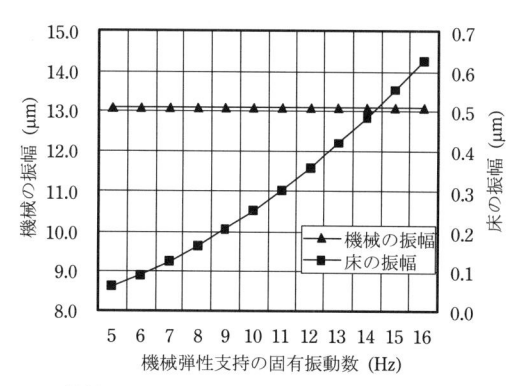

図 16.3 機械弾性支持の固有振動数と床（30 Hz）・機械の振幅

ここでは常識的に，機械の加振振動数（16 Hz）と床の固有振動数（30 Hz）を考慮する．機械の加振振動数の方が低いことから，この振動数の 0.71 以下の 10 Hz 程度で弾性支持すれば十分と判断される．

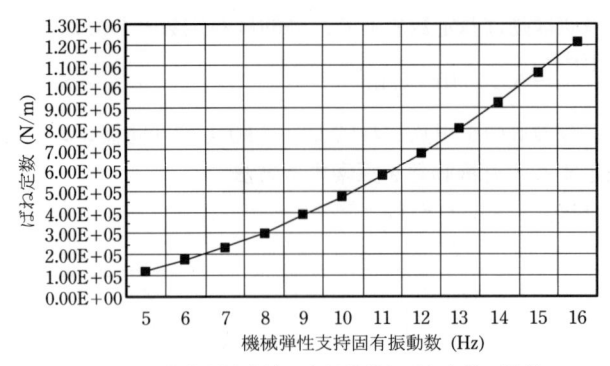

図 16.4 機械弾性支持固有振動数とばね定数の関係

したがって所要の動的総合ばね定数は，前記 (1) の計算と同様にして求まる．なお，機械の振幅 (x_1) は，床の動剛性を Z_f，弾性支持の総合動ばね定数を K とすれば，下記の第 8 章式 (8.53) で求まる．

$$x_1 = \left(1 + \frac{Z_f}{K}\right) x_2$$

なお，機械室床を単純支持として固有振動数を求めると，15 Hz となり加振振動数に極めて近い．前の図 16.3 と同様な手法で床の振幅等を計算すると，図 16.5 のような結果となる．機械本体の振幅には変化がないが，床振幅は倍増している．

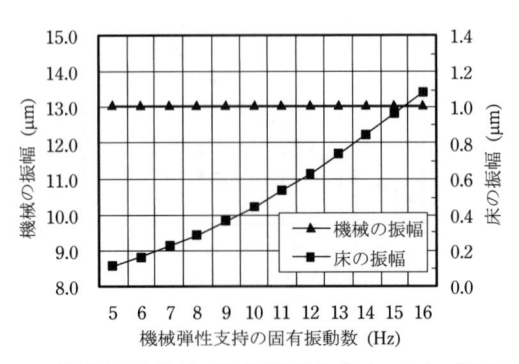

図 16.5 機械弾性支持系の固有振動数と床 (15 Hz)・機械の振幅

(補足)
　原則として，床の固有振動数が，機械の加振振動数にほぼ一致することは避けたい．機械の加振振動数を変更するか，床の剛性を増す等の対策を考える．

(3) 力の伝達率から求める

基礎床に伝達された力 $Z_f x_2$ と機械に作用する力 F との力の伝達率から計算する．

計算式は，第 8 章式（8.54）を変形して

$$T_F = \frac{Z_f}{Z_f\left(1 - \dfrac{\omega^2}{\omega_n^2}\right) - m\omega^2}$$

から

$$\frac{\omega^2}{\omega_n^2} = \left|1 - \frac{1}{T_F} - \frac{m\omega^2}{Z_f}\right|$$

とし

ω^2/ω_n^2 を確定し，適応する固有振動数を求め，所要のばね定数を決定する．基礎（動剛性：2.41×10^7 N/m，固有振動数 30 Hz）を 10 μm で振動させる加振力は

$$F_T = Z_f x_2 = 2.41 \times 10^7 \times 10 \times 10^{-6} = 241 \text{ N}$$

となる．これは，送風機の加振力 11.2 N より大きいことになり，基礎を 10 μm 振動させることはありえない．すなわち，この基礎床を 10 μm 振動させるには，この送風機の加振力では不足していることを証明している．したがって伝達力としては，送風機の加振力相当以下であれば全く支障ないということになる．

この観点から仮定される力の伝達率と，送風機弾性支持の固有振動数および伝達された加振力の関係を図示すると，図 16.6 のようになる．図では，機械の加振振動数と一致した弾性支持固有振動数でも伝達された力は，6 N 程度であり可能と推定される．

ここでは常識的に，機械の加振振動数の 0.7 以下の 10 Hz で弾性支持すれば十分と判断される．

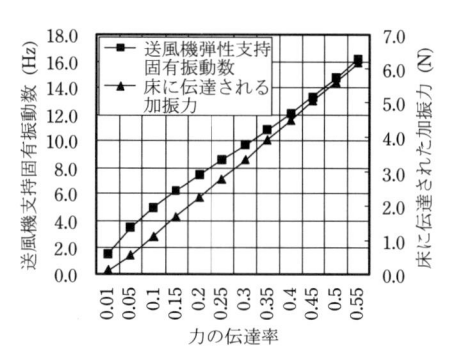

図 16.6 力の伝達率と送風機支持固有振動数および床に伝達される加振力の関係

したがって所要の動的総合ばね定数は，10 Hz として

$$K = (2\pi \times 10)^2 \times 120 = 4.7 \times 10^5 \,\text{N/m}$$

となる．仮に 6 個の弾性材（防振ゴムなど）で支持するとすれば，1 個の動ばね定数は

$$k = \frac{4.7 \times 10^5}{6} = 8 \times 10^4 \,\text{N/m}$$

となる．

（補足）動ばね定数と静的ばね定数について
　防振ゴムが振動ひずみを受けると，動的弾性係数は静的の値よりかなり割増しになる．動的と静的の弾性係数の比，したがってそれぞれのばね定数の比を動的係数と呼ぶ．
　動的係数は，ゴムの硬さが大きいほど大きくなる．
　　　硬さ　40 度　　1.1～1.4
　　　　　　50 度　　1.2～1.5
　　　　　　60 度　　1.3～1.9
　防振ゴムの硬さは，普通 45～55 度の範囲で選ぶ．
　上記例で 50 度に選んだとすれば，動的係数を 1.5 として

$$k_s = \frac{8 \times 10^4}{1.5} = 5.3 \times 10^4 \,\text{N/m}$$

の静的ばね定数の防振ゴムを 6 個選定することになる．

16.3　冷凍機の弾性支持例
　　　　（機械室床版の上に設置され，連成振動を考慮する）

16.3.1　床を剛体とした場合

　高速多気筒の冷凍機を建物中間階機械室の床版上に据え付けたい．加振力は，メーカーから提示されないので，初めに連成振動を考慮し，加振振動数と固有振動数の関係に留意して防振設計をする．
　● 冷凍機の諸元
　共通架台に設置された各機器の配置は図 16.7 のようである．図中黒丸は，各機器の重心位置を示す．
　● 全体の重心位置
　表 16.2 から全重心は座標の原点より測って

$$x = \frac{\sum M l_x}{\sum M} = \frac{22\,439 \times 10^2}{2\,187} = 1\,026\,\text{mm} = 1.026\,\text{m}$$

$$y = \frac{\sum M l_y}{\sum M} = \frac{8\,514 \times 10^2}{2\,187} = 390\,\text{mm} = 0.39\,\text{m}$$

16.3 冷凍機の弾性支持例 / 195

表 16.1 弾性支持する冷凍機構成システムの質量

名称	質量 (kg)	回転数 (rpm)
圧縮機	800	1 200
電動機	1 000	720
圧縮機プーリー	57	1 200
電動機プーリー	95	720
ベルトカバー	35	
共通架台	200	
合計質量	2 187 kg	

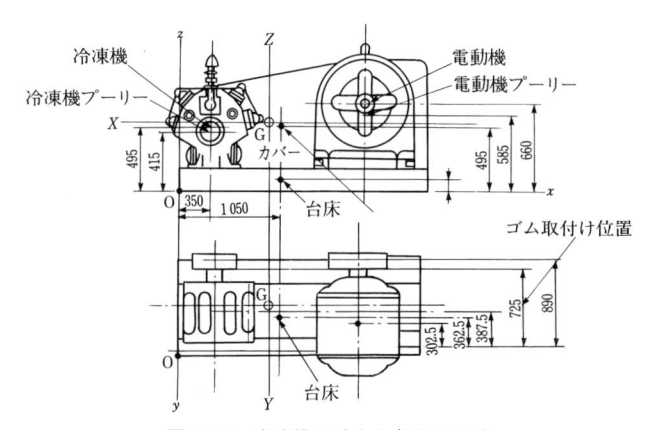

図 16.7 冷凍機の重心と各部の寸法

表 16.2 各部の重心位置

名称	M (kg)	l_x (mm)	l_y (mm)	l_z (mm)	$M\,l_x$	$M\,l_y$	$M\,l_z$
圧縮機	800	350	387.5	495	280 000	310 000	396 000
電動機	1 000	1 550	302.5	585	1 550 000	302 500	585 000
圧縮プーリー	57	350	890	415	19 950	50 730	23 655
電動機プーリー	95	1 550	890	660	147 250	84 550	62 700
ベルトカバー	35	1 050	890	495	36 750	31 150	17 325
架台	200	1 050	362.5	75	210 000	72 500	15 000
合計	2 187				2 243 950	851 430	1 099 680

$$z = \frac{\sum M\,l_z}{\sum M} = \frac{10\,996 \times 10^2}{2\,187} = 503\,\mathrm{mm} = 0.503\,\mathrm{m}$$

となる．

(補足)

座標の原点は，図 16.7 の左下隅にとっている．

● 各機器の慣性モーメント

各機器の形状は複雑である．そこでこれを近似的な形状に仮定して求める（図 16.8 参照）．

圧縮機（直方体として近似）

$$I_{X0} = \frac{1}{3}(b^2 + c^2)M = \frac{1}{3}(0.0784 + 0.1024)800 = 48.2 \,\text{kg}\cdot\text{m}^2$$

$$I_{Y0} = \frac{1}{3}(c^2 + a^2)M = \frac{1}{3}(0.1024 + 0.0729)800 = 46.7 \,\text{kg}\cdot\text{m}^2$$

$$I_{Z0} = \frac{1}{3}(a^2 + b^2)M = \frac{1}{3}(0.0729 + 0.0784)800 = 40.3 \,\text{kg}\cdot\text{m}^2$$

$$a^2 = 0.27^2 = 0.0729,\ \ b^2 = 0.28^2 = 0.0784,\ \ c^2 = 0.32^2 = 0.1024,\ \ M = 800$$

電動機（円筒として近似）

$$I_{X0} = \left(\frac{l^2}{12} + \frac{a^2}{4}\right)M = \left(\frac{0.56}{12} + \frac{0.1225}{4}\right)1\,000 = 77.3 \,\text{kg}\cdot\text{m}^2$$

$$I_{Y0} = \frac{1}{2}a^2 M = \frac{1}{2} \times 0.1225 \times 1\,000 = 61.25 \,\text{kg}\cdot\text{m}^2$$

$$I_{Z0} = I_{X0} = 77.3 \,\text{kg}\cdot\text{m}^2$$

$$a^2 = 0.35^2 = 0.1225,\quad l^2 = 0.75^2 = 0.5600,\quad M = 1\,000$$

圧縮機プーリー（円筒として近似）

$$I_{X0} = \left(\frac{l^2}{12} + \frac{a^2}{4}\right)M = \left(\frac{0.053}{12} + \frac{0.0324}{4}\right)57 = 0.71 \,\text{kg}\cdot\text{m}^2$$

$$I_{Y0} = \frac{1}{2}a^2 M = \frac{1}{2} \times 0.0324 \times 57 = 0.92 \,\text{kg}\cdot\text{m}^2$$

$$I_{Z0} = I_{X0} = 0.71 \,\text{kg}\cdot\text{m}^2$$

$$a^2 = 0.18^2 = 0.0324,\quad l^2 = 0.23^2 = 0.0530,\quad M = 57$$

電動機プーリー（円筒として近似）

$$I_{X0} = \left(\frac{l^2}{12} + \frac{a^2}{4}\right)M = \left(\frac{0.053}{12} + \frac{0.096}{4}\right)95 = 2.7 \,\text{kg}\cdot\text{m}^2$$

$$I_{Y0} = \frac{1}{2}a^2 M = \frac{1}{2} \times 0.096 \times 95 = 4.56 \,\text{kg}\cdot\text{m}^2$$

$$I_{Z0} = I_{X0} = 2.7 \,\text{kg}\cdot\text{m}^2$$

$$a^2 = 0.31^2 = 0.960,\quad l^2 = 0.23^2 = 0.053,\quad M = 95$$

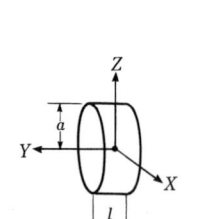

ベルトカバー（長方形として近似）

$I_{X0} = \frac{1}{3}b^2 M = \frac{1}{3} \times 0.09 \times 35 = 1.05 \,\text{kg} \cdot \text{m}^2$

$I_{Y0} = I_{X0} + I_{Z0} = 13.92 \,\text{kg} \cdot \text{m}^2$

$I_{Z0} = \frac{1}{3}a^2 M = \frac{1}{3} \times 1.103 \times 35 = 12.87 \,\text{kg} \cdot \text{m}^2$

$a^2 = 1.05^2 = 1.103, \qquad b^2 = 0.30^2 = 0.09, \qquad M = 35$

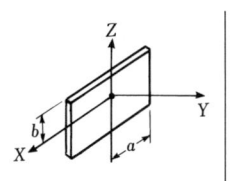

架台（直方体として近似）

$I_{X0} = \frac{1}{3}(b^2 + c^2)M = \frac{1}{3}(0.13 + 0.0056) \times 200 = 9.04 \,\text{kg} \cdot \text{m}^2$

$I_{Y0} = \frac{1}{3}(c^2 + a^2)M = \frac{1}{3}(0.0056 + 1.103) \times 200 = 73.9 \,\text{kg} \cdot \text{m}^2$

$I_{Z0} = \frac{1}{3}(a^2 + b^2)M = \frac{1}{3}(1.103 + 0.13) \times 200 = 82.2 \,\text{kg} \cdot \text{m}^2$

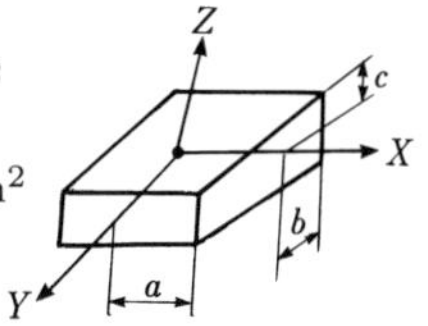

$a^2 = 1.05^2 = 1.103, \; b^2 = 0.36^2 = 0.13, \; c^2 = 0.075^2 = 0.0056, \; M = 200$

図 **16.8** 各機器の近似形状

- 慣性モーメントの合成

次に各機器の慣性モーメントを全体の重心が通る軸 X, Y, Z 回りに合成する．

表 **16.3** 慣性モーメントの計算

対称	$X'(YZ)$	$Y'(XZ)$	$Z'(XY)$	X'^2	Y'^2	Z'^2	$X^2 =$ $Y'^2+Z'^2$	$Y^2 =$ $X'^2+Z'^2$	$Z^2 =$ $X'^2+Y'^2$
圧縮機	-0.675	-0.0025	0.005	0.4489	$\fallingdotseq 0$	$\fallingdotseq 0$	0	0.448925	0.448906
電動機	0.515	-0.0875	0.085	0.26523	0.007656	0.00723	0.014881	0.27245	0.272881
圧縮機プーリー	-0.675	0.5	0.085	0.45563	0.25	0.00723	0.257225	0.46285	0.705625
電動機プーリー	0.515	0.5	0.16	0.26523	0.25	0.0256	0.2756	0.290825	0.515225
ベルトカバー	0.025	0.5	0.005	0.00063	0.25	$\fallingdotseq 0$	0.250025	0.00065	0.250625
架台	0.025	-0.0275	0.425	0.00063	0.000756	0.18063	0.181381	0.18125	0.001381

（各機器の重心より全重心を通る軸 X, Y, Z に至る垂直距離の 2 乗，ただし $X'(YZ)$ は YZ 平面までの意味，単位：m）

$$I'_x = I_{x0} + X^2 M, \qquad I'_y = I_{y0} + Y^2 M, \qquad I'_z = I_{z0} + Z^2 M$$

から計算する．

表 16.4 全重心の慣性モーメント

対称	I_{X0}	I_{Y0}	I_{Z0}	X^2M	Y^2M	Z^2M	I'_X	I'_Y	I'_Z
圧縮機	48.2	46.7	40.3	0	359.12	359.12	48.2	405.82	399.42
電動機	77.3	61.25	77.3	14.88	272.45	272.88	92.18	333.7	350.18
圧縮機プーリー	0.71	0.92	0.71	14.66	26.38	40.22	15.37	27.3	40.93
電動機プーリー	2.7	4.56	2.7	26.18	27.63	48.94	28.88	32.19	51.64
ベルトカバー	1.05	13.92	12.87	8.75	0.02	8.77	9.8	13.94	21.64
架台	9.04	73.9	82.2	36.26	36.24	0.26	45.3	110.14	82.46
総計	139	201.25	216.08	100.73	721.84	730.19	239.73	923.09	946.27

● 慣性乗積

圧縮機と電動機の重心がずれているので XY 平面における慣性乗積 $I_{X'Y'}$ を計算する.

$$I_{X'Y'} = \sum X'Y'M = -38.2 \,\text{kg} \cdot \text{m}^2$$

表 16.5 慣性乗積の計算

対称	$X'(YZ)$	$Y'(XZ)$	M	$X'Y'M$
圧縮機	−0.67	−0.0025	800	1.34
電動機	0.515	−0.0875	1 000	−45.0625
圧縮機プーリー	−0.675	0.5	57	−19.2375
電動機プーリー	0.515	0.5	95	24.4625
ベルトカバー	0.025	0.5	35	0.4375
架台	0.025	−0.0275	200	−0.1375
総計			2 187	−38.1975

● 慣性主軸の傾斜

XY 平面内における慣性主軸の方向を決める式は

$$\vartheta = \frac{1}{2}\tan^{-1}\frac{-2\,I_{X'Y'}}{I_{X'}-I_{Y'}} = \frac{1}{2}\tan^{-1}\frac{-2\times(-38.2)}{239.73-923.09} = -3.18 \cong -3°$$

傾斜角度は約 3° となり無視できる. X, Y, Z 軸は慣性主軸とみなせる.

16.3 冷凍機の弾性支持例 / 199

● 固有振動数と圧縮ばね定数の計算

高速多気筒の冷凍機は，各クランク軸で釣合いがとられており，回転に伴う1次振動は少ないといわれている．そこで軸回転数の最も低い電動機の720 rpm（12 Hz）を対象にする．

電動機の加振振動数を f とし，上下方向弾性支持の固有振動数を f_{33} としたとき

$$\frac{f}{f_{33}} \geq 2 \sim 3$$

を満足することを考慮して，固有振動数を 5 Hz に設定する．

所要の圧縮ばね定数は次のように求められる．

$$f_{33} = \frac{1}{2\pi}\sqrt{\frac{K_{33}}{M}}$$

から

$$K_{33} = (2\pi f_{33})^2 M$$
$$= (2\pi \times 5)^2 \times 2\,187 = 2\,158\,482\,\mathrm{N/m} \cong 2.16\,\mathrm{MN/m}$$

● 防振ゴムの配置

Y 方向の防振ゴムの配置は，架台の関係から決められている．しかし重心はこの方向の中央にないため，プーリー側とその反対側ではゴムにかかる荷重が異なってくる．そこでプーリー側と反対側では，防振ゴムの数を変更するか，ばね定数を変えなければならない．ここでは，ばね定数を変更することにする．配置を図 16.9 に示す．両側とも3個3個とし，プーリー側および反対側のばね定数 K_1, K_2 は次のようになる．

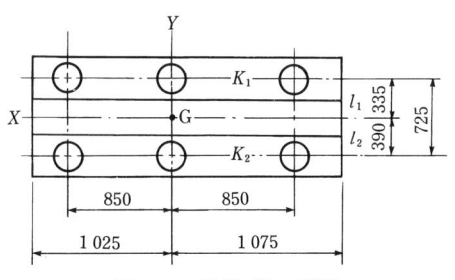

図 16.9 防振ゴムの配置

$$K_1 = \frac{l_2 K_{33}}{l_1 + l_2} = \frac{0.39 \times 2.16 \times 10^6}{0.725} \cong 1.162 \times 10^6 = 1.16\,\mathrm{MN/m}$$

$$K_2 = \frac{l_1 K_{33}}{l_1 + l_2} = \frac{0.335 \times 2.16 \times 10^6}{0.725} \cong 0.998 \times 10^6 \cong 1\,\text{MN/m}$$

この結果，1個当りのばね定数 K_{P1}，K_{P2} は

$$K_{P1} = \frac{1.16 \times 10^6}{3} = 0.387\,\text{MN/m}, \qquad K_{P2} = \frac{1 \times 10^6}{3} = 0.333\,\text{MN/m}$$

となる．

- 防振ゴムの選定（**10.1.2**項「防振ゴムのばね定数計算法（2）」による）

丸形の防振ゴムを採用するとし，ゴム高さと直径の関係を考慮し2段重ねとする．

ゴム径 0.1 m（100 mm），ゴム高さ 0.05 m（50 mm）とする．1段では

$A_L = 7.85 \times 10^{-3}\,\text{m}^2$ （78.5 cm^2）

$A_F = 1.57 \times 10^{-2}\,\text{m}^2$ （157 cm^2）

$S = 5, \quad \mu = 1.7$

$$k_{pst} = \frac{A_L \mu E}{H} = \frac{7.85 \times 10^{-3} \times 1.7}{0.05} E = 0.267\,E\ (\text{N/m})$$

$$k_{qst} = \frac{7.85 \times 10^{-3} G}{\left[1 + \frac{4}{9}\left(\frac{0.05}{0.1}\right)^2\right] \times 0.05} = \frac{78.5}{5.56} G = 0.141\,G\ (\text{N/m})$$

2段重ねることから，求める真の静的ばね定数はそれぞれ

$$k_{pst} = \frac{0.267}{2} E = 0.134\,E\ (\text{N/m})$$

$$k_{qst} = \frac{0.141}{2} G = 0.071\,G\ (\text{N/m})$$

となる．

数値を代入して計算すると，表 16.6 のようになり，ゴム硬度 45°〜50° 近辺で必要なばね定数を得られる．

表 16.6 ゴム硬度とばね定数

ゴム硬度（°）	k_{pst}（$\times 10^4$）	k_{qst}（$\times 10^4$）	d	k_p（$\times 10^4$）	$k_q = k_r$（$\times 10^4$）
40	24.8	3.3	1.1	27.3	3.6
45	29.2	4.0	1.15	33.6	4.6
50	34.4	5.0	1.2	41.3	6.0

単純な比例計算でばね定数を求めると表 16.7 のようになる．

表 16.7 採用ばね定数

位置	動的圧縮ばね定数 N/m (×10^4)	動的せん断ばね定数 N/m (×10^4)	静的圧縮ばね定数 N/m (×10^4)	ゴム硬度 (°)
プーリー側	38.2	5.4	32.4	48
反対側	33.6	4.6	29.2	45

ここで，全ばね定数計算に必要な基礎データをまとめると

$$a^2 = 0.85^2 = 0.7200\,\mathrm{m}^2, \quad M = 2\,187\,\mathrm{kg}$$
$$b_1^2 = 0.335^2 = 0.112\,\mathrm{m}^2, \quad I_X = 239.73\,\mathrm{kg}\cdot\mathrm{m}^2$$
$$b_2^2 = 0.39^2 = 0.152\,\mathrm{m}^2, \quad I_Y = 923.09\,\mathrm{kg}\cdot\mathrm{m}^2$$
$$c^2 = 0.558^2 = 0.311\,\mathrm{m}^2, \quad I_Z = 946.27\,\mathrm{kg}\cdot\mathrm{m}^2$$

全ばね定数は

$$K_{11} = 3\,k_{r1} + 3\,k_{r2} = (3 \times 5.4 + 3 \times 4.6) \times 10^4 = 30 \times 10^4$$
$$K_{22} = 3\,k_{q1} + 3\,k_{q2} = (3 \times 5.4 + 3 \times 4.6) \times 10^4 = 30 \times 10^4$$
$$K_{33} = 3\,k_{p1} + 3\,k_{p2} = (3 \times 38.2 + 3 \times 33.6) \times 10^4 = 215.4 \times 10^4$$
$$\begin{aligned}K_{44} &= K_{22}c^2 + 3k_{p1}b_1^2 + 3k_{p2}b_2^2 \\ &= (30 \times 0.311 + 3 \times 38.2 \times 0.112 + 3 \times 33.6 \times 0.152) \times 10^4 \\ &= 37.5 \times 10^4\end{aligned}$$
$$\begin{aligned}K_{55} &= 2k_{p1}a_1^2 + 2k_{p2}a_1^2 + K_{11}c^2 \\ &= (2 \times 38.2 \times 0.72 + 2 \times 33.6 \times 0.72 + 30 \times 0.311) \times 10^4 \\ &= 112.7 \times 10^4\end{aligned}$$
$$\begin{aligned}K_{66} &= 3k_{r1}b_1^2 + 3k_{r2}b_2^2 + 2k_{q1}a_1^2 + 2k_{q2}a_1^2 \\ &= (3 \times 5.4 \times 0.112 + 3 \times 4.6 \times 0.152 + 2 \times 5.4 \times 0.72 \\ &\quad + 2 \times 4.6 \times 0.72) \times 10^4 \\ &= 18.3 \times 10^4\end{aligned}$$
$$K_{15} = K_{11}c = 30 \times 10^4 \times 0.558 = 16.7 \times 10^4$$
$$K_{24} = K_{22}c = 30 \times 10^4 \times 0.558 = 16.7 \times 10^4$$

となる．

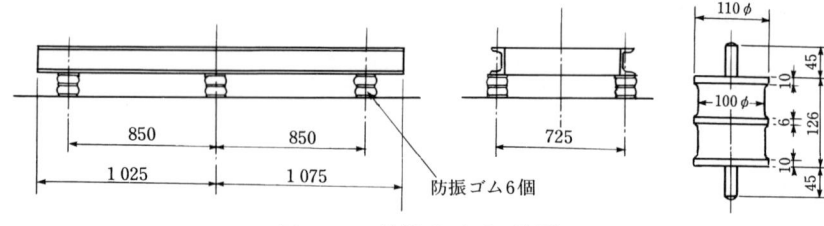

図 **16.10** 防振ゴムおよび配置

これより各方向（図 16.11）の角振動数は

$$\omega_{11}^2 = \frac{K_{11}}{M} = \frac{30 \times 10^4}{2\,187} = 137$$

$$\omega_{22}^2 = \frac{K_{22}}{M} = \frac{30 \times 10^4}{2\,187} = 137$$

$$\omega_{33}^2 = \frac{K_{33}}{M} = \frac{215.4 \times 10^4}{2\,187} = 985$$

$$\omega_{44}^2 = \frac{K_{44}}{I_{X'}} = \frac{37.5 \times 10^4}{239.73} = 1\,564$$

$$\omega_{55}^2 = \frac{K_{55}}{I_{Y'}} = \frac{112.7 \times 10^4}{923.09} = 1\,220$$

$$\omega_{66}^2 = \frac{K_{66}}{I_{Z'}} = \frac{18.3 \times 10^4}{946.27} = 193$$

$$\omega_{15}^2 = \frac{K_{15}}{\sqrt{MI_{Y'}}} = \frac{16.7 \times 10^4}{1\,420.84} = 118$$

$$\omega_{24}^2 = \frac{K_{24}}{\sqrt{MI_{X'}}} = \frac{16.7 \times 10^4}{724.08} = 231$$

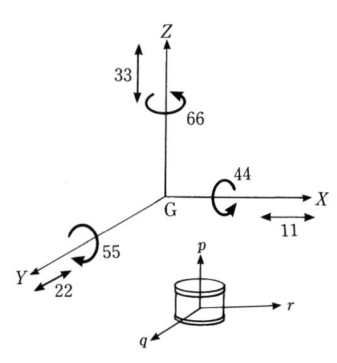

図 **16.11** 防振ゴムの記号と方向

連成角振動数

$X\text{-}\vartheta$ 系

$$_1\omega_{15}^2 \text{ or } {}_2\omega_{15}^2 = \frac{1}{2}\left[(\omega_{11}^2 + \omega_{55}^2) \pm \sqrt{(\omega_{11}^2 - \omega_{55}^2)^2 + 4\omega_{15}^4}\right]$$

$$= \frac{1}{2}\left[(137 + 1\,220) \pm \sqrt{(1\,220 - 137)^2 + 4 \times 118^2}\right]$$

$$= 1\,233 \text{ or } 124$$

$$_1\omega_{15} = 11.1, \quad {}_2\omega_{15} = 35$$

Y–ϕ 系

$$_1\omega_{24}^2 \text{ or } _2\omega_{24}^2 = \frac{1}{2}\left[(\omega_{22}^2 + \omega_{44}^2) \pm \sqrt{(\omega_{22}^2 - \omega_{44}^2)^2 + 4\omega_{24}^4}\right]$$
$$= \frac{1}{2}\left[(137 + 1\,564) \pm \sqrt{(1\,564 - 137)^2 + 4 \times 231^2}\right]$$
$$= 1\,600 \text{ or } 100$$

$$_1\omega_{24} = 10, \quad _2\omega_{24} = 39.8$$

各方向の固有振動数は

$f_{33} = 5\,\text{Hz}$

$f_{66} = 2.2\,\text{Hz}$

$_1 f_{15} = 1.8\,\text{Hz}$

$_2 f_{15} = 5.6\,\text{Hz}$

$_1 f_{24} = 1.6\,\text{Hz}$

$_2 f_{24} = 6.3\,\text{Hz}$

すなわち，電動機の加振振動数 $12\,\text{Hz}$ に対してすべて $f/f_n \geq 2$ 以上であり，伝達率は上下で 21 %，ローリングの上心で 38 % となり，良好と判断する．

16.3.2 機械室など有限の剛性床に設置した場合

機械室床版は梁間寸法 $5\,\text{m} \times 6\,\text{m}$，床厚 $0.15\,\text{m}$ の普通コンクリートとする．通常は，本例題のような有限剛性床に設置される．まず床の動剛性を求める．

● 床の動剛性

無限大床版のインピーダンスは

$$Z = 2.31\,\rho\,c_l\,h^2 = 2.31 \times 2\,300 \times 3\,400 \times 0.15^2 = 4 \times 10^5\,\text{kg/s}$$

床版は周辺を単純支持と仮定すると，1 次固有振動数は

$$f_0 = \frac{3}{4\sqrt{3}}\left(\frac{1}{a^2} + \frac{1}{b^2}\right)c_L\,h$$
$$= \frac{3}{4\sqrt{3}}\left(\frac{1}{5^2} + \frac{1}{6^2}\right) \times 3\,400 \times 0.15 \cong 15\,\text{Hz}$$

$15\,\text{Hz}$ におけるインピーダンスは

$$\frac{4 \times 10^5}{3.16} = 1.26 \times 10^5\,\text{kg/s}$$

加振振動数 $12\,\text{Hz}$ でのインピーダンスは，$6\,\text{dB/oct}$ の関係から

$$1.26 \times 10^5 \times 1.3 = 1.64 \times 10^5\,\text{kg/s} \cdots\cdots 1.64 \times 10^6\,\text{N·s/m}$$

となり，床の動剛性 k_{pf} を評価すると

$$1.64 \times 10^6 \times 2\pi \times 12 = 1.23 \times 10^8 \,\mathrm{N/m}$$

となる．

- ばね定数の計算

この床の動剛性が，先の k_{p1}, k_{p2} に直列に加わることになる．したがって

$$k'_{p1} = \frac{k_{pf}\,k_{p1}}{k_{pf}+k_{p1}} = \frac{1.23 \times 10^8 \times 38.2 \times 10^4}{1.23 \times 10^8} = 38.2 \times 10^4 \,\mathrm{N/m}$$

$$k'_{p2} = \frac{k_{pf}\,k_{p2}}{k_{pf}+k_{p2}} = \frac{1.23 \times 10^8 \times 33.6 \times 10^4}{1.23 \times 10^8} = 33.6 \times 10^4 \,\mathrm{N/m}$$

となる．この値は，弾性支持するばねのばね定数に比べ，床の動剛性が大きいために結果として，弾性支持するばねのばね定数で定まっている．
全ばね定数は

$$K_{11} = 3\,k_{r1} + 3\,k_{r2} = (3 \times 5.4 + 3 \times 4.6) \times 10^4 = 30 \times 10^4$$

$$K_{22} = 3\,k_{q1} + 3\,k_{q2} = (3 \times 5.4 + 3 \times 4.6) \times 10^4 = 30 \times 10^4$$

$$K_{33} = 3\,k'_{p1} + 3\,k'_{p2} = (3 \times 38.2 + 3 \times 33.6) \times 10^4 = 215.4 \times 10^4$$

$$\begin{aligned}K_{44} &= K_{22}c^2 + 3k'_{p1}b_1^2 + 3k'_{p2}b_2^2 \\ &= (30 \times 0.311 + 3 \times 38.2 \times 0.112 + 3 \times 33.6 \times 0.152) \times 10^4 \\ &= 37.5 \times 10^4\end{aligned}$$

$$\begin{aligned}K_{55} &= 2k'_{p1}a_1^2 + 2k'_{p2}a_1^2 + K_{11}c^2 \\ &= (2 \times 38.2 \times 0.72 + 2 \times 33.6 \times 0.72 + 30 \times 0.311) \times 10^4 \\ &= 112.7 \times 10^4\end{aligned}$$

$$\begin{aligned}K_{66} &= 3k_{r1}b_1^2 + 3k_{r2}b_2^2 + 2k_{q1}a_1^2 + 2k_{q2}a_1^2 \\ &= (3 \times 5.4 \times 0.112 + 3 \times 4.6 \times 0.152 + 2 \times 5.4 \times 0.72 \\ &\quad + 2 \times 4.6 \times 0.72) \times 10^4 \\ &= 18.3 \times 10^4\end{aligned}$$

$$K_{15} = K_{11}c = 30 \times 10^4 \times 0.558 = 16.7 \times 10^4$$

$$K_{24} = K_{22}c = 30 \times 10^4 \times 0.558 = 16.7 \times 10^4$$

となり，床の動剛性を無視した先の計算値と同様となる．

- 各方向の角振動数

この値も同様となる．

$$\omega_{11}^2 = \frac{K_{11}}{M} = 137$$

$$\omega_{22}^2 = \frac{K_{22}}{M} = 137$$

$$\omega_{33}^2 = \frac{K_{33}}{M} = 985$$

$$\omega_{44}^2 = \frac{K_{44}}{I_{X'}} = 1\,564$$

$$\omega_{55}^2 = \frac{K_{55}}{I_{Y'}} = 1\,220$$

$$\omega_{66}^2 = \frac{K_{66}}{I_{Z'}} = 193$$

$$\omega_{15}^2 = \frac{K_{15}}{\sqrt{MI_{Y'}}} = 118$$

$$\omega_{24}^2 = \frac{K_{24}}{\sqrt{MI_{X'}}} = 231$$

連成角振動数

　X–ϑ 系

　　$_1\omega_{15} = 11.1, \quad _2\omega_{15} = 35$

　Y–ϕ 系

　　$_1\omega_{24} = 10, \quad _2\omega_{24} = 39.8$

各方向の固有振動数は

　$f_{33} = 5\,\mathrm{Hz}$

　$f_{66} = 2.2\,\mathrm{Hz}$

　$_1f_{15} = 1.8\,\mathrm{Hz}$

　$_2f_{15} = 5.6\,\mathrm{Hz}$

　$_1f_{24} = 1.6\,\mathrm{Hz}$

　$_2f_{24} = 6.3\,\mathrm{Hz}$

となり，床を完全剛体とした場合と変わらない．

● 機械および床の振幅

床を完全剛体とした場合の機械の振幅

機械の加振力を F と仮定して

$$x_1 = \frac{F}{M\omega^2}\frac{1}{\left(\frac{\omega_n}{\omega}\right)^2 - 1} = \frac{F}{2\,187 \times 5\,685}\frac{1}{1 - \frac{985}{5\,685}} = \frac{F}{10.3 \times 10^6}$$
$$\cong 0.1 \times 10^{-6} \times F \text{ (m)} \cong 0.1 \times F \text{ (μm)}$$

● 床を有限の剛性とした場合の機械の振幅と床の振幅

床の振幅

$$|x_2| = \frac{F}{\sqrt{\left[Z_f\left(1 - \frac{M_1\omega^2}{K}\right) - M_1\omega^2\right]^2}}$$
$$= \frac{F}{\sqrt{\left[1.23 \times 10^8 \times \left(1 - \frac{5\,685}{985}\right) - 2\,187 \times 5\,685\right]^2}}$$
$$\cong 1.7 \times 10^{-9} \times F \text{ (m)} \cong 1.7 \times 10^{-3} \times F \text{ (μm)}$$

機械の振幅

$$x_1 = \left(1 + \frac{Z_f}{K}\right)x_2 = \left(1 + \frac{1.23 \times 10^8}{215.4 \times 10^4}\right)x_2$$
$$\cong 1 \times 10^{-7} F \text{ (m)} \cong 0.1 \times F \text{ (μm)}$$

となる.

この結果,有限の剛性の床に機械を据え付けた場合でも,機械振幅はほぼ同様な結果となっている.これは床の動剛性値 (Z_f) に比べ機械を支持する弾性材のばね定数 (K) が,オーダー的に極端に小さいことにもよる.

16.3.3　X-θ 系の連成振幅の考慮

上記までの算定では,上下方向の系に限り床の動剛性考慮の有無につき検討した.結果は機械の質量,床の動剛性と弾性支持のばね定数の関係で,差はないことを示した.ここでは,機械の回転方向の水平変位と回転の連成による上下成分の影響について算定する.

Y 軸回りの回転角 (θ) の算定

第 8 章の式 (8.55),(8.57) を用いて

$$\Delta = (-5\,685 + 137)(-5\,685 + 1\,220) - \frac{(16.7 \times 10^4)^2}{2\,187 \times 923.1} = 2.48 \times 10^7$$

$$\vartheta = \frac{1}{\Delta}\left\{\frac{0.67 \times F}{923.1}(-5\,685 + 137) - \frac{F}{2\,187} \times \frac{16.7 \times 10^4}{923.1}\right\}$$
$$= 1.6 \times 10^{-7} \times F \text{ (rad)}$$

重心軸から X 軸方向の端部ばね支持点の上下方向架台振幅は

$$Z_m = \vartheta \times l = 1.6 \times 10^{-7} \times F \times 0.85 \cong 1.4 \times 10^{-7} \times F \text{ (m)}$$
$$= 0.14 \times F \text{ (μm)}$$

床の振幅は，ばね支持点に直列に並んだ弾性材のばね定数と床の動剛性の比に分配して

$$Z_f = Z_m \times \frac{K_p}{K_{p1} + K_{pf}} = 0.14 \times F \times \frac{38.2 \times 10^4}{38.2 \times 10^4 + 1.23 \times 10^8}$$
$$= 4.4 \times 10^{-4} \times F \text{ (μm)}$$

となる．

したがって，外力および外力のモーメントの大きさを同じ F とした場合総合機械振幅は，

$$Z_{TM} = x_1 + Z_m = (0.1 + 0.14) \times F = 0.24 \times F \text{ (μm)}$$

となり倍増することが予測される．

一方，床の総合振幅は

$$Z_{TF} = x_2 + Z_f = (1.7 + 0.44) \times 10^{-3} \times F \cong 2.1 \times 10^{-3} \times F \text{ (μm)}$$

となり，20 %ほど増大することが予測される．

16.4 動吸振器による対策例

地上 4 階鉄筋コンクリート造建物の 1 階土間に，独立基礎として装備した 6 000 kW ガスタービン発電機を運転したところ，3, 4 階の事務所域にスラブの振動と固体音による騒音が発生して，業務に支障を生じた例の対策である（図 16.12，図 16.13 参照）．

（1）発電機および基礎の概要
　発電機質量：5.4×10^4 kg，　　回転数：1 500 rpm（25 Hz）
　機械基礎：鉄筋コンクリート造，質量 5.0×10^4 kg，
　　　　　　3.5 m（W），10.5 m（L），0.6 m（H）

図 16.12 発電機建屋

図 16.13 1 階発電機室

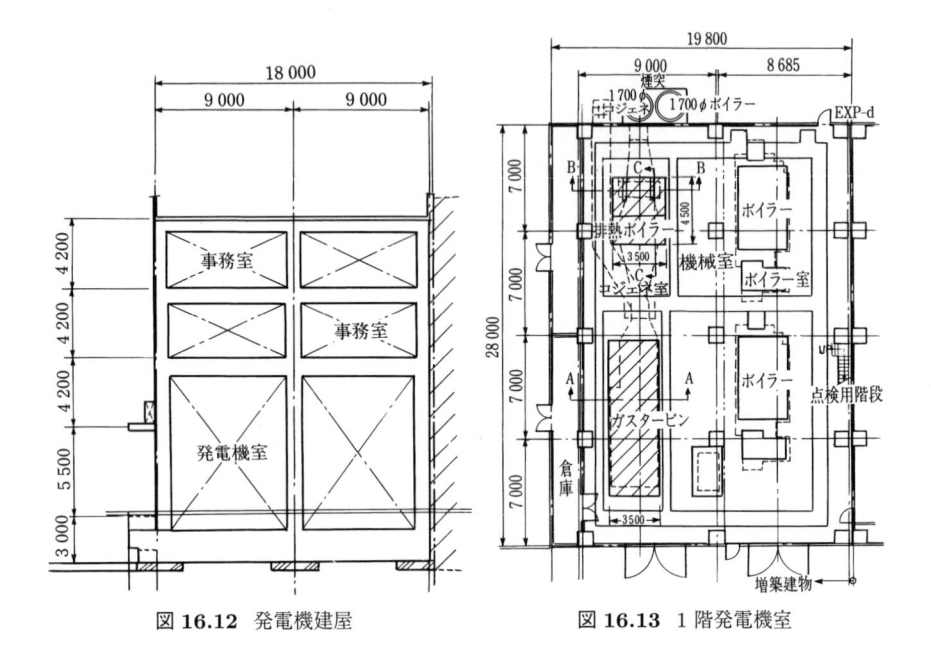

(2) 発電機の加振力推定

運転に伴う動荷重（加振力）については，メーカーではいろいろな社内経験式を有している．

例えば

① 動荷重 ＝ 回転部重量 × 係数 ＋ 静止部重量 × 係数
② 動荷重 ＝ 運転中の不釣合いによる荷重 ＋ 伝達トルクに抗する荷重

$$不釣合いによる荷重 = \frac{W}{g}\delta\left(\frac{2\pi N}{60}\right)^2$$

ここに，W：回転部重量（kgf），δ：運転中の片振幅（mm），N：軸回転数（rpm）．

③ 動荷重 $= K\dfrac{W}{g}(\varepsilon\omega)\dfrac{2\pi N}{60}$

ここに，K：安全率（10 とする），W：回転部重量（kgf），$(\varepsilon\omega)$：JIS 2.5 級　釣合い良さ（mm/s），N：使用最大回転数（rpm）

などである．

- 加振力推定値
    ①による方法と思われるメーカーからの報告：15 000 kgf（垂直方向）
    　　　　　　　　　　　　　　　　　　　　　　　… 約 150 000 N
    ②による不釣合いによる加振力
        運転中の振幅管理値：126 μm 以内（両振幅）
        回転部重量：4 500 kgf（報告値）
        加振力推定値：約 7 000 N
    ③による不釣合い加振力
        加振力推定値：約 17 700 N
    となり，推定式により大幅に異なる．
    ④現場稼動実測値による推定値
- 基礎の固有振動数

地盤に固定支持された基礎の固有振動数は，地盤のボーリングデータからN値20程度の砂質層と判断される．基礎の形状から推定計算してほぼ16 Hzとされた．

運転時コンクリート基礎の加速度振幅（A_c）：14 cm/s² (83 dB)
　　　　　　　　　　　（基礎の厚みが薄いので変動が多い）

運転時発電機軸受けの加速度振幅（A_c）：20 cm/s² (86 dB)

加振力の推定値（試運転中なので負荷の状態が一定でないために誤差がある）
　　基礎実測値から

$$F = MA_c \left[1 - \left(\frac{f_0}{f}\right)^2\right] = 1 \times 10^5 \times \frac{14}{100}\left[1 - \left(\frac{16}{25}\right)^2\right]$$
$$= 0.84 \times 10^4 \text{ N}$$

　　軸受け実測値から　　　$F = 1.2 \times 10^4$ N

その後，コンクリート基礎の質量増強工事が実施され，8倍の 4×10^5 kg となり，機械を含めた総合質量は 4.5×10^5 kg となる．基礎の形状・地盤から推定した固有振動数は，ほぼ 13 Hz とされた．

　　運転時コンクリート基礎の加速度振幅　　3.2 cm/s² (70 dB)

と低減され，図 16.19 に示すように 3F, 4F の床振動は低減したが，居室者を満足するまでに至らなかった．

　今回の基礎補剛，質量増加対策により機械基礎の位置による振動のばらつきは低減された．この機械基礎の加速度振幅の測定値から加振力を推定すると

基礎実測値からの推定加振力　　$F \approx 1.1 \times 10^4 \, \text{N}$

と推定され，メーカー推定報告値よりオーダー的にまとまりがある．このことから加振力は $F = 1 \times 10^4 \, \text{N}$ 程度と推定された．

(3) 発電機ローターのバランス調整

発電機ローターは，製造時社内規定により所要のバランス量に調整されている．しかし現場据付け後の運転時間経過と振動の相関を調べると，稼動後の一定時間を経過すると振動が増大することが判明した．これを発電機の電気子コイル温度と関連づけると相関が高いことがわかり，発電機ローターのバランス調整が実施された．

その結果，コンクリート基礎の平均振動加速度振幅は，$2.8 \, \text{cm/s}^2$ （69 dB）となり，加振力は

基礎実測値からの推定加振力　　$F = 0.77 \times 10^4 \, \text{N}$

と推定され，バランス前の 70〜80 % 程度に低下していると判断した．

その結果，3F，4F の床振動は，図 16.19 に示すように居室のより望ましい推奨許容曲線 V–0.75 の値相当となった．

(4) 動吸振器の有効性の評価

基礎質量の増加，発電機ローターのバランス再調整などにより，発電機基礎および各階の床振動は低下してきた．建築学会の「建築物の振動に関する居住性能評価指針」に照らすとほぼ許容値に近い．しかし発電機稼動に伴う障害履歴が尾を引き，居室者からは満足の評価を得られていない．さらなる対策が要求された．

発電機は，その特性から 25 Hz の定常振動を発生しており，建物内各部の振動も 25 Hz 成分が主体である．

今後の対策としては，この加振振動数の特性を考慮して

　— 居室側での対策としては，床スラブおよび梁の補強，もしくは動吸振器の設置

　— 発電機側の対策としては，動吸振器の設置もしくは発電機の弾性支持

が検討された．

居室側での対策は，広範囲になることおよび建築構造として許容荷重の問題があり，発生源側での対策が望まれた．発電機の弾性支持は，発電機軸とタービン軸の水平保持など安定的結合の問題から，機械側の了解が得られなかった．そこで加振力振動特性が定常的な 25 Hz であることから，動吸振器

の検討を進めることになった．

(5) 動吸振器の効果計算式

発電機基礎と動吸振器の振動系のモデルを図16.14（第3章の動吸振器の図に減衰を考慮）のように考えると，地盤への加振力の伝達率は，コンクリート基礎と地盤との伝達経路であるばね (K_1) と減衰 (C_1) を介することを考慮して次式のようになる．

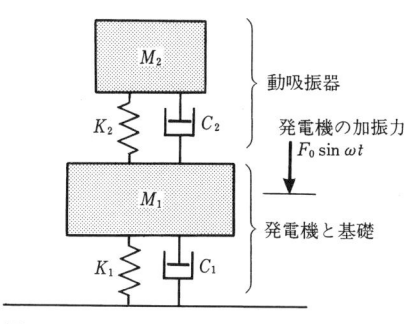

図16.14 タービンおよび基礎と動吸振器の振動系

$$\left|\frac{F}{F_0}\right| = \sqrt{\frac{\left[(1-\beta^2) - 4h_1 h_2 \alpha\beta\right]^2 + \left[2h_1\alpha(1-\beta^2) + 2h_2\beta\right]^2}{\left[(1-\alpha^2)(1-\beta^2) - \mu\alpha^2 - 4h_1 h_2 \alpha\beta\right]^2 + \left[2h_1\alpha(1-\beta^2) + 2h_2\beta\{1-\alpha^2(1+\mu)\}\right]^2}}$$

ここに，

$$\omega_1 = \sqrt{\frac{K_1}{M_1}}, \quad \omega_2 = \sqrt{\frac{K_2}{M_2}}, \quad \mu = \frac{M_1}{M_2}, \quad \alpha = \frac{\omega}{\omega_1}, \quad \beta = \frac{\omega}{\omega_2}, \quad X_{st} = \frac{F_0}{K_2}$$

$$h_1 = \frac{C_1}{2\sqrt{M_1 K_1}} = \frac{C_1}{2M_1\omega_1} = \frac{C_1}{C_c}, \quad h_2 = \frac{C_2}{2\sqrt{M_2 K_2}} = \frac{C_2}{2M_2\omega_2} = \frac{C_2}{C_c}$$

また，動吸振器を装着しないときの加振力の伝達率の計算式は

$$\left|\frac{F}{F_0}\right| = \sqrt{\frac{(1+4h_1^2\alpha^2)}{(1-\alpha^2)^2 + 4h_1^2\alpha^2}}$$

となる．したがって，上記2式の比を取れば効果量を推定することができる．

図6.15は，

$\omega_1 = 59\,\mathrm{rad/s}\ (9.4\,\mathrm{Hz}),\ \omega_2 = 157\,\mathrm{rad/s}\ (25\,\mathrm{Hz})$

$\mu = 0.003 \sim 0.01,\ \alpha = \dfrac{\omega}{\omega_1},\ \beta = \dfrac{\omega}{\omega_2}$

$\omega = 94.2 \sim 220\,\mathrm{rad/s}\ (15 \sim 35\,\mathrm{Hz}),\ h_1 = 0.53,\ h_2 = 0.005$

として計算した結果である．

動吸振器の効果は，加振振動数が動吸振器の同調振動数（25 Hz）と一致するとき認められる．しかし，同調周波数を越えたところで，逆に増加する領域がある．

したがって，動吸振器の固有振動数の設定は，確実に調整することが要求される．

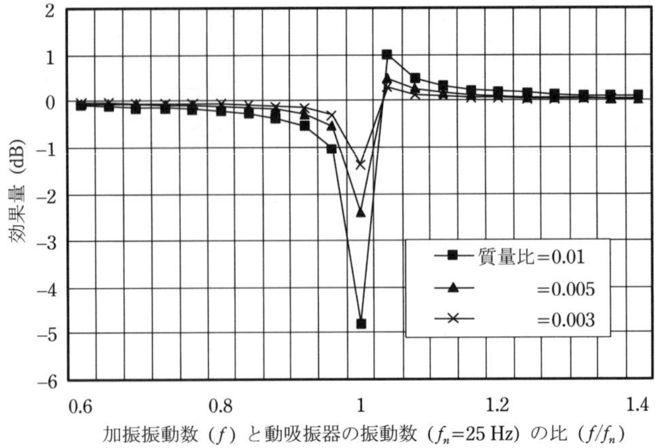
効果量 (dB)
質量比=0.01
=0.005
=0.003
加振振動数 (f) と動吸振器の振動数 (f_n=25 Hz) の比 (f/f_n)

図 **16.15**　動吸振器の効果

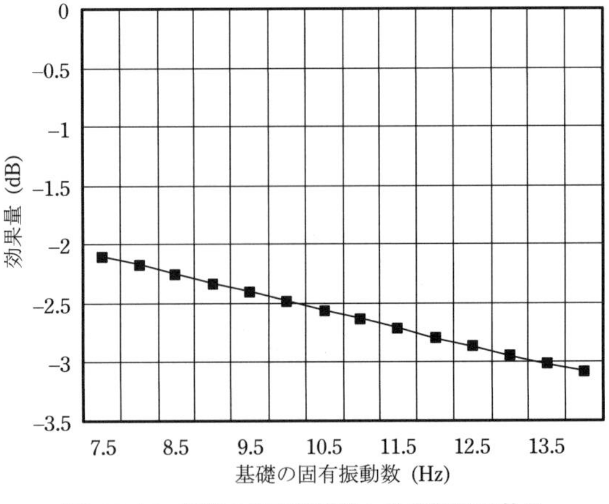
効果量 (dB)
基礎の固有振動数 (Hz)

図 **16.16**　基礎の固有振動数と動吸振器の効果

また，動吸振器の効果は，振動体の質量と吸振器の質量との質量比に関係する．本件では振動体である機械基礎の質量（4.5×10^5 kg）が大きいので，吸振器の質量選定が実用上難点となる．ちなみに質量比 0.005 で吸振器の質量は 2 250 kg である．

図 6.16 は質量比 0.005 の場合で，コンクリート機械基礎の固有振動数を変数として，動吸振器の効果の推移を検討したものである．コンクリート機械基礎固有振動数の多少の推定誤差は，極端にはないことが推定される．

(6) 動吸振器の設計

図 6.17 は，防振メーカーで試作した動吸振器の特性である．

試作では 24.125 Hz で製作されているが，応答倍率は 39.4 dB（93 倍）となっている．したがって，発電機リバランス後のコンクリート基礎の振動加速度 $2.8\,\mathrm{cm/s^2}$ を，動吸振器のベースに入力する振動加速度とすれば，動吸振器の応答振動加速度は

$$A_{resp} = 2.8 \times 93 = 260\,\mathrm{cm/s^2} = 2.6\,\mathrm{m/s^2}$$

となる．なお，ちなみに，この動吸振器の減衰定数を求めると

$$h = \frac{1}{10^{\frac{39.4}{20}} \times 2} \approx 0.005$$

となり，先の推定計算採用値に一致する．

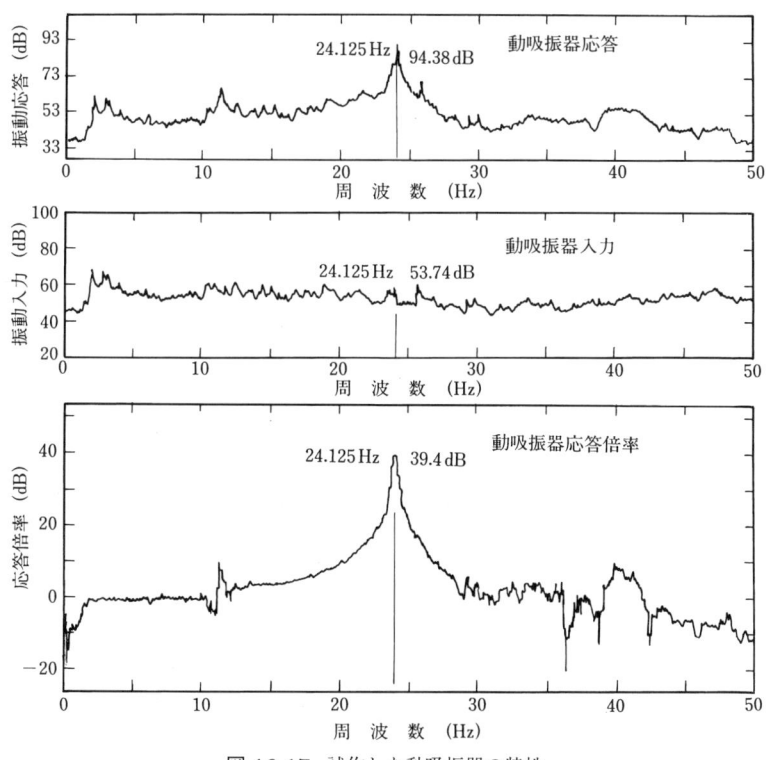

図 16.17 試作した動吸振器の特性

先に推定したように発電機の加振力は，7 700～10 000 N 程度と考えられる．この加振力を打ち消す動吸振器の質量は

$$7\,700 \sim 10\,000 = M \times 2.6, \quad \therefore M = 2\,962 \sim 3\,846\,\text{kg}$$

と考えられる．

発電機リバランス後の居住域の床振動は，65～68 dB 程度であり，日本建築学会の「建築物の振動に関する居住性能評価指針」の住居推奨値（67.4 dB 以下）をほぼ満足している．したがって対策量としては，あと3 dB ほど低下させれば苦情は解消されると考えられた．

よって動吸振器の所要質量としては，

6 dB 減として　1 481～1 923 kg

3 dB 減として　900～1 200 kg

程度を要すると推定された．

（7）動吸振器の設置

設置場所の問題から集中して動吸振器を設定することができない．そこで動吸振器は，25 Hz に設計された質量 60 kg のシステムを 30 台，発電機周辺のコンクリート基礎等に分散配置することとした（図 16.18 (a) 参照）．

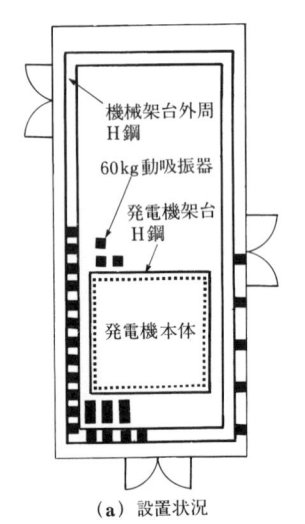

(a) 設置状況

(b) 設置した動吸振器

図 **16.18** 設置した動吸振器とその設置状況

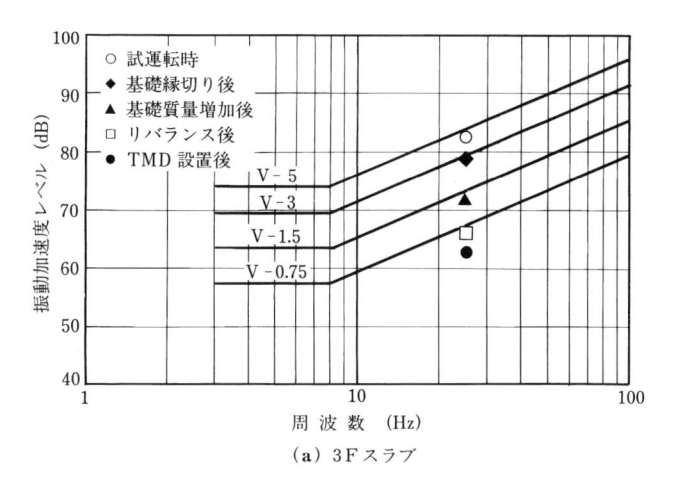

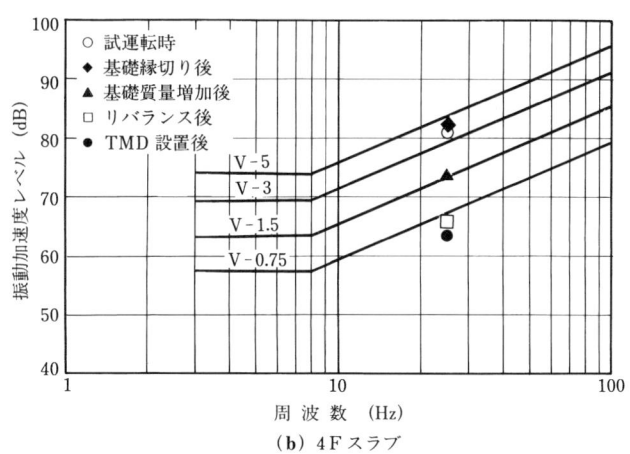

図 16.19 振動対策とその効果経緯

　結果としてトータルの動吸振器の質量は，推定値より多くなった．これは設置した場所の動吸振器への入力振動問題や分散配置の影響，そして動吸振器個々の特性などが，相互に影響していることを考慮したことによる．
　図 16.18 (b) に動吸振器の設置状況を，図 16.19 に振動障害を受けた居住域での床振動加速度の低減対策手段と加速度レベルの低減経緯を示す．
　動吸振器設置後，居室者からの振動問題および騒音のクレームは完全に解消された．

16.5 送風機の防振設置例

　住居複合ビルで，居室の直上階床に#4$\frac{1}{2}$送風機を近接して3台設置する．送風機の軸回転数は630 rpm，本体質量 250 kg である．床は，**16.1**の例題と同じ仕様である．
　居室の環境に支障のないように設置したい．

（1）送風機の加振力の推定
　#4$\frac{1}{2}$送風機単体の推定加振力は，第**13**章の式（13.10）から

$$L_F = 24.4\log_{10}(M) + 40\log_{10}(N) - 49$$
$$= 24.4\log_{10}(250) + 40\log_{10}(630) - 49 = 121\,\mathrm{dB}$$
$$F = 10^{\frac{121}{20}} \times \sqrt{2} \times 10^{-5} = 15.9\,\mathrm{N}\cdots\cdots 加振力ピーク値$$

ここで加振力の1/3オクターブバンド周波数特性を求めると表16.8のようになる．

表 **16.8** 加振力の 1/3 オクターブ周波数特性

1/3Oct.F(Hz)	6.3	8	10	12.5	16	20	25	31.5	40	50	63	80	100	125	160	200
加振力 (dB)	113.6	117.4	121.0	121.5	122.1	122.6	123.1	123.6	124.2	124.7	125.2	125.8	126.3	122.0	117.2	112.9
〃 (N)	6.8	10.5	15.9	16.8	18.0	19.1	20.2	21.5	22.9	24.3	25.8	27.5	29.2	17.8	10.3	6.2

　したがって3台トータルの加振力としては，上表3行目の値の3倍（+5 dB）と考える．

（2）床版の動剛性の推定
　図16.20に略算法（式11.18）による床寸法のm, n次分割による固有振動数での動剛性算定値と，実測値グラフからの読取り値および簡易法での動剛性算定値と比較して示す．
　また，図16.21には同様にインピーダンス特性での比較例を示す．

表 **16.9** 床版の動剛性推定値

1/3OCT.CF(Hz)	6.3	8	10	12.5	16	20	25	31.5	40	50	63	80	100	125	160	200
動剛性 (N/m)× 10^7	0.65	0.65	0.65	0.65	0.65	0.65	1	1.3	2	2.8	4	7	12	20	22	45

注）共振周波数以外は，図16.20からの読取値
　　この床版の1次固有振動数は，周辺単純支持で20〜22 Hzと推定される．そして，この固有振動数以下の周波数領域では，インピーダンスがωに逆比例で上昇する．また動剛性値は，ω倍になるので相殺し平坦であると仮定する．

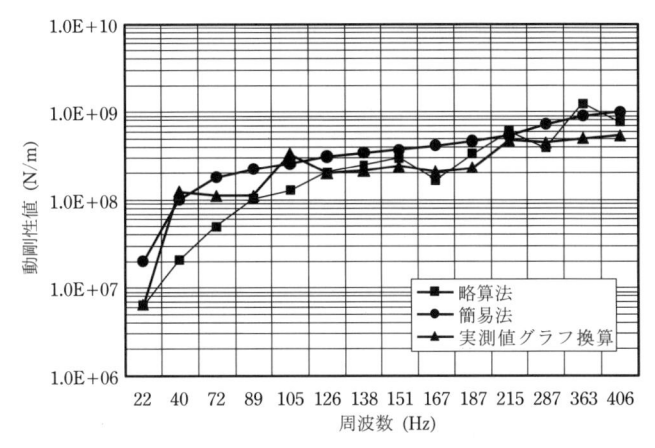

図 16.20 床版の動剛性推定値とインピーダンス実測値グラフからの動剛性換算値

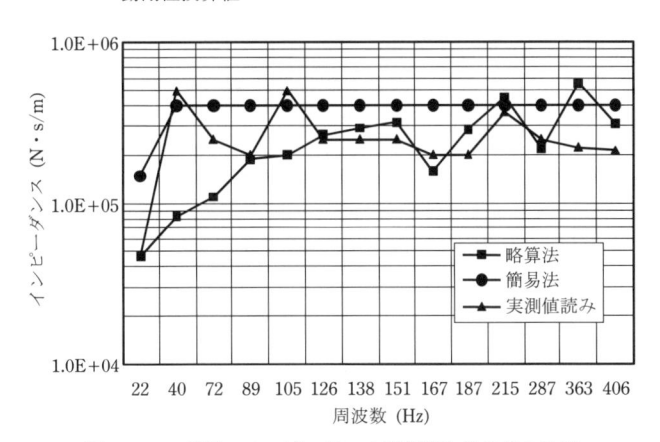

図 16.21 床版のインピーダンス実測値と推定値の比較

これらの図から床の振動特性としては，簡易法に比べ略算法による推定値が，実測値に近い安全側の値を算定していることがわかる．特に低振動数領域での動剛性（インピーダンス）の低い領域での一致傾向を評価したい．

表 16.9 に略算法での動剛性値を示す．

(3) 送風機を床固定支持のときの加振力による床振幅の推定

送風機 1 台が床に固定支持された場合，送風機基本加振振動数 10 Hz での床振幅は，

$$\text{推定床振幅} = \frac{\text{送風機加振力}}{\text{床の動剛性}} = \frac{15.9}{0.65 \times 10^7} \cong 2.5 \times 10^{-6} = 2.5\,\mu\text{m}$$

と算定される.

したがって,3台が同時稼動した場合の加振力と床振動は,表 16.10 のように推定される.

表 16.10 総合加振力と推定床振幅

1/3Oct.F(Hz)	6.3	8	10	12.5	16	20	25	31.5	40	50	63	80	100	125	160	200
加振力 (dB)	114	117	121	122	122	123	123	124	124	125	125	126	126	122	117	113
1台 (N)	7	11	16	17	18	19	20	22	23	24	26	28	29	18	10	6
3台 (N)	20	32	48	51	54	57	61	65	69	73	78	83	88	53	31	19
床振幅 (m)	3.E-06	5.E-06	7.E-06	8.E-06	8.E-06	9.E-06	6.E-06	5.E-06	3.E-06	3.E-06	2.E-06	1.E-06	7.E-07	3.E-07	1.E-07	4.E-08

(4) 機械室床の許容振幅の決定

住居ビルにおける居室・寝室等における望ましい性能評価としては,日本建築学会の推奨として第 2 章の表 2.1 が推奨されており,V-0.75〜1.5 が示されている.その数値を表 16.11 に示す.

表 16.11 床振動性能評価値 V-0.75,V-1.5

1/3OCT.CF(Hz)	6.3	8	10	12.5	16	20	25	31.5	40	50	63	80	100
V-0.75(μm)	4.8	3	2.4	1.9	1.5	1.2	1	0.8	0.6	0.5	0.4	0.3	0.2
V-1.5(μm)	9.5	5.9	4.7	3.8	3	2.4	1.9	1.5	1.2	0.1	0.8	0.6	0.5

(5) 防振対策量の目安と機械の弾性支持固有振動数の設定

送風機 3 台が同時に稼動すると単純に算定して,10 Hz で 7 μm の床振幅が想定される.

床の許容振幅は,V-1.5 で 4.7 μm,V-0.75 で 2.4 μm である.したがって

$$\text{V-1.5}:\frac{4.7}{7} \cong 0.6, \quad \text{V-0.75}:\frac{2.4}{7} \cong 0.3$$

以下とすることが要求される.ここでは,V-0.75 の厳しい対策を選定する.
各周波数対応の振幅低減割合を表 16.12 に示す.

表 16.12 所要振幅低減割合

1/3OCT.CF(Hz)	6.3	8	10	12.5	16	20	25	31.5	40	50	63	80	100
低減割合	1.5	0.6	0.3	0.2	0.2	0.1	0.2	0.2	0.2	0.2	0.2	0.3	0.3

機械の弾性支持固有振動数の決定については，表 16.12 の所要低減割合と第 3 章の図 3.4 を参照して，加振振動数 10.5 Hz に対して

$$\frac{630}{60} \times \frac{1}{3} \cong 3\,\text{Hz}, \quad \frac{630}{60} \times \frac{1}{2.5} \cong 4\,\text{Hz}, \quad \frac{630}{60} \times \frac{1}{2} \cong 5\,\text{Hz}$$

振動伝達率

$$T_{D,3} = \frac{1}{|1-(10/3)^2|} \cong 0.1, \quad T_{D,4} = \frac{1}{|1-(10/4)^2|} \cong 0.2,$$

$$T_{D,5} = \frac{1}{|1-(10/5)^2|} \cong 0.3$$

となり，いずれも所要値を満足する．20 Hz で 0.1 が要求されているが，振動数比 ($f/f_0 = 20/5$) の上昇で固有振動数 5 Hz でも可能である．常識的には $f/f_0 \geq 3$ を満たす 3 Hz とすべきであるが，上記予測から固有振動数 4 Hz を採用する．

(6) 機械の配置と重心位置の決定

機械の配置概略寸法を図 16.22，表 16.13 に示す．

表 16.13 に重心算定表を示す（上部架台左隅原点）．

これより機器全体の重心位置は

$$X = \frac{319975}{377} = 850\,\text{mm},$$

$$Y = \frac{143156}{377} = 380\,\text{mm},$$

$$Z = \frac{190340}{377} = 505\,\text{mm}$$

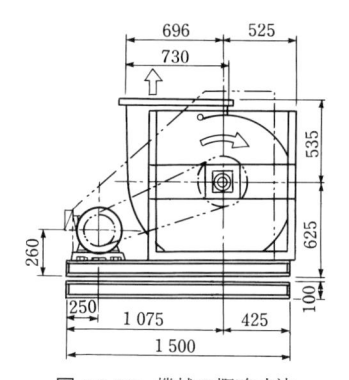

図 16.22 機械の概略寸法

表 16.13 機械構成部材の重心

部材名称	質量 m	l_x	l_y	l_z	$m\,l_x$	$m\,l_y$	$m\,l_z$
送風機架台	17.5	750	380	50	13 125	6 650	875
電動機	93	250	267	260	23 250	24 831	24 180
送風機本体	250	1 075	450	625	268 750	112 500	156 250
電動機プーリー	3.5	250	-50	260	875	-175	910
送風機プーリー	13	1 075	-50	625	13 975	-650	8 125
合計	377				319 975	143 156	190 340

(7) 防振材位置の決定

防振材は，同一ばね定数の 6 個を同一水平面に配置する．Y 軸方向は，重心が中央に位置しているので，X 軸方向の加重分布を考慮した配置を定める．

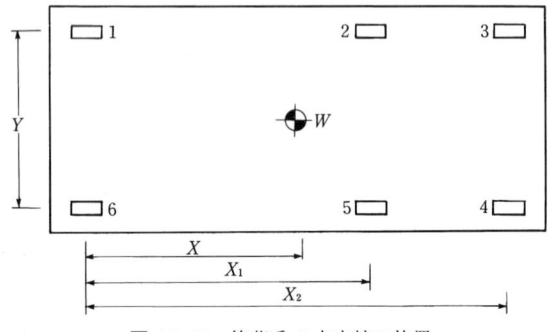

図 16.23 等荷重 6 点支持の位置

図 16.23 に示すように重心位置にかかる全荷重を W とする．架台平面図で，X 向端部からそれぞれ 150 mm の位置に，4 個の支持点を設けるとすると，X_2 は 1 200 mm となり，残り 2 個の支持位置（X_1）は，等分布荷重分担として

$$\frac{W}{3} \times X_1 = W \times X - \frac{W}{3} \times X_2, \quad X_1 = 3 \times X - X_2$$

で求められる．

よって，残り 2 個の支持位置は，図 16.24 の配置図を参考にして

$$X_1 = 3 \times 700 - 1\,200 = 900 \text{ mm}$$

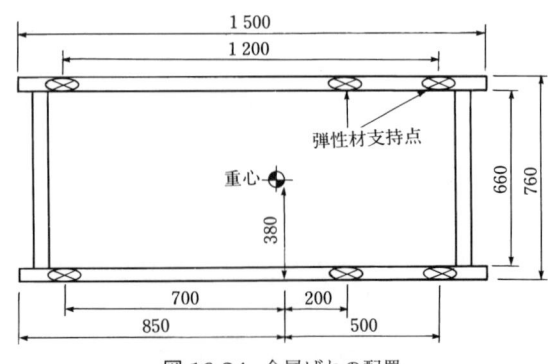

図 16.24 金属ばねの配置

と求められる．

(8) 防振材ばねの選定

防振材料としては，一般に防振ゴム，金属スプリングが採用される．ここでは支持点にかかる荷重と所要ばね定数との関係から，金属スプリングを採用する．

固有振動数 4 Hz を満足する圧縮ばね定数は

$$K_{P,6} = (2 \times 3.14 \times 4)^2 \times 377 = 2.38 \times 10^5 \,\text{N/m}$$

6 点支持であるので，1 個の所要圧縮（上下方向）ばね定数は

$$K_p = \frac{2.38 \times 10^5}{6} \cong 40 \times 10^3 \,\text{N/m} = 40 \,\text{N/mm}$$

第 10 章防振材料の計算式を用いて

　　線径 (d)：5 mm　　　横弾性係数：78 500 N/mm^2
　　中心径 (D)：35 mm　　ピッチ：22.14 mm
　　有効巻き数：3.5 巻き　D/d：7
　　総巻き数：5.5 巻き　　H/d：2.43
　　自由高さ (H)：85 mm

が選定される．

なお水平方向のばね定数は $K_q = 15 \,\text{N/mm}$ 程度と推定される[注]．

(9) 各機器の慣性モーメント

各機器の重心に関する慣性モーメントを計算した結果を表 16.14 に示す．

表 16.14 各機器の重心に関する慣性モーメント

部材	形状近似	径，長さ	幅	I_{xgo}	I_{ygo}	I_{zgo}
送風機架台	直方体	1 500	760	0.86	3.3	4.12
電動機	円筒	312	500	2.5	1.13	2.5
送風機本体	円筒	1 100	530	24.76	37.81	24.76
電動機プーリー	円筒	150	100	0.01	0.01	0.01
送風機プーリー	円筒	300	100	0.08	0.15	0.08

そして機器全体の重心（X：850 mm，Y：380 mm，Z：505 mm）に関する慣性モーメントの計算結果を表 16.15 に示す．

[注] 最終的なばね仕様決定にあたっては，金属ばね専業者と整合をとることが望ましい．また，金属ばねの下に固体音伝搬防止の目的で，防振パッドの挿入を計画する．

表 16.15 全重心に関する慣性モーメント

総合慣性モーメント (kg·m²)	I_{xg}	I_{yg}	I_{zg}
	46.88	99.36	80.7

(10) 慣性乗積

XY 平面での慣性乗積を求める．結果を表 16.16 に示す．

表 16.16 慣性乗積

名称	質量 m	$X'(YZ)$	$Y'(XZ)$	$mX'Y'$
送風機架台	17.5	−0.099	0.007	−0.01
電動機	93	−0.559	−0.113	5.87
送風機本体	250	0.226	0.07	3.96
電動機プーリー	3.5	−0.559	−0.423	0.83
送風機プーリー	13	0.226	−0.423	−1.24
合計	377			9.40

慣性主軸の傾斜は

$$\theta = \frac{1}{2}\tan^{-1}\frac{2\times 9.4}{99.36-46.88} = \frac{1}{2}\times 19.7 \cong 9.8°$$

となり，ほぼ 10° 以内に収まる．よって慣性主軸として X, Y, Z 軸をそのまま採用する．

(11) 総合ばね定数の計算結果

ばねの配置関係から各方向のばね定数は，第 8 章式（8.32）等の計算方法によって表 16.17 のように求められる．

表 16.17 総合ばね定数

1/3Oct. CF(Hz)	6.3	8	10	12.5	16	20	25	31.5	40	50	63	80	100	125	160	200
$K_{11}\times 10^4$	9	9	9	9	9	9	9	9	9	9	9	9	9	9	9	9
$K_{22}\times 10^4$	9	9	9	9	9	9	9	9	9	9	9	9	9	9	9	9
$K_{33}\times 10^5$	2.3	2.3	2.3	2.3	2.3	2.3	2.4	2.4	2.4	2.4	2.4	2.4	2.4	2.4	2.4	2.4
$K_{44}\times 10^4$	5.5	5.5	5.5	5.5	5.5	5.5	5.6	5.6	5.6	5.6	5.6	5.6	5.6	5.6	5.6	5.6
$K_{55}\times 10^4$	8.9	8.9	8.9	8.9	8.9	8.9	8.9	8.9	8.9	8.9	8.9	8.9	8.9	8.9	8.9	8.9
$K_{66}\times 10^4$	3.5	3.5	3.5	3.5	3.5	3.5	3.5	3.5	3.5	3.5	3.5	3.5	3.5	3.5	3.5	3.5
$K_{15}\times 10^4$	4.86	4.86	4.86	4.86	4.86	4.86	4.86	4.86	4.86	4.86	4.86	4.86	4.86	4.86	4.86	4.86
$K_{24}\times 10^4$	4.86	4.86	4.86	4.86	4.86	4.86	4.86	4.86	4.86	4.86	4.86	4.86	4.86	4.86	4.86	4.86

（12）床および機械の振幅計算結果
（12-1）送風機 1 台の影響
① 上下方向変位振幅

第 8 章の計算式（8.44）に数値を代入することによって，床および機械の振幅は表 16.18 のように求められる．

表 16.18 機械および床の振幅

1/3Oct.CF(Hz)	6.3	8	10	12.5	16	20	25	31.5
床振幅 (m)	6.8E-07	5.5E-07	5.0E-07	3.3E-07	2.3E-07	1.7E-07	8.3E-08	5.0E-08
減衰無機械振幅 (m)	1.9E-05	1.5E-05	1.4E-05	9.4E-06	6.4E-06	4.7E-06	3.5E-06	2.7E-06
減衰考慮機械振幅 (m)	1.9E-05	1.5E-05	1.4E-05	9.0E-06	5.9E-06	4.2E-06	3.0E-06	2.2E-06
1/3Oct.CF(Hz)	40	50	63	80	100	125	160	200
床振幅 (m)	2.6E-08	1.5E-08	8.6E-09	4.1E-09	2.0E-09	5.8E-10	2.3E-10	5.6E-11
減衰無機械振幅 (m)	2.2E-06	1.8E-06	1.4E-06	1.2E-06	9.9E-07	4.8E-07	2.2E-07	1.0E-07
減衰考慮機械振幅 (m)	1.5E-06	1.1E-06	7.7E-07	5.3E-07	3.7E-07	1.5E-07	5.2E-08	2.1E-08

注）上表 1 行目欄は，下記の式から得る．

$$|z_2| = \frac{F_x}{\sqrt{\left\{Z_f\left(1 - \frac{\omega^2}{\omega_0^2}\frac{1}{1+4\left(\frac{c}{c_c}\right)^2\left(\frac{\omega}{\omega_0}\right)^2}\right) - M\omega^2\right\}^2 + \left\{Z_f\frac{\omega^2}{\omega_0^2}\frac{2\frac{c}{c_c}\frac{\omega}{\omega_0}}{1+4\left(\frac{c}{c_c}\right)^2\left(\frac{\omega}{\omega_0}\right)^2}\right\}^2}}$$

F_z：1/3 OCT.B. 中心周波数ごとの加振力の値．表 16.8 の値
Z_f：床の動剛性値．表 16.9 の値
m：送風機システムの質量 377 kg
K'_{33}：スプリングばね 6 個の並列総合ばね定数
ω：加振力角周波数（$2\pi \times$ 1/3 OCT.B. 中心周波数）
ω_0：送風機弾性支持の固有角振動数（$2\pi \times 4$）
$c/c_c = 0.05 =$ 減衰係数比
上表 2 行目欄は，下記の式による．

$$z_1（機械の振幅）= \left(1 + \frac{Z_f}{K'_{33}}\right) Z_2$$

3 行目欄は，下記の式による．

$$|z_1| = z_2\sqrt{\left[\left(1 + \frac{Z_f}{K'_{33}}\frac{1}{(1+4(^c/_{c_c})^2(\omega/\omega_0)^2)}\right)^2 + \left(\frac{Z_f}{K'_{33}}\frac{2(^c/_{c_c})(\omega/\omega_0)}{(1+4(^c/_{c_c})^2(\omega/\omega_0)^2)}\right)^2\right]}$$

②X 方向の水平変位と y 軸回りの回転角による機械および床の振幅の計算

また第 8 章の計算式（8.55），（8.57）を用いて，X 方向の水平変位と y 軸回りの回転は，連成するとして変位と回転角を計算する．その結果は表 16.19 のように求められる．

表 **16.19** 連成による変位と回転角

1/3Oct.CF(Hz)	6.3	8	10	12.5	16	20	25	31.5
N_y(N·m)	1.5	2.4	3.6	3.8	4.0	4.3	4.6	4.8
Δ	4.4E+06	9.4E+06	2.0E+07	4.5E+07	1.1E+08	2.7E+08	6.4E+08	5.1E+08
X_0(m)	-4.5E-07	-3.3E-07	-2.3E-07	-1.1E-07	-4.6E-08	-2.1E-08	-9.3E-09	-4.0E-09
θ_0(rad)	4.3E-06	5.6E-06	6.4E-06	4.9E-06	3.5E-06	2.5E-06	1.8E-06	1.2E-06
$\theta_0 A_s$(m)	3.0E-06	3.9E-06	4.5E-06	3.4E-06	2.4E-06	1.7E-06	1.2E-06	8.4E-07
1/3Oct.CF(Hz)	40	50	63	80	100	125	160	200
N_y(N·m)	5.2	5.5	5.8	6.2	6.6	4.0	2.3	1.4
Δ	6.0E+08	6.9E+08	7.8E+08	8.7E+08	9.6E+08	1.1E+09	1.1E+09	1.2E+09
X_0(m)	-1.6E-09	-7.2E-10	-3.1E-10	-1.3E-10	-5.5E-11	-1.4E-11	-2.9E-12	-7.3E-13
θ_0(rad)	8.0E-07	5.5E-07	3.7E-07	2.5E-07	1.7E-07	6.5E-08	2.3E-08	9.0E-09
$\theta_0 A_s$(m)	5.6E-07	3.8E-07	2.6E-07	1.7E-07	1.2E-07	4.6E-08	1.6E-08	6.3E-09

注）上表の 3 行目欄 y 軸回りモーメント N_y は，加振力と全重心と送風機重心との Y 軸での偏心距離 0.225 m）の積
2 行目欄は，計算式（8.45）を用いる．

$$\nu_{11}^2 = \frac{K_{11}}{m} = \frac{9 \times 10^4}{377} = 239, \quad \nu_{55}^2 = \frac{K_{55}}{I_y} = \frac{88\,644}{99.36} \cong 892$$

6 行目欄は，重心 Z 軸から最遠部ばね支持点の距離（0.7 m）での機械架台の回転による上下振幅値
これらの計算では，減衰を考慮していない．

上記の回転にかかわる機械架台上下振幅による床への振幅影響は，表 16.20 のようになる．

③送風機 1 台による総合床振幅と機械架台振幅の計算値

上下方向の床振幅①と回転による上下方向床振幅②を加算して，総合床振幅は表 16.21 のようになる．

また機械架台の総合振幅は表 16.22 のようである．

表 16.20 回転に伴う床への影響

1/3Oct.CF(Hz)	6.3	8	10	12.5	16	20	25	31.5
回転による床振幅 (m)	1.4E-07	1.2E-07	1.1E-07	7.2E-08	4.7E-08	3.2E-08	1.4E-08	7.2E-09
1/3Oct.CF(Hz)	40	50	63	80	100	125	160	200
回転による床振幅 (m)	3.1E-09	1.5E-09	7.0E-10	2.6E-10	1.0E-10	2.4E-11	7.8E-12	1.5E-12

注）上表は，最遠部ばね支持点の機械架台振幅をその点の直列ばね定数の割合で案分している．

$$\text{回転に伴う床振幅} = (\vartheta_0 \times A_s) \times \frac{K_p}{K_p + Z_f}$$

表 16.21 床の総合振幅

1/3Oct.CF(Hz)	6.3	8	10	12.5	16	20	25	31.5
減衰考慮床振幅 (m)	6.8E-07	5.5E-07	5.0E-07	3.3E-07	2.3E-07	1.7E-07	8.3E-08	5.0E-08
回転による床振幅 (m)	1.4E-07	1.2E-07	1.1E-07	7.2E-08	4.7E-08	3.2E-08	1.4E-08	7.2E-09
床振幅 (m)	8.2E-07	6.7E-07	6.0E-07	4.1E-07	2.7E-07	2.0E-07	9.7E-08	5.7E-08
1/3Oct.CF(Hz)	40	50	63	80	100	125	160	200
減衰考慮床振幅 (m)	2.6E-08	1.5E-08	8.6E-09	4.1E-09	2.0E-09	5.8E-10	2.3E-10	5.6E-11
回転による床振幅 (m)	3.1E-09	1.5E-09	7.0E-10	2.6E-10	1.0E-10	2.4E-11	7.8E-12	1.5E-12
床振幅 (m)	2.9E-08	1.6E-08	9.3E-09	4.3E-09	2.1E-09	6.0E-10	2.4E-10	5.7E-11

表 16.22 機械の総合振幅

1/3Oct.CF(Hz)	6.3	8	10	12.5	16	20	25	31.5
減衰考慮上下振幅 (m)	1.9E-05	1.5E-05	1.4E-05	9.0E-06	5.9E-06	4.2E-06	3.0E-06	2.2E-06
回転振幅 (m)	3.0E-06	3.9E-06	4.5E-06	3.4E-06	2.4E-06	1.7E-06	1.2E-06	8.4E-07
総合振幅 (m)	2.2E-05	1.9E-05	1.8E-05	1.2E-05	8.4E-06	5.9E-06	4.2E-06	3.0E-06
1/3Oct.CF(Hz)	40	50	63	80	100	125	160	200
減衰考慮上下振幅 (m)	1.5E-06	1.1E-06	7.7E-07	5.3E-07	3.7E-07	1.5E-07	5.2E-08	2.1E-08
回転振幅 (m)	5.6E-07	3.8E-07	2.6E-07	1.7E-07	1.2E-07	4.6E-08	1.6E-08	6.3E-09
総合振幅 (m)	2.1E-06	1.5E-06	1.0E-06	7.0E-07	4.9E-07	1.9E-07	6.8E-08	2.7E-08

　機械架台の振幅については，第 9 章の機械の許容振幅に照らして「良い」の範囲にあり，運転に支障ないと判断される．
　なお，機械の振幅は，連成を考慮すると 50 ％ほど増大することが算定される．

(12-2) 送風機3台の影響

送風機3台が稼動したときの床振幅は，1台稼動したときの床振幅を単純に3倍するとして，表16.23のように求められる．

表 16.23 送風機3台での床振幅

1/3Oct.CF(Hz)	6.3	8	10	12.5	16	20	25	31.5
減衰考慮上下振幅 (m)	2.1E-06	1.7E-06	1.5E-06	1.0E-06	6.8E-07	5.0E-07	2.5E-07	1.5E-07
回転による床振幅 (m)	4.2E-07	3.5E-07	3.2E-07	2.2E-07	1.4E-07	9.5E-08	4.2E-08	2.1E-08
床振幅 (m)	2.5E-06	2.0E-06	1.8E-06	1.2E-06	8.2E-07	5.9E-07	2.9E-07	1.7E-07
1/3Oct.CF(Hz)	40	50	63	80	100	125	160	200
減衰考慮上下振幅 (m)	7.7E-08	4.5E-08	2.6E-08	1.2E-08	6.0E-09	1.7E-09	7.0E-10	1.7E-10
回転による床振幅 (m)	9.2E-09	4.5E-09	2.1E-09	7.9E-10	3.1E-10	7.3E-11	2.3E-11	4.4E-12
床振幅 (m)	8.6E-08	4.9E-08	2.8E-08	1.3E-08	6.3E-09	1.8E-09	7.3E-10	1.7E-10

この床振幅値は，対策目標としたV-0.75の上下振動値以内に収まっている．図16.25に表16.23をV-0.75の値と比較して示す．

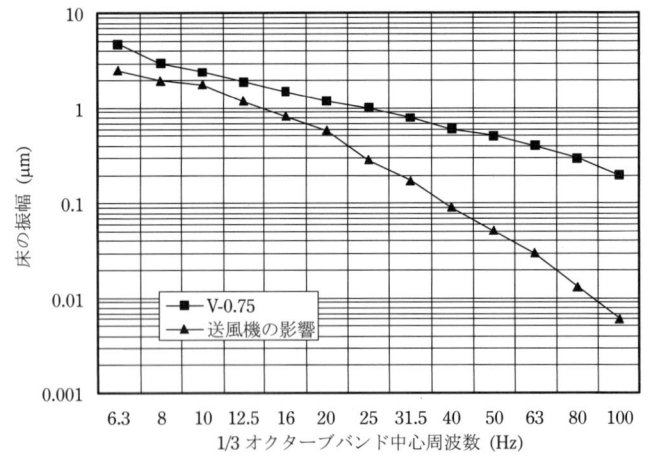

図 16.25 対策目標値と送風機の影響の比較

(13) 床振動と騒音の放射

建築設備の防振問題で重要なことは，振動だけでなく固体音としての騒音の問題が含まれることである．表16.23で送風機が3台稼動した場合の床の上下振動振幅を推定した．この値を用いて放射騒音を検討する．

第15章の計算式 (15.9) を用いる．音響計算では実効値を用いるので，ピーク値で求められている床の振幅値を $1/\sqrt{2}$ 倍して実効値に換算する．

また，騒音の評価は，1/1 オクターブバンド値で評価されるので，1/3 オクターブバンド値を 1/1 オクターブ値にまとめる．

結果を表 16.24 に示す．

表 **16.24** 床振動による騒音の放射レベル

1/3Oct.CF(Hz)	25	31.5	40	50	63	80	100	125	160
床実効値振幅 (m)	2.0E-07	1.2E-07	6.0E-08	3.5E-08	2.0E-08	9.1E-09	4.4E-09	1.3E-09	5.1E-10
1/3Lp(dB)	62	60	56	53	50	45	41	32	26
1/1Lp(dB)		65			55			42	

1/3Oct.CF(Hz)	200	250	315	400	500	630
床実効値振幅 (m)	1.2E-10	5.3E-11	1.4E-11	7.2E-12	2.8E-12	1.0E-12
1/3Lp(dB)	16	10	1	-3	-9	-16
1/1Lp(dB)		17			-2	

結果は，第15章の表 15.2，図 15.2 に示されている家庭寝室の推奨騒音レベル（NC-25～30）を満足していると算定される．

図 16.26 に騒音の影響を居室推奨騒音レベル NC-25 と比較して示す．

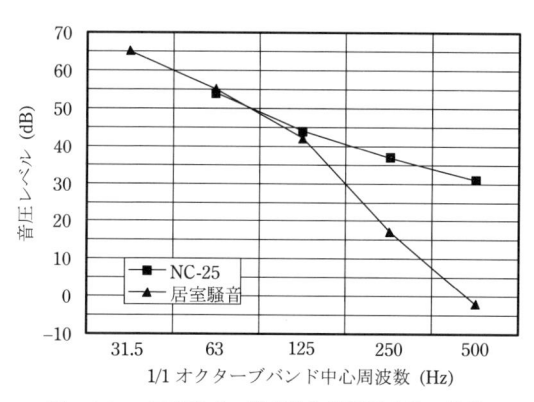

図 **16.26** 居室騒音の推奨値と影響騒音値の比較

なお，上記算定は，計算式 (15.8) で S/A の値を1としている．もし騒音の放射面積（振動している床等の面積）が大きく，そして室内の吸音力が少なく S/A の値が 10 であれば，室内の音圧レベルは各周波数帯域で 10 dB 上昇することになる．その結果 63 Hz, 125 Hz で推奨許容騒音レベルを超える．

このことから一般に受音室（騒音の対象となる部屋）は，吸音処理に配慮して，室内騒音が上昇しないようにすることが望まれる

(14) まとめ

　この例では床振動の振幅は，単純な上下1自由度の計算振幅に比べ，一方の連成を考慮するだけで 20～25 % 大きくなることを示した．

　また機械の振幅は，防振支持の端部で 50 % ほど増大することが算定されている．

　ほとんどの建築設備の防振設計において，重心と弾性主軸が一致する例はまれである．機械架台の X 軸，もしくは Y 軸のどちらかの中心に重心を一致させることは，比較的容易である．また Z 軸方向（上下）で重心と弾性主軸を一致させることは，経済的にも容易であるが，重心と弾性主軸 xy 平面とを一致させるのは容易でない．したがって重心位置は，弾性主軸 xy 平面に対して高い位置にくるので，連成振動の影響を考慮する必要があると考えている．

引用・参考文献

[第2章　環境振動とその評価]
1) 長友宗重：環境振動とその診断，音響技術，Vol.15, No.3, 1986
2) 日本建築学会編：建築物の振動に関する居住性能評価指針同解説，丸善，1991
3) International Organization for Standardization, "Evaluation of Human exposure to whole-body vibration Part 1: General requirements", ISO 2631 (1985)
4) International Organization for Standardization, "Mechanical vibration and Shock-Evaluation of Human exposure to whole-body vibration Part 1: General requirements", ISO/DIS 2631-1 (1994)
5) International Organization for Standardization, "Evaluation of Human exposure to whole-body vibration Part 2: Continuous and shock-induced vibration in buildings (1–80 Hz)", ISO 2631-2 (1989)
6) International Organization for Standardization, "Mechanical vibration and Shock-Evaluation of Human exposure to whole-body vibration Part 2: vibration in buildings (1–80 Hz)", ISO/TC 108/WD 2631 (1994)
7) 櫛田　裕：環境振動工学入門，理工図書，1997

[第3章　防振の一般的理論]
1) W. T. Thomson 著，小堀鐸二校閲，小堀与一訳：機械振動入門 第6版，丸善，1975
2) J. P. Den Hartog 著，谷口　修・藤井澄二訳：機械振動論，コロナ社，1950
3) 大築志夫：防振基礎の設計法，オーム社，1959
4) 谷口　修：「機械力学」II つりあいと振動，養賢堂，1986
5) R. I. Woods, Chairman, Sound Reserch Laboratory Ltd., Edited by Alan Fry, Noise Control in Building Services, Pergamon Press, 1988

[第4章　ばね系の基礎]
1) 国枝正春：実用機械振動学，理工学社，1984
2) W. T. Thomson 著，小堀鐸二校閲，小堀与一訳：機械振動入門 第6版，丸善，1975
3) 防振ゴム研究会編：防振ゴム，日本鉄道車両工業協会，1963

[第5章　質量系の基礎]
1) 鷹尾洋保：力と数学のはなし，日科技連出版社，1999
2) 国枝正春：機械実用力学，理工学社，1999

[第6章　減衰系の基礎]
　1) 鈴木浩平：振動を制する，オーム社，1997

[第7章　振動の連成と非連成]
　1) 防振ゴム研究会編：防振ゴム，日本鉄道車両工業協会，1963

[第8章　剛体の弾性支持設計法]
　1) 防振ゴム研究会編：防振ゴム，日本鉄道車両工業協会，1963
　2) 大築志夫：防振基礎の設計法，オーム社，1959
　3) 国枝正春：実用機械振動学，理工学社，1984
　4) 鷹尾洋保：力と数学のはなし，日科技連出版社，1999
　5) 小出昭一郎：力学と微積分，共立出版，1994
　6) 宮台朝直：初等物理シリーズI「力と運動」，培風館，1994
　7) 吉田春夫：物理のキーポイント・1「キーポイント力学」，岩波書店，1999

[第9章　防振支持設計法の実際]
　1) 大築志夫：防振基礎の設計法，オーム社，1959

[第10章　防振材料とばね定数計算法]
　1) 大築志夫：防振基礎の設計法，オーム社，1959
　2) 川名　清：冷凍機の防振，空気調和と冷凍，4，1967
　3) 防振ゴム研究会編：防振ゴム，日本鉄道車両工業協会，1963
　4) 田野正典：学位論文「建築設備機器の実務的な防振効果の推定法に関する実験的研究」1994.4

[第11章　床および梁の振動特性とその推定法]
　1) 古宇田　潔：建築設備機器の防振，音響技術，Vol.10, No.2, 1981
　2) 大久保信行：機械のモーダル・アナリシス，中央大学出版部，1986
　3) Timoshenko, S.: Theory of Plates and Shells, McGraw-Hill, 1959
　4) 麦倉喬次：設備機器の加振力推定と床のインピーダンス，音響技術，Vol.27, No.1, 1998
　5) 山原　浩：環境保全のための防振設計，彰国社，1974
　6) 日本建築学会編：建築物の遮音性能基準と設計指針，技報堂出版，1986
　7) 櫛田　裕：環境振動工学入門，理工図書，1997
　8) S. チェモシェンコ著，谷下市松・渡辺　茂訳：工業振動学 第6刷，東京図書，1963
　9) 西村源六郎：振動工学，誠文堂新光社，1969
　10) 安藤　啓：学位論文「各種床構造の振動応答特性の予測とその応用に関する研究」，1993.1

[第12章　建築設備機器の加振力測定法]
　1) 日本建築学会環境工学委員会音環境小委員会固体音研究WG編：建築設備機器の加振力測定法・同解説，1997.3

2) 麦倉喬次：学位論文「固体音対策を目的とした建築設備用送風機の加振力特性の実験的研究」，1987.11

[第13章　設備機器の加振力推定法と実測例]
 1) 大築志夫：防振基礎の設計法，オーム社，1959
 2) JIS B 0905 回転機器の釣合い良さ
 3) J. P. Den Hartog 著，谷口　修・藤井澄二訳：機械振動論，コロナ社，1950
 4) 神吉：設備機器の加振力の概要，騒音制御，Vol.16, No.4, 1992
 5) 麦倉喬次他：建築設備用送風機の加振力に関する実験的研究，日本建築学会計画系論文報告集，第389号，1988
 6) 清水一弥，他：空調用ポンプの加振力，昭和電線電纜レビュー，Vol.25, 1975
 7) 田野正典，他：送風機の加振力に関する研究（その3），鹿島建設技術研究所年報，第37号，1998.10
 8) 麦倉喬次：建築設備機器の加振力測定法，TKS技報，Vol.6, No.2, 1997.12
 9) 麦倉喬次：設備機器の加振力推定と床のインピーダンス，音響技術，Vol.27, No.2, 1998.3
 10) 田野正典，稲留康一：加振力の予測法と実状，騒音制御，Vol.21, No.6, 1997

[第15章　床振動と騒音の放射]
 1) Beranek: Noise and Vibration Control, McGraw-Hill, 1971
 2) 日本音響材料協会編：騒音・振動対策ハンドブック，技報堂，1982
 3) 飯田一嘉，大橋心耳，岡田　健，麦倉喬次編：実用騒音・振動制御ハンドブック，エヌ・ティ・エス，2000
 4) 松田由利：建築構造体を伝わる固体音，騒音制御，Vol.3, No.5, 1979.10

[第16章　防振設計計算例]
 1) 川名　清：冷凍機の防振，空気調和と冷凍，4, 1967
 2) 麦倉喬次：コージェネシステムの振動障害，大氣社内技術協力，1998

あとがき

　本書は，定年退職後の再就職場で社外向け技術広報誌に連載執筆した原稿と，それらの職場での新たな現場経験が，さらなる執筆動機となっています．
　しかしまとめ始めると，自分の知識が半端で不確かなことが多く，時間ばかり要し内容が少しも進展しない毎日となりました．
　完全退職後は，時間はたっぷりとあります．後は気力との勝負が，唯一の問題となりました．
　計算例題の処理は，パソコン・ソフトの充実で非常に助かります．しかし，自分のちょっとした入力ミスで，誤った数値が返ることに大分悩まされました．本来ならば，防振設計技術計算を一連のパソコン・ソフトで記述すれば，より活用しやすい図書になったと反省しております．読者の皆さんが，自分の仕事に活用しやすいように研究して，まとめ上げていただければと思います．
　そして本書には，まだまだたくさんの欠けている必要技術分野があります．また，筆者の独断的記述面もあり，内心忸怩たるものがあります．読者の皆さんが，自分の業務に照合して，追加充実される礎となれば幸いです．
　終わりに，技報堂出版株式会社編集部，森　晴人部長には快く出版の労を戴き，厚く御礼申し上げます．

平成17年6月

麦倉　喬次

●索引

【あ】

圧縮弾性率　109
アンカーボルト　167

位相　10
ISO 2631 シリーズ　16
1 自由度系の振動　7, 26
　——加振力を基礎に伝えないように
　　する　26
　——減衰のある場合　32
　——減衰のない場合　26
　——精密機器等に振動が伝わらない
　　ようにする　27
　——粘性減衰　32
イナータンス　118
インピーダンス補正　124
インピーダンスレベル　124

Weber–Fechner の法則　179

NC 曲線　180
エレベーター巻上げ機　175

往復質量による慣性力　150
音響エネルギー密度　179

【か】

回転機械の弾性支持例　185
回転機器の加振力推定　152
回転質量による慣性力　151
回転半径　61
各加振力測定方法の長所・短所　147
角振動数　10

加振力　30
加振力推定法　149
加振力測定例　155
下心ローリング　90, 92
加速度　11
感覚要因　1
環境振動　9
環境振動の領域のマトリクス　9
慣性主軸　63, 70, 87
慣性主軸の主慣性モーメントの大きさ
　65
慣性主軸の方向を決める式　65
慣性乗積　64, 74
慣性乗積の平行軸の定理　64
慣性モーメント　60, 74
慣性力　30
慣性連成項　88
完全非連成支持　69, 87

機械インピーダンス　118, 122
機械の許容振動　106
擬似縦波　184
基準質量　130
規準振動形　41
吸音率　179
吸音力　179
吸振振動系　45
共振　28
共通架台　86
居住性能評価　14
居住性能評価の基準　14
金属スプリングでの支持　49
金属ばね　113
　——の全巻数　113
　——の有効巻数　113

空気調和器　171
屈曲振動　177
駆動点インピーダンス　121

傾斜支持法　96
形状係数　109
形状倍率　111
形状率　109
減衰のあるときの固有振動数　34
減衰比　34

コイルばねの高さ　114
コインシデンス周波数　178
公害振動　19
剛体の運動方程式　73, 75, 77
剛体の角運動量　73
小型変圧器　176
固体音　135
固体音の伝搬　183
ゴム硬度　109
ゴム片の設計法　111
ゴム片の高さ　111
固有振動数　26
コンプライアンス　118

【さ】

サージング　114
サージング振動数　114
座標軸　87
3次元的なばね定数　79

室内許容騒音　180
実務的な発生源探査法　163
質量のインピーダンス　119
質量の大きさ　59
重心位置　59
重心軸　87, 89
修正面偏心　151
周波数応答関数　47
周波数応答関数の種類　47
周波数荷重曲線　19
主慣性モーメント　63
主振動系　45

上心ローリング　90, 92
人体感覚　13
振動シビアリティ　106
振動種別および建築物の用途別性能評
　　価区分　15
振動制御の要素　50
振動絶縁　29
振動知覚確率　15
振動放射面積　179
振動モノグラフ　12
振動レベル　20
振動レベル計　20
振幅伝達率　27

スラブの駆動点インピーダンス　126
スラブの固有角振動数　124

静的たわみ　28
静的弾性率　109
静的不釣合い　151
静的変位　27
性能評価曲線　15
精密環境施設　22
精密機器の振動許容値例　23
設置床板を質量のみとした振動系　37
全身振動暴露の評価に関する指針　16
せん断弾性率　109

騒音・振動障害事例　2
送風機の弾性支持例　189
送風機の防振設置例　216
速度　11
疎密波　183
損失係数　49, 68, 144

【た】

耐震金具　165
耐震ストッパー　169
ダクト　174
縦波　183
弾性軸　87, 89
弾性支持法　141
弾性支持法による加振力実測例　160

弾性主軸　56, 70
弾性中心　56, 70
ダンパーのインピーダンス　118

知覚限界値　13
力の釣合い　29
力の伝達率　27
力変換器　137
置換法　137
長方形スラブの1次固有振動数　123
直接法　136
直列共振　120

釣合い良さ　152

電気設備　174
電磁現象による加振力　153
天井吊り送風機　170
伝達インピーダンス　121
伝達関数　118

等価質量　125
等価ばね定数　125
動吸振器　43, 44
動吸振器による対策例　207
動剛性　47, 118, 122
動的係数　109
動的質量　47, 118, 122
動的弾性率　109
動的ばね定数　110, 112
動的不釣合い　151

【な】

内部減衰　68
内部摩擦減衰　36

2自由度の強制振動　41
2自由度の自由振動　39
2自由度の振動　39
人間の五感　1

粘性減衰　67
粘性減衰係数　32, 67

粘弾性体　36

【は】

配管　173
発電設備　175
ばね定数　77
ばねのインピーダンス　119
ばねの配置法　53
　――傾斜配置　54
　――直列配置　53
　――分配配置　54
　――並列配置　54
梁のたわみ振動の式　128
梁の動剛性の推定　128

標準加振源　139
非連成　69

復元係数　81, 82
復元モーメント　82
復元力　30, 81
複合系のインピーダンス　120
部分的非連成支持　69, 89

並列共振　120
変圧器の防振　3
変位　10, 30

ポイントインピーダンス　46
放射係数　177
防振ゴム　36
防振ゴムでの支持　47
防振材の配置計画　102
防振（振動絶縁）とは　7
防振施工と留意点　166
防振設計計算　185
防振設計の手順　99
　――詳細設計　101
　――予備設計　99
防振継手　167, 172
防振パッド　115
防振ハンガー　170
ポンプ　169

【ま】

曲げ波　　184
摩擦減衰　　68

無限大スラブのインピーダンス　　123

モビリティ　　118

【や】

床置き送風機　　170
床の駆動点動剛性の推定　　127
床の剛性も考慮した弾性支持　　93
床の動特性　　47
輸送用振れ止め　　165

【ら】

Reiher と Meister の研究　　13

流体による加振力　　154
両端単純支持梁　　129
両端単純支持梁の固有角振動数　　131
臨界減衰係数　　34

冷却塔　　168
冷凍機　　167
冷凍機の弾性支持例　　194
連成　　69
連成係数　　88
連成固有振動数　　41, 91
連成振動　　7
連成復元係数　　85

ロスファクタ　　68

著書略歴

麦倉喬次　むぎくらきょうじ

1958 年　日本大学理工学部電気工学科卒業
1986 年　鹿島技術研究所　所次長
1988 年　工学博士
1992 年　日本騒音制御工学会副会長
1993 年　日本大学生産工学部建築工学科非常勤講師
1995 年　大氣社　顧問
2005 年　日本騒音制御工学会名誉会員

主著

「実務的騒音対策指針（応用編）」
　　　　　　（分担執筆，日本建築学会編，技報堂出版，1987）
「建物の遮音と防振－静穏な建築の設計－」
　　　　　　　　　　　（共著，鹿島出版会，1993）
「現場実務者と設計者のための実用騒音・振動制御ハンドブック」
　　　　　　　　　（共編著，エヌ・ティー・エス，2000）

居住環境を考慮した
建築設備の防振設計技術　　　定価はカバーに表示してあります

2005 年 9 月 20 日　1 版 1 刷　発行　　　　ISBN 4-7655-2488-4 C3052

　　　　　　　　　　　　著　者　麦　倉　喬　次
　　　　　　　　　　　　発行者　長　　　滋　　彦
　　　　　　　　　　　　発行所　技報堂出版株式会社

　　　　　　　　　　　　〒102-0075 東京都千代田区三番町 8-7
　　　　　　　　　　　　　　　　　　　（第 25 興和ビル）
日本書籍出版協会会員
自然科学書協会会員　　　　　　電話　営業　(03) (5215) 3165
工 学 書 協 会 会 員　　　　　　　　　編集　(03) (5215) 3161
土木・建築書協会会員　　　　　FAX　　　　(03) (5215) 3233
　　　　　　　　　　　　　　　振替口座　　　00140-4-10
Printed in Japan　　　　　　　http://www.gihodoshuppan.co.jp/

Ⓒ Kyouji Mugikura, 2005　　　　　　　装幀　冨澤　崇
　　　　　　　　　　　　　　　　　　　印刷・製本　三美印刷

落丁・乱丁はお取り替えいたします．
本書の無断複写は，著作権法上での例外を除き，禁じられています．

● 小社刊行図書のご案内 ●

騒音制御工学ハンドブック	日本騒音制御工学会編 B5・1308頁
建築用語辞典（第二版）	編集委員会編 A5・1258頁
建築設備用語辞典	石福昭監修／中井多喜雄著 A5・908頁
振動規制の手引き —振動規制法逐条解説／関連法令・資料集	日本騒音制御工学会編／振動法令研究会著 A5・356頁
騒音規制の手引き —騒音規制法逐条解説／関連法令・資料集	日本騒音制御工学会編／騒音法令研究会著 A5・596頁
地域の環境振動	日本騒音制御工学会編 B5・274頁
地域の音環境計画	日本騒音制御工学会編 B5・266頁
建築設備の騒音対策 —ダクト系の騒音対策・配管系の騒音対策・建築設備の防振設計	日本騒音制御工学会編 B5・274頁
建築物の遮音性能基準と設計指針（第二版）	日本建築学会編 A5・480頁
実務的騒音対策指針（第二版）	日本建築学会編 B5・222頁
実務的騒音対策指針・応用編	日本建築学会編 B5・224頁
建物の遮音設計資料	日本建築学会編 B5・198頁
騒音と日常生活 —社会調査データの管理・解析・活用法	久野和宏編著 B5・332頁
建築音響 —反射音の世界	久野和宏／野呂雄一編著 A5・294頁
道路交通騒音予測 —モデル化の方法と実際	久野和宏／野呂雄一編著 A5・156頁
よりよい環境創造のための環境心理調査手法入門	日本建築学会編 B5・146頁
シックハウス事典	日本建築学会編 A5・220頁

■技報堂出版　TEL 編集 03 (5215) 3161　営業 03 (5215) 3165
FAX 03 (5215) 3233